国学典籍多模态翻译研究

钟泽楠 ◎ 著

广州市哲学社会科学规划2021年度课题
项目名称：国学典籍多模态翻译研究
（项目编号：2021GZGJ201）成果

On Multimodal Translation of
Chinese Classics

知识产权出版社
全国百佳图书出版单位
——北京——

图书在版编目（CIP）数据

国学典籍多模态翻译研究 / 钟泽楠著 . —北京：知识产权出版社，2021.8
ISBN 978-7-5130-7598-5

Ⅰ . ①国… Ⅱ . ①钟… Ⅲ . ①国学—古籍—翻译—研究 Ⅳ . ① Z126 ② H059

中国版本图书馆 CIP 数据核字（2021）第 130055 号

内容提要

本书尝试提出国学典籍多模态翻译理论框架，以主题与主题倾向作为搭建典籍多模态翻译机制的主线，观照社会符号学视角构建的意义传递和现代化重构为主要转化手段，再辅以核心概念的隐喻化表征，形成主题、概念和意义三位一体的典籍多模态理论框架。在社会符号学的理论框架下讨论国学典籍多模态翻译意义和元素的转换过程，基于主题统摄性梳理多模态典籍语篇中主题倾向的连贯性，并从认知视角理清国学典籍中核心概念的隐喻机制跨模态乃至跨文化的转换关系。

责任编辑：宋　云　　　　　　　　责任校对：王　岩
执行编辑：卢文宇　　　　　　　　责任印制：孙婷婷

国学典籍多模态翻译研究

钟泽楠　著

出版发行：	知识产权出版社有限责任公司	网　　址：	http://www.ipph.cn
社　　址：	北京市海淀区气象路 50 号院	邮　　编：	100081
责编电话：	010-82000860 转 8388	责编邮箱：	songyun@cnipr.com
发行电话：	010-82000860 转 8101/8102	发行传真：	010-82000893/82005070/82000270
印　　刷：	北京建宏印刷有限公司	经　　销：	各大网上书店、新华书店及相关专业书店
开　　本：	720mm×1000mm　1/16	印　　张：	17.75
版　　次：	2021 年 8 月第 1 版	印　　次：	2021 年 8 月第 1 次印刷
字　　数：	263 千字	定　　价：	88.00 元

ISBN 978-7-5130-7598-5

出版权专有　侵权必究
如有印装质量问题，本社负责调换。

目 录

引 言 ……………………………………… 1

第一章　国学典籍多模态翻译理论框架构建 …… 11

第二章　多模态翻译中的意义传递 ………… 33
　第一节　《论语》投射意义的多模态翻译机制研究 … 34
　第二节　古典文学的现代化多模态语境重构
　　　　　——以蔡志忠《西游记》漫画改编为例 … 47

第三章　多模态翻译中的隐喻再现 ………… 59
　第一节　跨文化《论语》漫画中的图像概念隐喻
　　　　　研究……………………………………… 59
　第二节　宋词之殇的图文共现：多模态隐喻视角 … 71

第四章　多模态翻译中的主题融通 ………… 88
　第一节　山水田园诗多模态英译语篇中的主题统摄
　　　　　——以《登鹳雀楼》为例 ……………… 88
　第二节　主题与主题倾向关联视角下的张九龄多模态
　　　　　诗歌之英译——以《感遇（一）》为例 … 96

第五章 多模态翻译中的影视跨文化译介实践 ⋯109

第一节 《西游记》影视多模态译介研究：基于中澳版本电视剧的对比 ⋯⋯⋯⋯⋯ 109

第二节 《木兰辞》跨文化多模态译介研究 ⋯⋯ 121

第六章 国学典籍翻译的创造性转化路径探索 ⋯132

第一节 国学典籍翻译思想的源与流：以王宏印翻译学术思想为例 ⋯⋯⋯⋯⋯ 132

第二节 小说的创造性转化：中国武侠小说的海外接受研究 ⋯⋯⋯⋯⋯ 146

结 语 ⋯⋯⋯⋯⋯⋯⋯⋯⋯⋯⋯⋯ 156

参考文献 ⋯⋯⋯⋯⋯⋯⋯⋯⋯⋯⋯⋯ 161

附录一 西游记漫画标注过程 ⋯⋯⋯⋯⋯⋯ 196

附录二 中国武侠小说海外接受数据正向评价汇总 ⋯⋯⋯⋯⋯⋯⋯⋯ 208

附录三 中国武侠小说海外接受数据负向评价汇总 ⋯⋯⋯⋯⋯⋯⋯⋯ 243

后 记 ⋯⋯⋯⋯⋯⋯⋯⋯⋯⋯⋯⋯ 278

引　言

　　国学典籍包含甚广，可指中华民族浩浩历史文化长河中诞生的所有文化和学术作品，例如四书五经、唐诗宋词、历朝名著、古典戏曲小说等。国学典籍翻译是一个系统性工程，尽管传统基于语言翻译为主的单模态译介研究成果颇丰，但多模态翻译研究在近年来相对较少。习近平主席曾在多个关于文化传承与外宣的重要场合中反复强调，我们要坚定文化自信，推动中华优秀传统文化创造性转化、创新性发展，不断铸就中华文化新辉煌，建设社会主义文化强国，不断提高国家文化软实力，增强中华文化影响力，这为新时代讲好中国故事和中华文化"走出去"指明了方向，提出了根本指引和基本要求。如何做到对传统文化"创造性转化、创新性发展"是当今时代的重要课题。随着5G时代的到来，多元文化交流和信息技术的发展，人们进入了一个交流沟通方式多样化的世界。图、文、声音充斥着我们的生活，改变着我们交流和表达意义的方式，也改变了语言在大众交流中的地位，促进了多模态文本的出现，多模态文本以多种表意工具和符号资源，结合人类的感官体验以促进人与周围人，或人与信息的交流。随着人际交流方式和知识获取途径的巨大改变，语言不再是唯一的意义表达方式，当今社会是一个多模态化的社会，因此我们需要通过整合多种符号资源包括声音符号、视觉符号、触觉符号、行为符号和语言符号来构建多模态语篇，通过国学典籍多模态翻译，助力国学典籍走出国门，并能够在西方社会广泛传播，真正为西方读者所接受。

西方经典文学作品多模态翻译的历史悠久，有代表性的作品如美国的经典改编漫画系列（Classics Illustrated）囊括了西方名著的代表作，1941—1971年就已经对共计169部名著进行改编，广泛用作超过25000个中小学的启蒙文学教材，同时也引起了西方学术界的热议，因此，以多模态话语特别是插图、绘画和漫画的形式对中国文化，特别是传统国学典籍进行再创作已经被证明是一种最有效的向国际宣传我国文化的途径之一。国学典籍的多模态翻译实践起步较晚，其中有代表性的作品如蔡志忠的"蔡志忠国学漫画系列（中英文版）"和许渊冲的"画说中国传统文化系列三部曲"等，均以不同的形式表达了作者对国学典籍原著的理解，引起了国内外学术界一定的关注。

国学经典是中国传统文化的代表，无论从思想内涵还是题材表现上来说，最大限度地包容了传统文化的精华，而且经过世俗化的图解或者影视化后，传统文化竟以可感的形象和动人的故事而走进了千家万户。在建设"文化强国"的政策背景下，讲好中国故事，以文化外译的形式积极推进中国文化西渐进程中的国学经典多模态译介研究十分必要。

我国多模态翻译领域人才辈出，以许渊冲和蔡志忠等为代表的翻译家为国学经典译介作出了不可磨灭的贡献。许渊冲教授一生作品百余部，包含许多绝佳妙作，他是北京大学教授，著名的翻译家，被誉为"诗译英法唯一人"，获得"翻译文化终身成就奖"，曾是诺贝尔文学奖候选人。许渊冲穷其一生都在为中国国学经典对外译介做出不懈努力，近年著有"画说中国传统文化系列三部曲"，包含"画说唐诗""画说宋词""画说诗经"，为中国传统文学经典的对外译介的多模态化积极探索，将名画家之作与其译作很好地结合起来，值得探讨与研究。蔡志忠是知名的漫画家，他的作品兼具新意和文化内涵，翻译成多种文字远销海外，销量可观，因此蔡志忠的多个系列的漫画作品，特别是"蔡志忠国学漫画系列（中英文版）"，是多模态译介研究的宝贵资料。

本专著重点讨论的国学典籍中的教育经典是《论语》，《论语》多模态翻译研究的视角大多集中在语际翻译研究，其中也涉及改写和深度注释现象。其中主要观点有：①《论语》翻译涉及译者对古汉语的理解，在译介中起到重要作用❶。②《论语》翻译传播应理解为一个通过翻译传播与社会建立某种关联和互动的过程，以及与文化、权力、意识形态以及社会生活密切关联的过程❷。③《论语》英译是译者在意识形态和诗学控制下的自主性翻译改写，不应忽视译者的主体性研究❸。《论语》翻译研究对文化走出去战略有重要意义，对本研究也有重要的启示：①翻译研究的文本描写方法值得改编研究借鉴。②译者主体性与改编者主体性有共同之处，可从多层次语境和意识形态角度加以研究。③翻译与改编有相似之处，可实现理论与实践的互融互通。但是以往的翻译研究未考虑到国学典籍的多模态译介现象，《论语》的漫画改编、绘本改编、影视改编以及相关的翻译仍未受到学界的关注，亟须对其进行研究以补充《论语》的译介研究。

在小说类典籍的多模态译介方面，本专著重点研究的对象是《西游记》。《西游记》以其独特的文学地位和贡献在海内外的传播引起了源源不断的热潮。在国外期刊发表的关于《西游记》多模态翻译研究的对象主要围绕孙悟空的角色形象展开❹，也有学者对《西游记》融入世界文学作了一番探讨❺，关于《西游记》改编的研究不多，例如 Yu 研究了蔡志忠改编的《西游记》，发现漫画本中的图文符号不协调现象❻。她认为其主要动因是迎合年轻读者，其改编机制体现在改编者在忠实与创造之间的综合考量。国内期刊中的《西游记》改编研究多基于传播学的视角，研究对象多是电影改编，尤其侧重对传

---

❶ 李天辰.《论语》英译体会点滴[J].外语教学，1999（2）：39-41；魏望东.刘殿爵的《论语》翻译策略[J].当代外语研究，2013（6）：50-55；甄春亮.理雅各翻译的《论语》[J].天津外国语学院学报，2001（2）：5-8.

❷ 儒风.《论语》的文化翻译策略研究[J].中国翻译，2008，29（5）：50-54，96；范敏.《论语》的文化维度与翻译策略[J].天津外国语大学学报，2015，22（5）：34-39.

❸ 徐珺，肖海燕.《论语》英译的改写与顺应研究[J].外语学刊，2018（4）：95-101.

❹ SUN H. Transforming Monkey[M]. Washington：The university of washington press，2018.

❺ YOU C. Aesthetic dilemmas of adaption and the politics of subjectivity：Animating the chinese Classic journey to the West[J]. International Research in Children's Literature，2019，12（1）：34-46.

❻ YU H. One page，two stories：intersemiotic dissonance in a comic adaptation of journey to the West[J/OL]. Social Semiotics，2019：1-21[2021-06-23]. https：//doi.org/10.1080/10350330.2019.1645986.

播方式[1]、传播环境[2]、IP（包括人物形象）及其产业化[3]的研究，但"存在着理论意识不强、研究系统性不足等问题"[4]。例如，齐学东研究了《西游记》改编的动画作品，认为忠实于原著的改编作品能够尽量保留原著的情节、人物形象，通过作品传播古代文化，给人以教益。[5]张宗伟论述20世纪90年代以来中国对《西游记》的电影改编，指出电影改编者要把握住正邪之间的价值统一和庄谐之间的美学平衡。[6]金暻泰、高在锡对中日韩动画版《西游记》的文化融入、内容和形式进行比较分析，探讨文化差异在文学作品跨国界传播中的调节作用。[7]在有关传播环境的研究方面，刘君提出了"文化寄生"的范式提醒我们关注跨文化参考机制下文化发生的变形与异化。[8]曾麟亦认为《西游记》的影视改编应权衡地域和文化氛围，在将原著内容与自身文化进行融合时，也要考虑到原著本身的价值体系。[9]IP（包括人物形象）及其产业化的关注点主要在如何形成品牌价值，在产业化实现价值和文化传播的同时，其内

---

[1] 齐学东.《西游记》动画传播的美学思考[J].求是学刊，2013，40（5）：142-148.

[2] 刘君.文化寄生：一种跨文化传播的变异范式——《西游记》跨境传播的视觉重构与异域想象[J].东南学术，2010（6）：163-171.

[3] 陈昕.从《西游记》的电影改编谈起——当代审美下国产超级英雄的人物塑造[J].北京电影学院学报，2016（4）：58-63；赵秀红.《西游记》题材中唐僧人物形象流变的文化意蕴[J].文艺评论，2016（4）：77-83；石力月.影视作品的IP化及其基于交换价值的生产——以西游题材电影为例[J].上海师范大学学报（哲学社会科学版），2018，47（6）：128-134，152；肖雅.中国电影"超级IP"产业模式初探——以"西游记"IP电影系列为例[J].传媒，2018（13）：87-89.

[4] 李蕊芹，许勇强.近三十年"西游故事"传播研究述评[J].明清小说研究，2010（3）：104-114.

[5] 齐学东.《西游记》动画传播的美学思考[J].求是学刊，2013，40（5）：142-148.

[6] 张宗伟.20世纪90年代以来《西游记》的电影改编[J].当代电影，2016（10）：98，147-150.

[7] 金暻泰，高在锡.中日韩动画版《西游记》比较分析[J].外国文学研究，2016，38（3）：145-151.

[8] 刘君.文化寄生：一种跨文化传播的变异范式——《西游记》跨境传播的视觉重构与异域想象[J].东南学术，2010（6）：163-171.

[9] 曾麟.《西游记》海外影视改编与传播研究[J].当代电视，2019（6）：56-59.

涵的民族性的丧失也引起了一定疑虑❶。文本研究主要可以分为文本改编❷和翻译研究❸两类。综上所述，国内外对于《西游记》的改编研究多从宏观视角切入，研究对象均为影视改编，虽可视为多模态翻译实践，但缺乏对《西游记》漫画跨文化嬗变机制的研究，更未有采用系统性微观理论框架，如社会符号学，进行深入研究的文献。

中国古典诗词是我国传统文化史上的一颗璀璨的明珠，其中蕴含的修辞、哲理、情怀、美感和观念等不仅代表着我国的传统文化，也深刻地反映并影响着每一代中国人。正因为古汉诗的价值在我国被广泛认可，这些诗歌以各种方式渗透我们的生活，出现在课本中、字画上、文学作品里和以各种艺术形式在舞台上展现。古汉诗承载着中华民族的思想大趋势，是饰以情感的思想，同时与汉字紧密相连❹。随着科技发展，许多经典诗歌以图文并茂的形式出现，即出现了一种"古汉诗多模态翻译"现象，对其多模态重构机制进行研究论证并总结出普遍适用的合理规律，将能够大力促进我国的社会文化向世界传播，增进国际上对我国思维方式及传统文化的理解，构建中西国际友好合作和平发展的大舞台。本研究将在社会符号学视角之下，对我国著名传统文化作品进行探索性研究，对多模态古籍翻译研究有启示作用。研究成果对我国传统文化的社会媒体的出版形式和学校开设相关课程及教学活动的开展，都有重要的指导意义。在"一带一路"和"建立文化自信"的政策背景下，借助国际前沿语言学理论开展针对中国传统文化的传播方式的研究顺应时代发展潮流，有助于在更广泛的世界舞台上进一步弘扬我国的优良传统文

---

❶ 田星."中国故事"的跨文化之旅：动画电影、"民族性"和古典文学改编[J].艺术百家，2018，34（2）：157-162，239.

❷ 陈明星，袁曦临.文化基因的传承和期待视野的变化：经典名著诠释与改编的双重驱动[J].图书馆建设，2016（3）：96-100；吴圣燮.杨闽斋《新镌全像西游记传》版本研究（上）[J].明清小说研究，2004（4）：15-23，135；吴圣燮.杨闽斋《新镌全像西游记传》版本研究（下）[J].明清小说研究，2005（4）：93-107.

❸ 郑锦怀，吴永昇.《西游记》百年英译的描述性研究[J].广西社会科学，2012（10）：148-153；胡陈尧，刘云虹.译与变：关于《西游记》海外传播路径的思考[J].小说评论，2019（1）：144-152.

❹ 林语堂.中国人[M].上海：学林出版社，1994：241.

化，积极配合国家发展建立"丝绸之路经济带"。

诗歌的多模态重构并不是现代才有的现象，从古至今许多画家一直围绕着中国诗画一统的关系进行各种论述。自20世纪70年代末，中国文学、美学、艺术学等学科逐步确立，大量古典诗词与画的理论研究亦表明古汉诗的多模态重构是客观存在的，如当代画家、美术理论家伍蠡甫对古典诗词和绘画的关系理论进行了阐述❶；美术理论家邓乔彬重新审视诗词与绘画关系，对诗词绘画的描述客体、主体思维、艺术价值作出了细致深入的理论研究，阐述了诗画在一些方面的区别❷；美术理论家、版画家曾景初结合诗词及绘画作品的比较，系统地阐述了诗画的关系，并且更深层次地探讨诗词与绘画的相关性，对意境形成的分析有一定建树❸；现代文学家吴启明阐明了只有把中国的诗词与绘画紧密地结合在一起，才能对艺术作品有更全面的体味与表现❹。然而，鲜有学者能从多模态符号特征论述诗画话语的关系，伍彩芬❺针对南宋马远的《山径春行图》、元代王冕的《墨梅图》，贾佳、龚晓斌❻针对杜甫的《画鹰》都进行了多模态意义建构论述，从诗画关系的理论视角论证其视觉和文本符号的一体性。由此可见，如何在现代社会通过视觉符号系统重构中国的诗教传统至今并未引起学术界足够的关注，仅见少数学者对于诗画图文个案的多模态分析。

花木兰替父从军作为中国最著名的民间故事之一，南北朝经典长篇叙事诗《木兰辞》（又名《木兰诗》）是现代影视多模态翻译的重要典籍依据。花木兰故事本身的改编在海外引起了一定关注，例如，Wang对比了迪士尼动画

---

❶ 伍蠡甫．中国画论研究［M］．北京：北京大学出版社，1983.
❷ 邓乔彬．有声画与无声诗［M］．上海：上海社会科学院出版社，1993.
❸ 曾景初．中国诗画［M］．北京：国际文化出版社，1994.
❹ 吴启明．历代名画诗画对读集［M］．苏州：苏州大学出版社，2005.
❺ 伍彩芬．多模态诗画话语的图文意义建构——以南宋马远题画诗《山径春行图》为例［J］．湛江师范学院学报，2014，35（4）：111-116；伍彩芬．暗香浮动诗画中，留得清气满乾坤——多模态视域下中国题画诗《墨梅图》的语篇意义解读［J］．宁夏大学学报（人文社会科学版），2016，38（3）：173-178.
❻ 贾佳，龚晓斌．多模态话语分析视阈下题画诗《画鹰》的英译研究［J］．语文学刊（外语教育教学），2015（10）：50-52.

影片《木兰》(1998)和电影《木兰从军》(1939),认为海外的影视版本在改编的过程中融合了中西不同的文化元素,并不是对原作完全的忠实[1]。Yang 从变异学的理论视角,认为花木兰在中美文化之旅上所经历的改编,不仅体现了中西文化差异,也反映了前现代与现代伦理、古代中国与现代西方之间的差异[2]。Chen 的研究对象是木兰辞插图的多模态翻译,通过视觉模态的翻译和图像模态的改编,共同说明木兰形象从中国的传奇女英雄到充满美国流行元素的假小子的转变过程[3]。国内的研究主要从叙事学、戏曲改编、女性形象和现代化重构展开。李婉、张爱妮和权立峰的研究对象均为迪士尼动画影片《木兰》(1998),分别从热奈特叙事理论、空间叙事学和内容分析视角解构了影视作品中的情节、空间符号[4]和潜藏的女性形象[5],阐述了改编作品对长篇叙事诗《木兰辞》的创造性重构以及其间产生的跨文化嬗变;郑恩玉通过分析《木兰辞》原著与其两部改变戏剧中人物形象的迁移,提出了木兰故事的演变系统已经逐步形成的基本观点[6];王莹莹对电影《花木兰》(1920,2009)进行了研究,认为相对于原著故事的戏剧性和悲剧性,改编作品已经考虑到观众的认知差异,作了"挪借和改写",用历史和现实交融的方式重新解读了文学经典[7]。然而,直到目前为止仍未有学者从社会符号学出发,对《木兰辞》影视改编的中外版本进行符号学和跨文化交际学视角下的对比与分析。

---

[1] WANG Z. Cultural "Authenticity" as a conflict-ridden hypotext: Mulan (1998), Mulan Joins the Army (1939), and a millennium-long intertextual metamorphosis [J]. The Artist and Journal of Home Culture, 2020, 9 (3): 78.

[2] YANG Q. Mulan in China and America: From premodern to modern [J]. Comparative Literature: East & West, 2018 (2): 1, 45-59.

[3] CHEN X. Representing cultures through language and image: a multimodal approach to translations of the Chinese classic Mulan [J]. Perspectives, 2018 (26): 214-231.

[4] 李婉. 穿比基尼的"花木兰"——从叙事学角度看迪斯尼影片《木兰》对中国《木兰诗》的改编 [J]. 重庆交通大学学报 (社会科学版), 2007 (4): 64-67; 张爱妮. 《木兰诗》电影改编中的空间叙事分析 [J]. 咸宁学院学报, 2011, 31 (7): 115-117.

[5] 权立峰. 美国动画片《花木兰》与中国《木兰诗》中所蕴含的女性意识 [J]. 陕西青年职业学院学报, 2010 (1): 77-80.

[6] 郑恩玉. 从《木兰诗》到"木兰戏"——木兰故事演变系统研究 [J]. 戏剧艺术, 2013 (4): 87-96.

[7] 王莹莹. "现代"对"传统"的"曲解"——从《木兰诗》到电影《花木兰》[J]. 太原师范学院学报 (社会科学版), 2013, 12 (5): 128-130.

第一章在对本书重点讨论的典籍语料进行介绍之后，将对前人相关理论的背景作一番比较详细的回顾，再以此为基础，构建典籍多模态翻译理论框架。第二章首先从国学典籍经典《论语》入手，《论语》是广为人知的儒家经典，是中国传统思想的最重要的来源典籍之一，《论语》的英译在海外传播甚广，但至今仍鲜有关于《论语》的多模态翻译作品的研究，从多模态投射意义的分析框架出发，分别从投射要素和符号的三个元功能，即概念功能、人际功能和语篇功能，对论语漫画的多模态翻译机制进行探讨，研究发现，论语漫画综合运用投射向量、多样化的参与者和对话泡等符号资源，并灵活转换投射小句中的各种成分，以实现动态化文本意义和彰显多模态语义潜势等功能。古典文学是国学典籍的瑰宝，在当今时代推进古典文学的对外宣传具有重要意义，蔡志忠的《西游记》漫画采用现代化多模态语境重构作为改编的主要手段，可以从符号学视角对其中的现代化多模态语境重构的要素和符号资源进行阐释，符合跨文化漫画改编的趋势，促进全球化背景下的文化融合。第三章重点探讨的是多模态翻译中的概念隐喻，概念隐喻理论近年来引发愈来愈多学者的关注，国学经典的情感隐喻在前人的研究中并未受到足够关注。通过研究发现，跨文化《论语》漫画中的"仁"的核心概念也通过图像概念隐喻传播，其源域可以划分为多个日常场景的类型，并对跨文化教育类典籍漫画图像概念隐喻建构提供一定启示，研究表明，《论语》中"仁"的多模态翻译存在嬗变特征，而这种特征使其符合多模态概念隐喻的构建理论，在海外典籍译介中有一定比例的应用。基于情感主导隐喻与情感视觉表征的分析框架，可以统计并研究漫画大师蔡志忠的作品：宋词——花间的细诉中的悲伤隐喻。在标注了以该书为样本的自建小型语料库中的225个漫画格之后，发现该国学经典漫画中的文字和图像悲伤情感隐喻符号丰富。研究表明：①蔡志忠国学漫画中的文字和图像悲伤情感隐喻印证了概念隐喻的相关研究结论；②蔡志忠国学漫画中的文字和图像悲伤情感隐喻相互配搭，相映成趣；③蔡志忠国学漫画中的文字和图像悲伤情感隐喻均含有一定的跨文化嬗变；④蔡志忠国学漫画中的文字和图像悲伤情感隐喻与漫画格的叙事逻辑链条形成关联，在诗化的意境里提升主题意义。第四章侧重从多模态翻译中的主题融通展开，多模态翻译过程中的主题应贯穿于不同模态的始终。例如，古汉语诗篇主题的影响可以体现在各个诗句的主题倾向上，对整个语篇的文本翻译和符号转换选择起统摄作用。其他的典籍文本的多模态翻译实践亦是如此。例如，国学典籍的戏剧或影视多模态翻译应观照不同场景的主题连贯性，并以此统摄文本和视觉符号的呈现内容。该章拟以两篇唐诗为例，探讨主题与主题倾向理论框架对多模态翻译实践的指导意义。第五章关注的是多模态翻译中频率相对较低的一种翻译现象：影视跨文化译介，该做法在国际上目前还处于起步阶段，本章选取了两个著名案例《西游记》和《木兰辞》作为研究对象，作为中国四大名著之一，《西游记》在文学中有极高的文学造诣，为了对外译介国学经典，《西游记》经过许多次的改编，除了电视剧之外，电影、话剧等的改编也很普遍。在众多电视剧中，1986年版《西游记》一直被誉为《西游记》改编的经典之作，自从面世至今，每年假期依旧在各大电视台播出。近年，除了在中国，国外也不乏改编版本，但由于文化差异，改编的内容不少与原著大相径庭。因此，本章的研究对象为1986年在中国拍摄的《西游记》以及2018年在澳洲拍摄的《新猴王传奇》，对其中涉及的人物形象建构和社会文化进行比较和分析，以期为典籍影视多模态译介提供一定启示。中国和美国作为世界两大经济体，其文化差异是一直被人们关注的重要话题。《木兰辞》是中国北朝的一首民歌，花木兰替父从军的故事是中国著名的民间故事之一，被美国迪士尼电影公司和中国的电影制作公司进行改编拍摄，并于1998年和2009年上映。电影作为文化的载体之一，反映着不同文化的特点。本章将以这两部花木兰电影作为素材，使用霍夫斯泰德文化维度为理论框架分析其中的中美文化差异。采用定性研究方法，主要基于两个文化维度——个人主义/集体主义和权力距离，选取这两部电影中的代表性画面和台词来进行多模态译介分析，观众可以深刻了解电影中的模态如何构建意义，从而凸显中美文化差异，为观众欣赏电影和了解中美文化差异提供新的视角。典籍翻译的创造性转化路径具有多样性，第六章探索了其他可能的典籍翻译研究路径，通过综述和调查等多种研究方法，尝试为国学典籍翻译的创造性转化路径提供更多思路，广义的国学典籍多模态翻译也应将传统典籍中如何植入多模态符号作为研究对象，具体的实践路径可从梳理国内典籍翻译理论出发，结合海外译介的实证数据进行翻译策略选择和翻译内容选取。王宏印是我国著名的典籍翻译专家和资深翻译家，本章基于 Note Express 工具，对王宏印在翻译领域发表的 68 篇文献进行可视化综合分析（synthesis），梳理其译学思想、研究脉络与学术贡献。研究发现，王宏印译学研究有典籍翻译理论、译介研究、翻译批评等八大主题，其理论与实践结合的治学思想、中西融通的创新思维以及民族典籍研究的多维探索，值得后辈学人借鉴学习和传承光大。中国武侠小说在海外形成了庞大的读者群体，其中 Wuxiaworld.com 网站上的读者评论是分析中国武侠小说接受情况的重要窗口。借助 Python 工具对该网站流行榜上前十名小说的读者评论分析发现，海外读者对武侠小说的情感评价主要集中在情节、翻译、人物建构和世界建构等方面，较为全面地揭示中国武侠小说海外传播热背后的原因与可改进之处。通过 Python 数据挖掘与情感分析，可以更深刻地理解中国武侠小说的海外读者偏好，促进中国网络文学的海外译介。本书在结语部分将总结研究发现，指出研究的价值与不足，并提出进一步研究的空间和方向。

第一章　国学典籍多模态翻译理论框架构建

国学典籍多模态翻译不仅可以包含多模态符号之间的转换，也可以涵盖多模态语境下文本模态中的语内翻译和语际翻译。国学典籍多模态翻译研究具有跨学科研究性质，需要综合汲取多个学科领域的营养，对于多模态翻译，早期的研究[1]主要是在 Jakobson 的符号学框架[2]下进行的。以多模态符号学为视角的翻译研究仍然属于新兴领域[3]。Pérez-González 认为，早期翻译研究脱离社会文化语境，后来出现文化转向[4]。而翻译研究也一直脱离非语言符号资源，因此最近出现了多模态转向。多模态翻译研究主要关注非语言符号在翻译过程中的作用机制，如戏剧表演翻译[5]、影视字幕翻译[6]、杂志翻译[7]和新媒体视

---

[1] 如 CELOTTI N. The translator of comics as a semiotic investigator[M]// ZENETIIN F. Comics in Translation. London: Rouledge. 2008: 42–58; ADAB B, CRISTINA V. Key debates in the translation of advertising material. Special issue of The Translator 10(2)[M]. Manchester: St Jerome, 2004.

[2] JAKOBSON R. On linguistic aspects of translation[M]// BROWER R A. On translation. Cambridge: Cambridge University Press, 1959.

[3] PEREZ-GONZALEZ L. Audiovisual translation: theories, methods and issues[M]. London: Routledge, 2014.

[4] PEREZ-GONZALEZ L. Audiovisual translation: theories, methods and issues[M]. London: Routledge, 2014.

[5] ZATLIN P. Theatrical translation and film adaptation: A practitioner's view[M]. Bristol: Multilingual Matters, 2005.

[6] GOTTLIEB H. Subtitles, translation and idioms[M]. Copenhagen, Denmark: University of Copenhagen, 1997.

[7] CHUEASUAI P. Translation shifts in multimodal text: a case of the Thai version of cosmopolitan[J]. The Journal of Specialized Translation, 2013(20): 107–121.

听文本翻译❶。而与本专著最密切相关的是漫画翻译研究❷。其中 Zanettin 主编的漫画翻译研究论文集展示了这个领域的研究前景❸。Kaindl 较早地提出了漫画翻译的研究框架,指出漫画翻译研究的语言对象可包括标题、对话、叙述、铭文和拟声现象❹。另外,漫画中的图文关系对翻译的影响也是重要议题。还有学者关注漫画中幽默的多模态翻译❺。但 Borodo 提出,漫画的多模态翻译研究的深度还是不够,需要用多模态理论进行更深入的探索。漫画翻译研究主要关注的仍然是"语际翻译",仍未关注如何由语言文本翻译为漫画文本(即"符际翻译")❻。

国内多模态翻译研究涉及影视翻译❼、广告翻译❽、传统舞台表演翻译❾。许勉君认为多模态翻译包括三个方面:①多模态话语的翻译;②翻译中的多模态转换;③多模态理论在翻译教学中的应用❿。综观文献,国学典籍多模态翻译方面的研究不多。例如,汤文华从符际翻译的角度对蔡志忠的漫画进行剖析⓫。陈曦子对《三国演义》的漫画再创作现状进行调查,但未涉及翻译本体⓬。强晓

---

❶ PEREZ-GONZALEZ L, BAKER M, SALDANHA G. Audiovisual translation [M] // BAKER M, SALDANHA G. The routledge encyclopedia of translation studies (2nd ed.). London: Routledge, 2009: 13-20.

❷ ZENETTIN F. Comics in translation [M]. London: Routledge, 2008; KAINDL K. Thump, whizz, poom: A framework for the study of comics under translation [J]. Target, 1999, 11(2): 263-288.

❸ ZENETTIN F. Comics in translation [M]. London: Routledge, 2008; KAINDL K. Thump, whizz, poom: A framework for the study of comics under translation [J]. Target, 1999, 11(2): 263-288.

❹ KAINDL K. Multimodality in the translation of humour in comics [M] // VENTOLA E, CHARLES C, KALTENBACHER M. Perspectives on multimodality. Amsterdam: John Benjamins, 2004: 173-192.

❺ KAINDL K. Multimodality in the translation of humour in comics [M] // VENTOLA E, CHARLES C, KALTENBACHER M. Perspectives on multimodality. Amsterdam: John Benjamins, 2004: 173-192.

❻ BORODO M. Multimodality, translation and comics [J]. Perspectives, 2015, 23(1): 22-41.

❼ 吕健, 吴文智. 多模态话语分析视角下影片《金陵十三钗》的字幕翻译研究 [J]. 上海翻译, 2012 (4): 36-38.

❽ 凌霄. 基于多模态话语分析的平面商业广告英汉翻译研究 [D]. 广州: 广东外语外贸大学, 2015.

❾ 朱玲. 昆剧翻译的多模态视角探索 [D]. 苏州: 苏州大学, 2015.

❿ 许勉君. 中国多模态翻译研究述评 [J]. 广东外语外贸大学学报, 2017, 28(2): 40-46.

⓫ 汤文华. 符际翻译视角下蔡志忠《论语》漫画研究 [J]. 济宁学院学报, 2014, 35(6): 115-118.

⓬ 陈曦子. 古典小说《三国演义》漫画的再创作现状剖析——以日本"三国"故事漫画发展为着眼点 [J]. 明清小说研究, 2016 (4): 191-203.

对《论语》漫画的英译进行批评，认为《论语》的海外英译传播过程中改编发挥了重要作用[1]。黄中习对布洛陀史诗多模态研究资料进行整理，指出布洛陀史诗的研究与传播需要向多模态译介的路径过渡，更好地服务壮族传统文化"走出去"[2]。

然而，典籍多模态翻译因其跨模态语篇特征的特殊性，不仅需要在社会符号学的理论框架下讨论其意义和元素的转换过程，也需基于主题的一致性梳理多模态翻译语篇中主题倾向的连贯性，厘清典籍中核心概念的隐喻机制的跨模态乃至跨文化的转换关系。在进一步探讨与总结之前，有必要对相关领域的研究进行综述，并分析归纳目前相应的研究领域中的不足和进一步研究的空间。

1. 社会符号学研究概述

社会符号学的理论基础源于国外，基于 Halliday 的"语言是社会符号"的理论，关注的是特定于某一文化某一社团的符号实践[3]。目前业界广泛认可系统功能语言学（Systemic Functional Linguistics）为社会符号学领域的研究提供了基本方法和理论框架，并由 Kress 和 Van Leeuwen，Painter，Jewitt 等人进一步发展应用于图像或视觉分析。至今该理论的应用对象主要是大众传媒、儿童图书和教育文本，具有代表性的研究成果有：

①大众传媒。Machin 和 Niblock 运用多模态批评话语分析（Multimodal Critical Discourse Analysis）论证社会新闻话语的语篇意义选择的重要性[4]；Caple 采用真实的新闻报道分析大众传媒的图文关系和多模态语义产生的方式和作用[5]；Economou 探讨媒体图片的概念和评价意义并论证了卫星式言视新闻

---

[1] 强晓. 海外《论语》漫画英译评鉴 [J]. 上海翻译, 2014（2）: 48-53.
[2] 黄中习. 布洛陀史诗文化的多模态、多媒体译介初探 [J]. 桂林师范高等专科学校学报, 2019, 33（4）: 49-53.
[3] HALLIDAY M A K. Language as social semiotic: The social interpretation of language and meaning [M]. London: Hodder Arnold, 1978.
[4] MACHIN D, NIBLOCK S. News production: Theory and practice [M]. London/New York: Routledge, 2006.
[5] CAPLE H. Photojournalism: A social semiotic approach [M]. Basingstoke / New York: Palgrave Macmillan, 2013.

体裁的构建[1];Royce 在社会符号学及系统功能语言学框架中提出符际互补理论,用于分析页面图像模态与文字模态在语义层面的互补关系,具有很强的应用性[2];Veloso 在社会符号学视角下分析并总结第二次世界大战期间的漫画书多模态语篇中女性群体的呈现方式[3];Unsworth 探讨图书和电影中社会道德和职业道德是如何被扭曲,以弱化国家与种族之间的战争和武装冲突带来的影响,并提出分析此类语篇的新的理论框架[4]。

②儿童图书。Guijarro 和 Sanz 通过研究儿童图书中文本和图片的语篇、人际和代表的功能语义发现了文本和图片的作者在文本的小句和图片的主角间实现相互协作[5];Painter,Martin,Unsworth 在系统功能语言学视角下具体地探讨分析所选儿童读本中文字和图像的多模态语义以及其多模态语义的关系[6]。

③教育文本。O'Halloran 运用系统功能语言学理论论证数学教科书中的数学符号是一种多模态符号隐喻[7];Unsworth 描述在真实课堂学习情景中的语言和图像的实用功能语言分析[8];Wilson 在社会符号学视角下采用描述性案例展现了六位中学教师在教授地理、语言艺术、数学和社会研究课程中使用图片的多模态语义[9]。

---

[1] ECONOMOU D. Photos in the news: Appraisal analysis of visual semiosis and verbal-visual intersemiosis[D]. University of Sydney,2009.

[2] ROYCE T D. Synergy on the page: exploring intersemiotic complementarity in pagebased multimodal text[J]. JASFL Occasional Papers 1,1998:25-50.

[3] VELOSO F. Comic books as cultural archeology: Gender representation in Captain America during WWII[J]. Linguistics and the Human Sciences,2015,11(2-3):284-299.

[4] UNSWORTH L. Persuasive narratives: Evaluative images in picture books and animated movies[J]. Visual Communication,2015,14(1):73-96.

[5] GUIJARRO J M,SANZ M J P. Compositional,interpersonal and representational meanings in a children's narrative: a multimodal discourse analysis[J]. Journal of Pragmatics,2008,40(9):1601-1619.

[6] PAINTER C,MARTIN J R,UNSWORTH L. Reading visual narratives[M]. London: Equinox,2013.

[7] O'HALLORAN K. Towards a systemic functional analysis of multisemiotic mathematics texts[J]. Semiotica,1999,124(1/2):1-29.

[8] UNSWORTH L. E-literacy for the language arts teacher,E-literature for children: Enhancing digital literacy learning[M]. Abingdon and New York: Routledge,2006.

[9] WILSON A A,LANDON-HAYS M. A social semiotic analysis of instructional images across academic disciplines[J]. Visual Communication,2016,15(1):3-31.

国内围绕社会符号学展开的研究有：李战子引介了克瑞斯和勒文的以韩礼德的功能语法理论为基础的社会符号学分析方法[1]；胡壮麟综述了社会符号学研究中的多模态化的学术发展趋势[2]；李战子、陆丹云通过探讨多模态符号学的理论基础、研究途径与发展前景，指出作为一门新兴的学科，多模态符号学在多种模态的系统语法构建、模态间关系研究、批评性多模态话语分析以及多模态研究的学科融合等方面均具有探索空间[3]。张德禄、郭恩华通过研究和实例分析表明社会符号观和概念隐喻观的研究视角在理论范式上可相互连接，在话语分析实践中可相互补充，两者的结合可以有力地促进多模态话语分析理论的发展[4]。李华兵分类介绍并阐述了多模态的各种研究方法和研究领域[5]。社会符号学视角下结合实例的研究，比较具有代表性的有：胡壮麟、董佳利用2005年中国人民大学在澳大利亚文化节上的一次PPT演示竞赛，分析了23个参赛作品，认为今天PPT演示已是一种重要的信息传递工具，成为一种新的语类[6]；陈瑜敏、黄国文通过分析语言教材话语的人际功能尝试解决语言教材编写和使用中的一些具体问题[7]；周俐基于系统功能多模态语篇研究及社会符号学理论分析了儿童绘本中的图、文、音三要素相互作用的关系[8]。

但是，社会符号学视角下关于古汉诗的学术研究相对比较匮乏，已公开发表的论文包括：罗良功从社会符号学角度对美国著名黑人诗人兰斯顿－休斯的诗歌形式进行分析，力图完整准确地揭示这一形式在诗人所处特定的社

---

[1] 李战子. 多模式话语的社会符号学分析[J]. 外语研究, 2003（5）: 1–8, 80.

[2] 胡壮麟. 社会符号学研究中的多模态化[J]. 语言教学与研究, 2007（1）: 1–10.

[3] 李战子，陆丹云. 多模态符号学：理论基础，研究途径与发展前景[J]. 外语研究, 2012（2）: 1–8.

[4] 张德禄，郭恩华. 多模态话语分析的双重视角——社会符号观与概念隐喻观的连接与互补[J]. 外国语（上海外国语大学学报）, 2013, 36（3）: 20–28.

[5] 李华兵. 多模态研究方法和研究领域[J]. 西安外国语大学学报, 2013, 21（3）: 21–25.

[6] 胡壮麟，董佳. 意义的多模态构建——对一次PPT演示竞赛的语篇分析[J]. 外语电化教学, 2006（3）: 3–12.

[7] 陈瑜敏，黄国文. 话语多声互动的多模态构建方式解析——以语言教材话语为例[J]. 外语电化教学, 2009（6）: 35–41.

[8] 周俐. 儿童绘本中的图、文、音——基于系统功能多模态语篇研究及社会符号学理论的分析[J]. 外国语文, 2014, 30（3）: 106–112.

会文化背景下所传达的社会意义[1];胡天恩[2]、杜英丽与顾建华[3]从社会符号学的视角,以《天净沙·秋思》的英译为例,分别探讨诗歌译者如何最大限度发挥其主体性,艺术性再现原文的指称意义、言内意义和语用意义与其在翻译中的得失和可译性问题;唐蔚、李延林[4]以社会符号学翻译法观点为理论依据,从语音、词汇、句法三个层面探讨了许渊冲先生《长恨歌》英译本的言内意义中叠字、借喻、顶真等若干修辞的再现。张晶晶采取"意义相符,功能相似"的社会符号学翻译标准,对比分析了《青玉案·元夕》的三种语言意义的再现[5]。

总的来说,社会符号学的理论涉及图像符号的语篇研究主要成果可以归纳为以下若干方面:

- 图像语法的分析框架建构[6]
- 新闻语篇的评价意义与新闻价值产生机制[7]和互文机制[8]

---

[1] 罗良功.从社会符号学角度解读兰斯顿-休斯的诗歌形式[J].辽宁大学学报(哲学社会科学版),1999(5):101-104.

[2] 胡天恩.社会符号学视角的诗歌译者主体性[J].华东理工大学学报(社会科学版),2010,25(1):101-105.

[3] 杜英丽,顾建华.从《天净沙·秋思》三英译本看社会符号学意义的翻译[J].海外英语,2012(23):133-134,147.

[4] 唐蔚,李延林.从社会符号学视角谈源语言内意义与修辞在译文中的再现——以《长恨歌》许译本为例[J].长沙铁道学院学报(社会科学版),2011,12(1):197-198.

[5] 张晶晶.社会符号学视阈下宋词《青玉案·元夕》英译对比分析——以许渊冲、徐忠杰译本为例[J].安徽文学(下半月),2018(1):29-32.

[6] KRESS G, VAN LEEUWEN T. Reading images: The grammar of visual design [M]. New York: Routledge, 2006; PAINTER C, MARTIN J R, UNSWORTH L. Reading visual narratives [M]. London: Equinox, 2013.

[7] BEDNAREK M, Martin J R. New discourse on language: Functional perspectives on multimodality, identity, and affiliation [M]. London: Continuum, 2009; CAPLE H. Photojournalism: A social semiotic approach [M]. Basingstoke / New York: Palgrave Macmillan, 2013; ECONOMOU D. Photos in the news: Appraisal analysis of visual semiosis and verbal-visual intersemiosis [D]. University of Sydney, 2009; BEDNAREK M, CAPLE H. The discourse of news values: How news organisations create newsworthiness [M]. New York: Oxford University Press, 2017.

[8] 王莹,辛斌.多模态图文语篇的互文性分析——以德国《明镜》周刊的封面语篇为例[J].外语教学,2016,37(6):7-11.

- 杂志期刊语篇中的图文互补与体裁特征[1]
- 漫画语篇表征方式[2]以及特殊群体的身份或者形象建构[3]
- 绘本的图文意义运作机制与教育功能[4]
- 各类课本中图片的教育与知识建构功能[5]
- 教育情景下的多模态运作机制分析,如课堂环境[6]以及演讲[7]等。

社会符号学在典籍多模态翻译实践上的一个子应用,是研究其投射实

---

[1] ROYCE T D. Synergy on the page: exploring intersemiotic complementarity in pagebased multimodal text [J]. JASFL Occasional Papers 1, 1998: 25-50; 王正, 张德禄. 基于语料库的多模态语类研究——以期刊封面语类为例 [J]. 外语教学, 2016, 37 (5): 15-20.

[2] 俞燕明. 新闻漫画多模态隐喻表征方式研究——模态配置的类型、特点及理据 [J]. 外语研究, 2013 (1): 1-9, 112; 曾蕾, 杨慕文. 学术漫画的投射系统研究 [J]. 现代外语, 2019, 42 (5): 610-622.

[3] VELOSO F. Comic books as cultural archeology: Gender representation in Captain America during WWII [J]. Linguistics and the Human Sciences, 2015, 11 (2-3): 284-299.

[4] GUIJARRO J M, SANZ M J P. Compositional, interpersonal and representational meanings in a children's narrative: a multimodal discourse analysis [J]. Journal of Pragmatics, 2008, 40 (9): 1601-1619; TAN K. Imagining communities: A multifunctional approach to identity management [M] // BEDENARKEK M, MARTIN J R. New discourse on language. London: Continuum, 2010: 167; UNSWORTH L. Persuasive narratives: Evaluative images in picture books and animated movies [J]. Visual communication, 2015, 14 (1): 73-96; 周俐. 儿童绘本中的图、文、音——基于系统功能多模态语篇研究及社会符号学理论的分析 [J]. 外国语文, 2014, 30 (3): 106-112.

[5] O'HALLORAN K. Towards a systemic functional analysis of multisemiotic mathematics texts [J]. Semiotica, 1999, 124 (1/2): 1-29; UNSWORTH L. E-literacy for the language arts teacher, E-literature for children: Enhancing digital literacy learning [M]. Abingdon and New York: Routledge, 2006; GUO L. Multimodality in a biology textbook [M] //O'HALLORAN K. Multimodal discourse analysis: Systemic functional perspectives. London/New York: Continuum, 2004: 196-219; CHEN Y M. The semiotic construal of attitudinal curriculum goals: Evidence from EFL textbooks in China [J]. Linguistics and Education, 2010, 21 (1): 60-74; WILSON A A, LANDON-HAYS M. A social semiotic analysis of instructional images across academic disciplines [J]. Visual Communication, 2016, 15 (1): 3-31; LIU X, QU D. Exploring the multimodality of EFL textbooks for Chinese college students: A comparative study [J]. RELC Journal, 2014, 45 (2): 135-150; 陈瑜敏. 情态分析在多模态外语教材研究中的应用探析 [J]. 外语教学, 2010, 31 (1): 69-72.

[6] 胡壮麟, 董佳. 意义的多模态构建——对一次PPT演示竞赛的语篇分析 [J]. 外语电化教学, 2006 (3): 3-12.

[7] 张德禄, 李玉香. 多模态课堂话语的模态配合研究 [J]. 外语与外语教学, 2012 (1): 39-43; 陈松菁. 舞台叙事的多模态语篇研究——基于对一次英语朗诵比赛的舞台语言使用分析 [J]. 外语与外语教学, 2016 (4): 70-78, 149.

现机制。投射与传统语法中的"转述语"相对应。国外主要语言学流派对于引述语句法研究已经相当充分,如传统语法❶、生成语法❷、文学研究❸、认知语言学❹等。但系统功能语言学以投射的概念对"转述语"进行重新阐释,极大地扩展了其内涵与外延。"投射"是一个语义概念,指用来表征语言的语言,描述的是二级现实,其涵盖了从语篇、小句到短语、词组各个级阶的语言形式。由于其丰富的哲学内涵,学者对投射语言在各个层次的表征方式以及在各类语篇中起到的功能进行长期深入探索。投射语言研究大体上可分为五个方面:投射理论研究、语言描述、语言教育、翻译研究和职业话语研究。

①投射理论研究在投射研究中所占比重最大。首先涉及投射的系统网络建构❺。Matthiessen对投射小句复合体和投射动词词组复合体的系统网络进行了建构。曾蕾、梁红艳绘制了"事实投射(fact projection)"的系统网络图。

---

❶ JESPERSEN O. The philosophy of grammar[M]. London: George Allen & Unwin Ltd, 1924; QUIRK R, et al. A comprehensive grammar of the English language[M]. London/New York: Longman, 1985.

❷ PARTEE B H. The syntax and semantics of quotation[M]// ANDERSON S, KIPARSKY P. A festschrift for Morris Halle. New York: Holt, Rinehart and Winston, 1973: 410-418; BANFIELD A. Unspeakable sentences: Narration and representation in the language of fiction[M]. Boston: Routledge & Kegan Paul, 1982.

❸ LEECH G, SHORT M. Style in fiction: A linguistic introduction to English fictional prose[M]. London: Longman, 1981; FLUDERNIK M. An introduction to narratology[M]. New York: Routledge, 2009; SEMINO E, SHORT M. Corpus stylistics: Speech, writing and thought presentation in a corpus of English writing[M]. London: Routledge, 2004.

❹ VANDELANOTTE L, DAVIDSE K. The emergence and structure of be like and related quotatives: a constructional account[J]. Cognitive Linguistics, 2009, 20(4): 777-807.

❺ HALLIDAY M A K, MATTHIESSEN C. An introduction to functional grammar[M]. London and New York: Routledge, 2014; MATTHIESSEN C. Lexicogrammatical cartography: English systems[M]. Tokyo: International Language Sciences Publishers, 1995; 丁建新. 英语小句复合体投射系统之研究[J]. 现代外语, 2000(1): 45-57; 曾蕾, 梁红艳. "事实"定位及其投射系统[J]. 现代外语, 2012, 35(1): 23-29, 108; 梁红艳. 投射"意义发生"机制及其系统[J]. 山西大学学报(哲学社会科学版), 2015, 38(4): 51-56; 曾蕾. 从投射小句复合体到投射语段——以《论语》原文与译文的对等分析为例[J]. 现代外语, 2016, 39(1): 42-51, 146; 陈树坤. 投射语义辖域视角下附加语功能句法分析[J]. 外语研究, 2015(3): 36-41; 陈树坤. 级转移与复合介词: 汉语投射介词短语的功能语法辨析[J]. 西安外国语大学学报, 2018, 26(2): 46-51; 陈树坤, 刘萱. 内容介词短语的功能语法分析: 悉尼模式与加的夫模式对比视角[J]. 北京科技大学学报(社会科学版), 2020, 36(4): 7-15.

曾蕾进一步讨论了投射语段的系统网络。另外，学者们[1]对投射进行认知阐释，讨论投射与经验识解之间的关系。投射的元功能分析也是另一大理论研究热点[2]。也有学者讨论投射的句法行为[3]。曾蕾、杨慕文将投射研究引入多模态领域，绘制图文语篇中的投射意义系统网络[4]。

②在语言描述方面，Halliday 和 Matthiessen, Holsting[5], Patpon[6], Teruya[7], 萧净宇[8], 杨国文[9]分别对德语、泰语、日语、俄语的投射进行了深入细致的描述。曾蕾进行英汉投射小句复合体对比[10]。Hita 对比了英语和西班牙语投射在各个级阶上的体现[11]。Hita 等从类型学的角度去对比了阿拉伯语、英语、印度语等六种语言的投射现象[12]。

---

[1] HALLIDAY M A K, MATTHIESSEN C. Construing experience through meaning: A language-based approach to cognition [M]. London and New York: Continuum, 2006; 梁鲁晋. 投射系统中的现象[J]. 外语学刊, 2004 (4): 55-58; 李桔元. 投射与经验识解[J]. 中国外语, 2007 (1): 36-41.

[2] THOMPSON G. But me some buts: A multidimensional view of conjunction [J]. Text, 2005, 25 (6): 763-791; 辛志英, 黄国文. 元话语的评价赋值功能[J]. 外语教学, 2010, 31 (6): 1-5; 曾蕾, 于晖. "投射符号" 的人际意义及其等级模式之构建[J]. 外语教学, 2005 (6): 25-29; 杨汝福. 系统功能语言学观照下的共向互文性模式研究[J]. 外国语（上海外国语大学学报）, 2010, 33 (2): 12-19; 曾蕾. 投射信息中语码转换的人际与语篇意义建构[J]. 天津外国语学院学报, 2006 (6): 53-58.

[3] LAURANTO Y. The projected directive construction and object case marking in Finnish [J]. Journal of Estonian and Finno-Ugric Linguistics, 2017, 8 (2): 155-190; 张敬源, 贾培培. 新闻语篇中投射模式的研究[J]. 现代外语, 2014, 37 (2): 179-188, 291-292.

[4] 曾蕾, 杨慕文. 图文语篇中的投射分析框架构建探讨[J]. 西安外国语大学学报, 2016, 24 (4): 35-38; 曾蕾, 杨慕文. 学术漫画的投射系统研究[J]. 现代外语, 2019, 42 (5): 610-622.

[5] HOLSTING A. Projecting clause complexes and the subjunctive mood as means of projection in German [M] // NORGAAD N. Systemic functional linguistics in use. Odense Working Papers in Language and Communication, 29. Demark, Odense: Syddansk Universitet, 2008: 381-399.

[6] PATPON P. Ideational projection and interpersonal projection in Thai [C] // YAN FANG. Proceedings of the 36th international systemic functional congress. Beijing, China, 2009: 401-408.

[7] TERUYA K. Projection in Japanese: Ideational and interpersonal manifestations [C] // YAN FANG. Proceedings of the 36th international systemic functional congress. Beijing, China, 2009: 367-370.

[8] 萧净宇. 俄语投射小句复合体研究[J]. 中国俄语教学, 2001 (2): 21-26.

[9] 杨国文. 汉语句段的主从投射和嵌入投射[J]. 当代语言学, 2017, 19 (2): 207-221.

[10] 曾蕾. 英汉 "投射" 小句复合体的功能与语义分析[J]. 现代外语, 2000 (2): 163-173.

[11] HITA J A. A contrastive description of projection in English and Spanish across ranks: From the clause nexus to the group [M] // SELLAMI-BAKLOUTI A, FONTAINE L. Perspectives from systemic functional linguistics. Abingdon: Routledge, 2018: 163-181.

[12] HITA J A, et al. Quoting and reporting across languages: A systembased and text-based typology [J]. Word, 2018, 64 (2): 69-102.

③在语言教育方面，学术写作中的投射现象是研究热点[1]。研究发现，学术写作的话题与写作经验都会影响投射语言的分布、使用及其功能。

④翻译研究方面，学者们以投射语言为考察点去讨论翻译对等和转换等问题[2]。研究表明投射语言的翻译灵活多变，反映不同的译者风格。

⑤在职业话语研究方面，学界从词汇语法特征、意识形态以及评价意义等方面对投射进行探讨。新闻语篇的投射现象是研究热点[3]。例如张敬源、贾培培构建出新闻语篇投射模式。另外，Forey 深入分析了工作场所交际的投射语言特征。

投射语言的研究仍然方兴未艾，并有不断上升的趋势。国内外研究基本

---

[1] THOMPSON G, YE Y. Evaluation in the reporting verbs used in academic papers[J]. Applied Linguistics, 1991, 12(4): 365-382; MOORE T. Knowledge and agency: A study of "metaphenomenal discourse" in textbooks from three disciplines[J]. English for Specific Purposes, 2002(21): 347-366; IGNATIEVA N. Verbal processes in student academic writing in Spanish from a systemic functional perspective [J]. Lenguaje, 2011, 39(2): 447-467; IGNATIEVA N, RODRIGUEZ-VERGARA D. Verbal processes in academic language in Spanish: Exploring discourse genres within the systemic functional framework[J]. Functional Linguistics, 2015, 2(1): 1-14; DE OLIVEIRA J M, PAGANO A S. The research article and the science popularization article: A probabilistic functional grammar perspective on direct discourse representation [J]. Discourse Studies, 2006, 8(5): 627-646; HOOD S. Appraising research: Evaluation in academic writing[M]. Berlin: Springer, 2010; 曾蕾. 从语法隐喻视角看学术语篇中的"投射"[J]. 外语学刊, 2007(3): 46-49; 赵文超. 介入性投射与对话空间建构——一项基于两种学术书评语料的对比研究 [J]. 西华大学学报（哲学社会科学版）, 2014, 33(6): 89-93; 周惠, 刘永兵. 英汉学术书评中投射结构的评价研究[J]. 当代外语研究, 2015(2): 18-23, 77.

[2] SIAHAAN S, SINAR T S. The translation process of projection from batak toba language into English [J]. IOSR Journal of Humanities and Social Science, 2013(11): 8-18; 曾蕾, 胡红辉.《论语》及其英译本中投射语言结构的功能语篇对等研究[J]. 外语与外语教学, 2015(6): 75-79, 86.

[3] BAKLOUTI A S. Projecting others' speech: Linguistic strategies[J]. Academic Research, 2012 (10): 205-234; OCHI A. The reporter's voice in hard news reports in English and Japanese: Views from context, semantics, and lexicogrammar[C] // LEILA B, BERBER T. Proceedings of the 33rd international systemic functional congress, São Paulo, Brazil, 2006: 763-774; OCHI A. Ideational projection in Japanese news reporting: Construing reporter's experience above clause rank[M] // NORGAARD N. Systemic functional linguistics in use. Odense Working Papers in Language and Communication. Demark, Odense: Syddansk Universitet, 2008: 601-620; FOREY G. Projecting clauses: Interpersonal realisation of control and power in workplace texts[M] // FOREY G, THOMPSON G. Text type and texture: In honour of Flo Davies. Sheffield: Equinox, 2009: 151-174; 裘燕萍. 部分投射及其在新闻语类中的评价功能[J]. 外国语（上海外国语大学学报）, 2007(3): 32-38; 张敬源, 贾培培. 新闻语篇中投射模式的研究[J]. 现代外语, 2014, 37(2): 179-188, 291-292; 郝兴刚, 李怀娟. 英语硬新闻中小句复合体投射系统研究[J]. 江苏外语教学研究, 2015(1): 60-64.

同步，在理论研究方面，国内甚至有领先于国际研究的态势，例如曾蕾等在事实投射、多模态投射等方面率先展开研究。多模态投射属于该领域的前沿问题，存在巨大的研究空间。首先，曾蕾团队的研究虽取得初步成果，但所依托的是国外的一部学术漫画，数据不够充分，因此其理论有较大局限性。其次，他们的研究只是关注了转述语现象，没有关注到投射意义的各个方面，如人际投射、事实投射、投射环境成分、投射的语篇功能等问题。另外，投射是新闻、学术语篇、小说等语体特征研究的重要研究视角，但未对国学经典漫画语体进行研究。

由此可见，国内多模态翻译研究主要问题在于缺乏对比分析的理论视角，未能深入阐明典籍从原文到漫画，从单模态翻译到多模态翻译具体发生了什么变化，也未对多个译文版本的翻译过程进行对比。归根结底是缺乏综合运用多种理论进行对比的理论视角。多模态翻译较早地关注到了漫画文本，但研究仍局限在"语际翻译"，而未关注多模态改编和翻译的跨文化嬗变。国学经典的多模态翻译过程兼有"语内翻译""语际翻译"和"符际翻译"三重特征，亟须一个新的理论视角来对其进行分析，有广阔的研究空间。

2. 多模态概念隐喻研究概述

概念隐喻的适用范围是整个人类的思维和行为过程，也就是说，其适用性不应该仅是语言，还应包括连同语言在内的各种多模态符号，如漫画、插图、电视和手势等。概念隐喻源于由 Lakoff, Johnson 提出的概念隐喻理论[1]。该理论颠覆了传统的修辞手法仅存在于文学作品的观点，结合神经心理学的研究实验通过在大脑里形成具象化的意象证明了日常语言中隐喻的普遍存

---

[1] LAKOFF G, JOHNSON M. Metaphors to live by [M]. Chicago: University of Chicago Press, 1980.

在[1]。概念隐喻理论认为，语言不是一种客观存在于世界的机制，而是通过大脑的处理和使用产生意义，这个过程的实现来于从目标域映射到源域，即将语言转化为认知系统中共同理解的实体意义，例如时间是空间，情感是力量，好就是向上（Time is Space，emotions are forces，good is up）。这些隐喻的作用机制有一部分是在不同文化间通用的，但也存在着一定的跨文化差异[2]。

自问世以来，国内外学者对该理论的应用性兴趣递增，研究的热点也从单模态的文本领域转移到了多模态领域[3]。到目前为止，就研究对象而言，多模态概念隐喻主要集中于广告、政治漫画、课堂教学、电影。在广告体裁的多模态概念研究领域，Sobrino 采用量化的方法研究了广告，认为广告的多模态文本中的隐喻和转喻形成影响力的普遍性[4]。冯德正、邢春艳针对汽车广告开展了个案研究，论证了空间隐喻在多模态意义构建中的作用[5]。关于政治漫画，El Refaie 论证了文本和图像在认知隐喻视角下的差异源于不同模态相应

---

[1] GIBBS R W. The poetics of mind: Figurative thought, language, and understanding [M]. New York: Cambridge University Press, 1994; KÖVECSES Z. Emotion concepts [M]. New York: Springer-Verlag, 1990; KÖVECSES Z. Metaphor and the folk understanding of anger [M] // RUSSELL J A, et al. Everyday conceptions of emotion. Dordrecht: Kluwer, 1995: 49–71; SWEETSER E. From etymology to semantics [M]. Cambridge: Cambridge University Press, 1990; LANGACKER R. Foundations of cognitive grammar: Theoretical prerequisites (Vol. 1) [M]. Stanford: Stanford University Press, 1987; LANGACKER R. Foundations of cognitive grammar: Practical applications (Vol. 2) [M]. Stanford: Stanford University Press, 1991; LAKOFF G, KÖVECSES, Z. The cognitive model of anger inherent in American English [M] // HOLLAND D, QUINN N. Cultural models in language and thought. New York: Cambridge University Press, 1987: 195–221; JOHNSON M. The body in the mind: The bodily basis of meaning, imagination, and reason [M]. Chicago: The University of Chicago Press, 1987; LAKOFF G, TURNER M. More than cool reason: A field guide to poetic metaphor [M]. Chicago: The University of Chicago Press, 1989.

[2] GIBBS R W, STEEN J G. Metaphor in cognitive linguistics [M]. Amsterdam: John Benjamins Publishing Company, 1999; YU N. The contemporary theory of metaphor: A perspective from Chinese [M]. Amsterdam: John Benjamins Publishing Company, 1998; KÖVECSES Z. Metaphor in culture: Universality and variation [M]. Cambridge: Cambridge University Press, 2005.

[3] FORCEVILLE C. Pictorial metaphor in advertising [M]. London: Routledge, 1996; FORCEVILLE C, URIOS-APARISI E. Multimodal metaphor [M]. Berlin: Mouton de Gruyter, 2009.

[4] SOBRINO P P. Multimodal metaphor and metonymy in advertising (Vol. 2) [M]. Amsterdam: John Benjamins Publishing Company, 2017.

[5] 冯德正，邢春燕. 空间隐喻与多模态意义建构——以汽车广告为例 [J]. 外国语（上海外国语大学学报），2011, 34 (3): 56–61.

的意义潜势[1]。潘艳艳强调了源域的选择及源域的文化内涵的重要性，认为源域参与构建或重新构建了政治身份[2]。在课堂教学方面，Hamilton认为在师资培训过程中让新教师通过多模态隐喻表达思维，可以帮助他们增进对教学的理解并进行有效的思维、沟通和积累[3]。陈树坤提出课堂教学可以从知识概念、课堂环境和多媒体三方面进行多模态隐喻设计[4]。电影中的多模态设计也比较常见，Alber论证了电影中出现多模态隐喻的可能性，电影《肖申克的救赎》中监狱实质为社会意识形态中限制性的概念隐喻[5]。李兴忠研究电影中"愤怒"隐喻的多模态表征方式，表明其与语言模态基本一致，将抽象的思维情感显化为两个情绪发展阶段[6]。

3. 主题与主题倾向研究概述

曾利沙创建了分析型"语境参数论"[7]。所谓参数是指显性或隐性存在的对自变元概念语境化意义生成产生映射或制约的言内或言外参数因子。该理论视语境为N个参数组成的集合，而受语境影响发生语义嬗变的概念、命题被称为自变元，映射或制约自变元的诸种语境参数是因变元。可见，因变元与自变元之间是映射与被映射、制约与被制约的关系，类似数学函数关系。

---

[1] EL REFAIE E. Understanding visual metaphor: The example of newspaper cartoons [J]. Visual Communication, 2003 (2): 75-95; EL REFAIE E. Metaphor in political cartoons: Exploring audience responses [M] // FORCEVILLE C, URIOS-APARISI E. Multimodal metaphor.Berlin: Mouton de Gruyter, 2009: 173-196.

[2] 潘艳艳. 政治漫画中的多模态隐喻及身份构建 [J]. 外语研究, 2011 (1): 11-15.

[3] HAMILTON E R. Picture This: Multimodal representations of prospective teachers' metaphors about teachers and teaching [J]. Teaching and Teacher Education, 2016 (55): 33-44; TAYLOR M, et al. Digital storytelling and visual metaphor in lectures: a study of student engagement [J]. Accounting Education, 2018, 27 (6): 552-569.

[4] 陈树坤. 多媒体课堂教学中的多模态隐喻设计 [J]. 河北工程大学学报（社会科学版）, 2015, 32 (4): 104-106.

[5] ALBER J. Cinematic carcerality: Prison metaphors in film [J]. The Journal of Popular Culture, 2011, 44 (2): 217-232.

[6] 李兴忠. 电影中的"愤怒"隐喻多模态表征 [J]. 广东外语外贸大学学报, 2017, 28 (3): 46-51.

[7] 曾利沙. 论"操作视域"与"参数因子"——兼论翻译学理论范畴文本特征论的研究 [J]. 现代外语, 2002 (2): 153-164.

参数之间是多维互参或映射或制约关系，如整体与部分互参、宏观命题与微观命题互参、关系特征映射、概念义素映射等认知机制。语篇的常规言内语境参数有：题/段旨、意图、行为主体、方式、时间、处所、事件、性质、属—种、上下义关系、整体部分关系、对比关系、远距照应等。参数的映射关系可具体化为对概念义素（最小认知单位）的运算描写❶，而非常规参数是根据参数关系通过认知关联性判断而临时构建，具有随机性特点，或是特定社会文化语境参数的集合❷。语境参数的设定一方面体现语篇语符之间潜在联系或各种言外相关知识对文本的制约关系，另一方面反映出对语篇连贯机制运作进行识解的心理表征，使其具有可经验性。该理论在诸如应用文本和诗歌散文等多种文本的翻译研究中，已被证明具有可描述、可阐释、可推论的特性，在一定程度上避免了过于主观的印象式评述，为语篇整体意义构建机理的研究创建了新范式。

创建语境参数理论之后，曾利沙又阐释了语篇主题及主题倾向关联下语篇微观层次语词概念语义生成的主客观理据性❸。主题与主题倾向关联性融合试图对文本意义解读的宏观—微观互动关系作出可阐释性描述。语篇语言学认为，主题是语篇宏观命题结构或是语义上与命题等值的概念结构❹，而宏观结构在对语篇意义解读中起支配或统摄作用。Van Dijk 指出，任何语篇处理若不考虑信息的宏观组织及其过程都是不合理的❺。由于语篇所涉及的宏观—微观命题之间的蕴含关系既具直接性也具间接性特点，须通过认知推导才能建立起各概念或命题间的关联性，故对语篇处理需要建立一个整合

---

❶ 曾利沙. 主题关联性社会文化语境与择义的理据性——TEM8 英译汉应试教学谈 [J]. 中国翻译, 2005（4）: 36-40; 曾利沙. 论语篇翻译的概念语境化意义生成的认知机制 [J]. 英语研究, 2007（1）: 31-35.

❷ 曾利沙. 论古汉语诗词英译批评本体论意义阐释框架——社会文化语境关联下的主题与主题倾向性融合 [J]. 外语教学, 2010（2）: 89-92.

❸ 曾利沙. 主题与主题倾向关联下的概念语义生成机制——也谈语篇翻译意识与 TEM8 语段翻译教学 [J]. 外语教学, 2007（3）: 83-87.

❹ HOEY M. On the surface of discourse [M]. London: George Allen & Unwin, 1983.

❺ VAN DIJK A T. Macrostructure—An interdisciplinary study of global structure in discourse, interaction, and cognition [M]. Hillside, New Jersey: Lawrence Erlbaum Associates Publishers, 1980.

性认知框架，由最小认知框架构成，语篇中所涉事实信息无论状态、行动或事件均不得超出该语篇的认知框架。具体操作是在相关概念集合中归纳出最小上义概念，同时要对语篇事实进行分类，语篇事实由命题展现，所有命题的集合构成语篇的认知框架❶。主题是语篇中语义信息整合、抽象过程的结果，所以建构一个主题也就是对整个语篇序列的语义信息进行归纳、组织与分类。为了使分析具有可描写性，曾利沙拓展出主题、主题倾向、主题倾向结构链、内涵嬗变、情态凸显、关联参数、关联融合、关联性社会文化语境等系列概念，意图建构语篇意义生成或嬗变的阐释性认知框架❷。体现主题的宏观命题必须为语篇中所有其他命题所说明，即宏观—微观命题之间必须具有关联性融合并在认知框架内得到维系，而这种关联性融合具有认知逻辑推论和互参的规律性。因此，此语篇认知框架对古汉诗概念语义语境化嬗变的解读具有可阐释性和可描述性。题旨是最高层次的宏观命题，是由各诗句微观命题抽象概括出来的。在诗篇线性展开中其主题必然得以扩展，从而形成主题倾向，即主题规约下的认知逻辑导向，并以次级主题结构链的形态得到体现，是作者表现意图结构链上各节点的逐步展开，各次级主题之间具有内在认知关联性。诗篇宏观—微观结构的建构具有互动性特征，其宏观主题建构依赖于各诗句的情景交融性烘托，形成主题倾向关联性融合，而各诗句基本上都可以构建出相应的次级主题，为凸显主题起到烘托与特征化作用。

4. 漫画改编研究综述

在形式上而言，目前典籍多模态翻译主要通过漫画和影视的方式展现，尤其是在漫画改编领域，近年来优秀典籍多模态翻译作品层出不穷，仅有少数作品，如《西游记》和《木兰辞》尝试通过影视多模态的方式译介到海外，

---

❶ 陈忠华，刘心全，杨春苑. 知识与语篇理解——话语分析认知科学方法论 [M]. 北京：外语教学与研究出版社，2004：181-187.

❷ 曾利沙. 论古汉语诗词英译批评本体论意义阐释框架——社会文化语境关联下的主题与主题倾向性融合 [J]. 外语教学，2010（2）：89-92.

因而接下来的段落重点对漫画改编研究作综述。漫画改编研究根植于改编研究，是国际上研究的热点[1]。其中漫画改编机制研究有三个路径：①媒介的适用性研究；②单文本改编的过程研究；③多文本改编的符号特征对比研究。媒介的适用性研究的关注点在于漫画是如何利用其特有的符号资源，如对话气球、旁白和方格等。许多学者均认为漫画的呈现方式在塑造角色上有明显优势[2]。例如，Beineke 论证了漫画通过生动的展示角色的特征，如外貌、姿势和行为等，能够抓住读者对于不同角色的注意力，改编的过程不仅发生在具体的事物本身，也发生在原著角色的思考过程中。同时，漫画在具象化小说中的客观世界和精神世界上也具有重要作用[3]。漫画改编通过可视化让读者经历各种意识流包括震惊、释放和感悟[4]。漫画媒介亦能够让读者在方格的空隙中填入自己对漫画中富有启发性的元素的想象[5]，因此，Goggin 和 Hassler-Forest[6]认为研究漫画改编中的创造性成分是十分有必要的，创造性成分可以通过可视化、配图、隐喻、陌生化和个人视角等多种方式呈现。单文本改编的过程研究的侧重点在于探讨原故事的某些事件是否可以在改编过程中被改变及其

---

[1] WAGNER G. The novel and the cinema rutherford [M]. NJ: Fairleigh Dickinson University Press, 1975; ANDREW D. Concepts in film theory [M]. Oxford/New York/Toronto/Melbourne: Oxford University Press, 1984; HUTCHEON L. A theory of adaptation [M]. New Yok/London: Routledge, 2006; VANDERBEKE D. It was the best of two worlds, it was the worst of two worlds [M] // GOGGIN J, HASSLER-FOREST D. The rise and reason of comics and graphic literature. Jefferson: Macfarland, 2010: 117; STAM R. Beyond fidelity: The dialogics of adaptation [M] // NAREMORE J. Film adaptation. London: Athlone Press, 2000: 62; MITAINE B, ROCHE D, SCHMITT-PITIOT I. Comics and adaptation [M]. Mississippi: University Press of Mississippi, 2018.

[2] BEINEKE C. Towards a theory of adaptation [D/OL]. University of Nebraska-Lincoln, 2011. https://digitalcommons.unl.edu/cgi/viewcontent.cgi?article=1055&context=englishdiss; SABETI S. The "Strange Alteration" of Hamlet: Comic books, adaptation and constructions of adolescent literacy [J]. Changing English, 2014, 21 (2): 182-197; ASIMAKOULAS D. Aristophanes in comic books: Adaptation as metabase [J]. Meta: Translators' Journal, 2016, 61 (3): 553-577.

[3] GROENSTEEN T. The system of comics [M]. Mississippi: University Press of Mississippi, 2007.

[4] BEINEKE C. Towards a theory of adaptation [D/OL]. University of Nebraska-Lincoln, 2011: 23-25.https://digitalcommons.unl.edu/cgi/viewcontent.cgi?article=1055&context=englishdiss.

[5] GOGGIN J, HASSLER-FOREST D. The rise and reason of comics and graphic literature: Critical essays on the form [M]. Jefferson NC, US: McFarland, 2010: 116.

[6] GOGGIN J, HASSLER-FOREST D. The rise and reason of comics and graphic literature: Critical essays on the form [M]. Jefferson NC, US: McFarland, 2010: 107.

背后的动因。改编者有时候会忠实地复制原著的逻辑❶或基于个人的理解对小说进行扩写❷，甚至加入某些娱乐成分❸；Perret 研究改编者如何理解莎士比亚的作品，发现漫画能够通过简单化和明晰化帮助学生欣赏莎士比亚式的艺术❹；更为重要的是，单文本的多种理解的意识可以因为媒介的转换而被唤醒，Asimakoulas 探究了希腊戏剧亚里斯多芬尼式的文本是如何改编为漫画的，他认为此类改编的重点在于幽默的转换，改编过程中运用了更通俗易懂的语言和富含教育意义的引导并呈现了一些符号特征，如视觉或文字的错时、滑稽、暗示化的粗俗语和女权主义❺。多文本改编的符号特征对比研究涉及同个文本或者同类体裁的多种改编作品的对比研究❻。总体来说，此类研究的发现是不同的改编作品受到文本类型或者改编目的的影响，体现类似的改编策略。例如，Schlensag 比较了 Philip K. Dick 的三个漫画改编作品，发现三个版本都加入了娱乐介入成分并留给读者许多重新想象的空间；Perret 研究了莎士比亚的漫画改编作品，发现以教育目的驱动的简化策略在不同作品中均有所体现；

---

❶ FAYE T. Narrative (De) constructions and the persistence of the text: Images of the cid between epic performance and comics [M] // MITAINE B, ROCHE D, SCHMITT-PITIOTI. Comics and adaptation. Mississippi: University Press of Mississippi, 2018: 47-65.

❷ LABARRE N. Absent humanity: Personification and spatialization in "There Will Come Soft Rains" [M] // MITAINE B, ROCHE D, SCHMITT-PITIOT I. Comics and adaptation. Mississippi: University Press of Mississippi, 2018: 66; GELLY C. Nestor Burma, from Léo Malet to Jacques Tardi, via Jacques-Daniel Norman: 120, rue de la Gare and Its Adaptations in "There Will Come Soft Rains" [M] // MITAINE B, ROCHE D, SCHMITT-PITIOT I. Comics and adaptation. Mississippi: University Press of Mississippi, 2018: 84.

❸ SCHLENSAG S. On three comics adaptations of Philip K. Dick [M] // DUNST A, et al. The world according to Philip K. Dick. London: Macmillan Publishers Limited, 2015: 158.

❹ PERRET M. Not just condensation: how comic books interpret Shakespeare [J]. College Literature, 2004, 31 (4): 72-93.

❺ ASIMAKOULAS D. Aristophanes in comic books: Adaptation as metabase [J]. Meta: Translators' Journal, 2016, 61 (3): 553-577.

❻ LEITCH T M. The Oxford handbook of adaptation studies [M]. New York: Oxford University Press, 2017; SCHLENSAG S. On three comics adaptations of Philip K. Dick [M] // DUNST A, et al. The world according to Philip K. Dick. London: Macmillan Publishers Limited, 2015: 158; PERRET M. Not just condensation: how comic books interpret Shakespeare [J]. College Literature, 2004, 31 (4): 72-93; FAYE T. Narrative (De) constructions and the persistence of the text: Images of the Cid between Epic performance and comics [M] // MITAINE B, ROCHE D, SCHMITT-PITIOT I. Comics and adaptation. Mississippi: University Press of Mississippi, 2018: 47-65.

Faye 比较了 the Cid 的不同改编版本，并发现了在诸多漫画符号，如叙事者声音、对话气球和旁白等的使用上具有一致性，这些符号的使用可以重构 the Cid 的形象。

漫画改编研究与电影研究并列为两个最主要的国际上的改编研究热点❶，Wagner, Andrew, Hutcheon 和 Vanderbeke 均从忠实（fidelity）的角度去探讨改编机制。国内的漫画改编研究基本处于起步阶段，且研究方法较为单一，均为结合漫画改编作品中的例子的质性分析，可以分为符际翻译机制研究和漫画改编策略研究。符际翻译机制研究的代表作品有：许雷、屠国元、曹剑研究蔡志忠的《论语》漫画并认为其既是跨文化传播过程中的符际翻译，也是以图像为主的改写，在改编过程中夸张了孔子的形象❷；安娜研究其双语版，认为符际翻译（即漫画改编）在语内和语际翻译基础上提供有效的补充信息❸；汤文华认为蔡志忠的《论语》漫画使深奥的哲理明晰化❹。漫画改编策略研究的代表作品有：杨向荣、黄培总体调查了《蔡志忠漫画全集》的各个作品，总结出其改编的多种策略，包括形象化、动态化、身份建构、象征和意识形态的注入❺；王文新以丰子恺的《漫画阿Q正传》为例，通过从叙事视角、叙事结构的视角的个案分析，总结了其与众不同的图文共生的审美意象特点，认为该文学作品的绘画改篇中融入了画家对于原作

---

❶ WAGNER G. The novel and the cinema rutherford[M]. NJ: Fairleigh Dickinson University Press, 1975; ANDREW D. Concepts in film theory[M]. Oxford/New York/Toronto/Melbourne: Oxford University Press, 1984; HUTCHEON L. A theory of adaptation[M]. New Yok/London: Routledge, 2006; VANDERBEKE D. It was the best of two worlds, it was the worst of two worlds[M] // GOGGIN J, HASSLER-FOREST D. The rise and reason of comics and graphic literature. Jefferson: Macfarland, 2010: 117; STAM R. Beyond fidelity: The dialogics of adaptation[M] // NAREMORE J. Film adaptation. London: Athlone Press, 2000: 62; MITAINE B, ROCHE D, SCHMITT-PITIOT I. Comics and adaptation.[M]. Mississippi: University Press of Mississippi, 2018.

❷ 许雷, 屠国元, 曹剑. 后现代语境下跨文化传播的"图像转向"——蔡志忠漫画中英文版《论语》的启示[J]. 贵州大学学报（社会科学版）, 2010, 28（2）: 132-135.

❸ 安娜. 语内、语际、符际翻译视角下——蔡志忠《论语》漫画（中英版）研究[J]. 新疆职业大学学报, 2018, 26（1）: 59-64.

❹ 汤文华. 符际翻译视角下蔡志忠《论语》漫画研究[J]. 济宁学院学报, 2014, 35（6）: 115-118.

❺ 杨向荣, 黄培. 图像叙事中的语图互文——基于蔡志忠漫画艺术的图文关系探究[J]. 百家评论, 2014（4）: 83-90.

的理解❶。

可以看出，虽然漫画改编研究领域有较丰富的研究成果，但研究对象均为单一的改编作品，未出现社会符号学视角下的针对典籍多模态改编研究。国内名著的漫画改编研究正在逐步兴起，尚无社会符号学视角下的量化研究，进一步地丰富研究对象和研究方法可以使我国在该学术细分领域引起全球学术界的关注，进而向世界推广和宣传我国文化。

国外学者早在20世纪90年代就开始关注漫画语法。McCloud以漫画的形式去讨论漫画语言的特征，认为漫画是图片序列艺术，并用"图像—现实—语言"三维度分析不同漫画的风格❷。Cohn和他的同事从认知语言学的角度对漫画语法进行深入研究❸。他的核心观点是一个完整的漫画事件包含Establisher, Initial, Peak, Release四个基本的叙事要素，这些要素可以类似语言中的小句一样进行内嵌，组合成更为宏大的叙事结构。他们在此框架之下做了大量的量化研究，成为认知科学中的研究热点。另外，有学者用社会

---

❶ 王文新. 文学作品绘画改编中的语—图互文研究——以丰子恺《漫画阿Q正传》为例[J]. 文艺研究，2016（1）：129-138.

❷ MCCLOUD S. Understanding comics: The invisible art[M]. New York: Harper Perennial, 1994.

❸ COHN N. The limits of time and transitions: Challenges to theories of sequential image comprehension[J]. Studies in Comics, 2010, 1（1）：127-147; COHN N. Navigating comics: An empirical and theoretical approach to strategies of reading comic page layouts[J]. Frontier in Psychology, 2013（4）：186; COHN N. The visual language of comics: Introduction to the structure and cognition of sequential images[M]. London: Bloomsbury, 2013; COHN N. Visual narrative structure[J]. Cognitive Science, 2013（37）：413-452; COHN N, JACKENDOFF R, HOLCOMB P J, et al. The grammar of visual narrative: Neural evidence for constituent structure in sequential image comprehension[J]. Neuropsychologia, 2014（64）：63-70; COHN N. The architecture of visual narrative comprehension: The interaction of narrative structure and page layout in understanding comics[J]. Front Psychol, 2017, 1（5）：680; COHN N, PACZYNSKI M, KUTAS M. Not so secret agents: Event-related potentials to semantic roles in visual event comprehension[J]. Brain and Cognition, 2017（119）：1-9; COHN N, BENDER P. Drawing the line between constituent structure and coherence relations in visual narratives[J]. JEXP PSYCHOL Learn Mem Cogn, 2017, 43（2）：289-301; COHN N. Being explicit about the implicit: inference generating techniques in visual narrative[J]. Language and Cognition, 2019（11）：1-32.

符号学来分析漫画[1]。例如 Veloso 以 Kress 和 Van Leeuwen 的图像语法以及系统功能语法为分析工具，描述美国的超人漫画如何建构以美国为中心的圈内人和圈外人的对立关系，植入美国意识形态。Veloso 和 Bateman 认为通过研究政治漫画可以分析多模态资源是如何通过构建特定语境引导社会大众产生有争议的政策合理化的观点的。

国内的漫画语篇研究滞后于国外，数量不多，但在近年逐渐成为热点。龙迪勇较早讨论故事画中的图像与文本关系[2]。高洁探讨无字漫画的叙事特点与图文关系[3]。杨国萍从认知语言学的概念整合理论去讨论讽刺漫画的意义生成机制，认为概念整合理论的优化机制能够帮助漫画创作者和读者选择不同空间中的元素和关键关系建构漫画新颖语义[4]。曾蕾、杨慕文率先用社会符号学对漫画中的转述语现象进行描述，建构其符号实现的系统网络[5]。

由此可见，国外对漫画语篇的研究比较系统深入，理论框架较为完善，形成了 Cohn 的漫画语法与社会符号学两大流派，但其理论在中国国学漫画分析中的适用性如何仍需继续探索。相比之下，国内的漫画语篇研究比较零散。国内学者对 Cohn 的漫画语法和社会符号学的分析框架仍未开始注意，基于漫画改编进行的多模态翻译仍有一定的研究空间。

因此，基于以上理论背景的讨论，本书尝试提出国学典籍多模态翻译理论框架，以主题与主题倾向作为搭建典籍多模态翻译机制的主线，以社会符

---

[1] VELOSO F. Comic books as cultural archeology: Gender representation in Captain America during WWII [J]. Linguistics and the Human Sciences, 2015, 11 (2–3): 284–299; VELOSO F, BATEMAN J. The multimodal construction of acceptability: Marvel's Civil War comic books and the PATRIOT Act [J]. Critical Discourse Studies, 2013, 10 (4): 427–443; BATEMAN J A, VELOSO F O D. The semiotic resources of comics in movie adaptation: Ang Lee's Hulk (2003) as a case study [J]. Studies in Comics, 2013, 4 (1): 135–157.

[2] 龙迪勇. 图像叙事与文字叙事——故事画中的图像与文本 [J]. 江西社会科学, 2008 (3): 28–43.

[3] 高洁. 无字漫画叙事及其诸问题初探 [J]. 苏州工艺美术职业技术学院学报, 2018 (1): 25–28.

[4] 杨国萍. 漫画语义建构中的优化整合 [J]. 安阳师范学院学报, 2018 (4): 108–112.

[5] 曾蕾, 杨慕文. 图文语篇中的投射分析框架构建探讨 [J]. 西安外国语大学学报, 2016, 24 (4): 35–38.

号学视角下构建的意义传递为主要转化手段，再辅以核心概念的隐喻化表征，形成主题、概念和意义三位一体的典籍多模态翻译理论框架，国学典籍多模态翻译亦应照顾多模态语篇翻译的总体效果，以跨文化译介和创造性转化为方向，造就不同风格的国学典籍多模态译介作品。

国学典籍多模态翻译意义的实现是基于系统功能实现的，系统功能语法被认为主要是传递意义的理论，三大元功能可从不同的角度涵盖多模态符号内涵，可以确保在忠于原著的基础上，创造性地传递概念意义，转换模态间的符号意义；概念隐喻理论源于认知语言学，更加侧重于研究形式，中国文化核心概念是典籍多模态译本传递的主要内容，其表征方法需要借助认知隐喻将抽象概念实体化，通过修辞的微妙转化，打通人类共同认知的基础，以隐喻的形式诠释国学典籍的内涵；主题为典籍多模态译本的主心骨，其作为贯穿始终的主旨逻辑链，对整个译本的多模态符号选择具有统摄作用，可以通过整体与部分的主题归统，增强整个多模态语篇忠实性，使中华文化更加原汁原味地传播于世界，鼓励更多学者对中华文明的渊源进行探究，更进一步建立民族自信心与自豪感（如图 1.1 所示）。

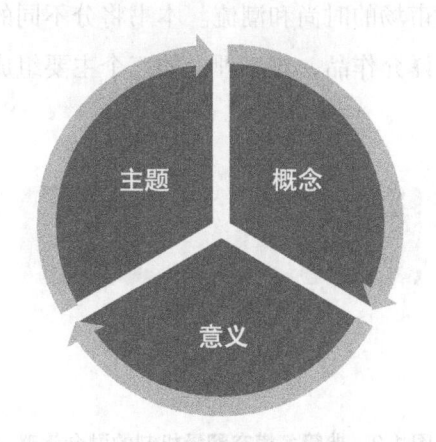

图 1.1　典籍多模态翻译机制的内涵间关系

除此之外，国学典籍的当代对外译介一定要注意"融合翻译"，才能最大化译介效果，为中国文化"走出去"创造更多的可能。"融合翻译"指的是国学典籍多模态翻译的最终作品的呈现不应仅依托单个的理论或拘泥于某种固定的形式，而应通过跨文化译介和创造性转化等路径，进行跨时代、跨地域和跨形式的翻译。国学典籍作品往往具有典型的中华民族特征，其多模态翻译过程中需要融合处理文化元素，使国学典籍多模态翻译作品在西方读者间更加喜闻乐见，正所谓翻译的至高境界是"得意忘形"，只要在基本意义不变的前提下，应该鼓励建构理论体系间和模态间的间接融合，使跨学科或者跨理论的多模态翻译研究不局限于学科系统，一切围绕实践出发，更好地服务于中国文化"走出去"的整体战略。

具体而言，"融合翻译"在系统功能语言学三种元功能的视角下，可以通过多模态翻译的现代化转化传递中华传统文化典籍的独特魅力，同时也应在跨文化的视域里处理好不同模态符号中隐含的信息，照顾和过渡跨文化差异，典籍翻译的创造性转化可以不限于多模态的典型形式，通过在文本的单模态中注入多模态元素，例如戏曲翻译在译文中体现舞台效果，或者在网络文学中通过构建空间和情节实现场面感等，也符合当下海外译介传播趋势，能够获得海外读者的认可，国学典籍多模态翻译应该从跨文化译介和创造性转化着手（如图 1.2 所示），将国学典籍的多模态形式发挥到极致，才能确保国学典籍真正成为国际市场的时尚和潮流。本书将分不同的章节，结合已经成功的国学典籍多模态译介作品，对该理论的三个主要组成部分和两种翻译融合策略进行论证。

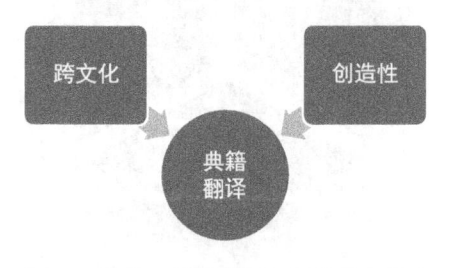

图 1.2　典籍多模态翻译机制的融合策略

第二章　多模态翻译中的意义传递

横看成岭侧成峰，远近高低各不同。
不识庐山真面目，只缘身在此山中。

——苏轼《题西林壁》

在多模态翻译的符际翻译中，各种类型的符号，例如，文字、影像、图片、声音、姿态等，交错盘杂，万象缤纷，如何转换模态间的意义一直是该领域研究的热点和难点。本章拟通过基于《论语》和《西游记》漫画两个案例，讨论分析这些畅销书中的图文关系是如何建构的，研究过程中需要找准漫画改编和符号转换系统，例如社会符号学视角下的及物系统和投射系统，而这些系统的运用需要考虑到具体图文转换的语境，并且可以实现不同的功能。需要注意的是，多模态翻译中的意义传递不仅发生在典籍漫画的图文之间，还发生在包括影、音、文字甚至手势的各种模态之间，以多维空间和多重切入点实现跨模态的意义潜势。

第一节 《论语》投射意义的多模态翻译机制研究

1. 引言

  在海外国学经典的传播过程中,从文言文转化为白话文再翻译成外文的语内、语际研究引起了广泛关注❶,但国学经典漫画化中的符际翻译研究未引起足够的重视。目前仅有少量的研究从 Jakobson 的语内、语际与符际翻译理论分析漫画英译❷。而国学经典漫画中极为普遍且表意机制复杂的投射现象,却鲜有研究对其进行探讨。《论语》作为儒家经典之一,是古代汉语中较为典型的语录体和对话体语篇,用以记载春秋末期思想家孔子及其弟子的言行,其译介实践在海外成果亦颇丰。投射语言是《论语》无论是单模态还是多模态语篇中典型的语言特征。多模态投射现象在《论语》漫画图文语篇中比较常见。蔡志忠的《论语》漫画用漫画形式将《论语》投射出来,将原著的 510 章再现为约三分之一或更少章节的漫画《论语》。在节选时,蔡志忠似乎更加倾向于选择投射的章节,例如《乡党第十》中只选了有投射句子的。几十年间,蔡志忠创作了 100 部以上的作品,他的漫画已在 45 个国家出版发行,全球每天至少有 15 部机器在印他的漫画,总印数更高达 4000 万册,打破了日本漫画在中国一统天下的局面,有人说他是来拯救中国漫画的。蔡志忠漫画适合全年龄段的读者。

  根据视觉语法,图像人物、对话框及对白归属为多模态投射(projection)研究范畴。漫画阅读主要是关注人物的动态、对话与画格间的叙事,这些元素都可以是投射的研究对象和功能成分。可见,多模态投射是漫画研究不可回避的研究对象。本章节拟研究蔡志忠的论语漫画,提出两个研究问题:

  ①蔡志忠的《论语》漫画中的多模态投射成分是如何呈现的?

---

  ❶ 黄国文. 典籍翻译:从语内翻译到语际翻译——以《论语》英译为例[J]. 中国外语,2012,9(6):64-71.

  ❷ 强晓. 海外《论语》漫画英译评鉴[J]. 上海翻译,2014(2):48-53;黄广哲,朱琳. 以蔡志忠典籍漫画《孔子说》在美国的译介谈符际翻译[J]. 上海翻译,2018(1):84-89,95.

②投射成分中的图像过程与文字过程的转化关系背后的动因是什么？

为了回答这两个问题，本章将首先对理论依据作一番介绍，然后设计研究方法，接着在研究结果与讨论部分以个案演绎的方式分别针对所列两个研究问题作一番探讨，最后总结研究发现，承认局限性和提出多模态投射领域可供进一步研究的方向。

2. 理论依据

（1）"功能语篇对等"概念

翻译活动是在语篇层面进行的言语活动，因此分析和评估两种语言的翻译是否"对等"需要基于某种语篇分析理论的翻译批评模式，代表性研究颇丰[1]。基于系统功能语言学的翻译对等探讨始于20世纪60年代，最早的主要代表人物是Halliday和Catford。之后Baker[2]和House[3]等学者都开始运用系统功能语言学的一些理论框架探讨翻译问题；在国内，黄国文和张美芳等学者

---

[1] 如CATFORD J C. A linguistic theory of translation [M]. London: Prentice Hall, 1965; BELL R T. Translation and translating: Theory and practice [M]. London/Newmark: Longman, 1991; HALLIDAY M A K, et al. The linguistic sciences and language teaching [M]. London: Longmans (Longmans' Linguistics Library), 1964; HATIM B, MANSON I. Discourse and the translator [M]. London: Longman, 1991; HATIM B. Text politeness: A semiotic regime for a more interactive pragmatics [M]// HICKEY L. The pragmatics of translation. Clevedon and Philadelphia: Multilingual Matter, 1998: 72-102; HOUSE J. Universality versus culture specificity in translation [M]// RICCARDI A. Translation studies: Perspectives on an emerging discipline. Cambridge: Cambridge University Press, 2000: 92-110; REISS K. Text types, translation types and translation assessment [M]// CHESTERMAN A. Readings in translation theory. Helsinki: Oy Finn Lectura Ab, 1977: 105-115; MUNDAY J. Introducing translation studies: Theories and applications [M]. London and New York: Routledge, 2001: 36; 黄国文. 从《天净沙·秋思》的英译文看"形式对等"的重要性 [J]. 中国翻译, 2003 (2): 21-23; 黄国文. 论翻译研究中的概念功能对等 [C]// 清华大学翻译与跨学科研究中心, 江西财经大学. 中国英汉语比较研究会第八次全国学术研讨会论文摘要汇编, 2008: 84; 张美芳, 黄国文. 语篇语言学与翻译研究 [J]. 中国翻译, 2002 (3): 5-9; 张美芳. 从语篇分析的角度看翻译中的对等 [J]. 现代外语, 2001 (1): 78-84; 司显柱. 系统功能语言学路向翻译研究述评 [J]. 外语研究, 2007 (4): 85-89.

[2] BAKER M. In other words [M]. London: Routledge, 1992.

[3] HOUSE J. A model for translation quality assessment [M]. Tübringen: Narr, 1977.

也在近 20 年前就开始倡导系统功能语言学理论的翻译研究途径❶。在功能对等的前提下，可以观察不同模态的创作者潜在的符号转换动机。翻译过程在本质上是一种语言交际活动，翻译上的对等不是单纯语言形式上的对等，而是语境意义上的对等，也就是语言在语境中的功能对等❷。

（2）投射分析模式

Halliday 提出，投射语言是一种逻辑语义关系，存在于小句复合体、嵌入、动词短语等结构中❸。人们可以通过语言反映主客观世界，也可以通过语言表达语言。也就是说，语言既可以用于表达说话者直接（非语言）的主客观经验的功能，也可以用于表达说话者间接（非直接）的主客观经验的功能。当语言用于表达说话者间接（非直接）的主客观经验的功能，这就是"投射"。系统功能语言学指出，投射与扩展是语言两大逻辑语义关系，其中投射意义表达人们所思所想，是一种表征语言的语言，最典型的体现形式是一个言语或者心理过程小句投射另一个小句。"投射"是一个语义概念，其涵盖了从小句复合体、小句、短语到词组各个级阶的语言形式。前人对各种结构已经进行大量深入的研究，如小句复合体❹、副词词组/介词短语❺和语

---

❶ 张美芳，黄国文. 语篇语言学与翻译研究［J］. 中国翻译，2002（3）：5-9；［1］张美芳. 从语篇分析的角度看翻译中的对等［J］. 现代外语，2001（1）：78-84.

❷ HALLIDAY M A K, et al. The linguistic sciences and language teaching［M］. London: Longmans.（Longmans' Linguistics Library），1964.

❸ HALLIDAY M A K, An introduction to functional grammar（2nd edition）［M］. London: Arnold, 1994.

❹ HALLIDAY M A K, MATTHIESSEN C. Construing experience through meaning: A language-based approach to cognition［M］. London and New York: Continuum, 2006; HALLIDAY M A K, MATTHIESSEN C. An introduction to functional grammar［M］. London and New York: Routledge, 2014; MATTHIESSEN C. Lexicogrammatical cartography: English systems［M］. Tokyo: International Language Sciences Publishers, 1995; 曾蕾. 英汉"投射"小句复合体的功能与语义分析［J］. 现代外语，2000（2）：163-173.

❺ HALLIDAY M A K, MATTHIESSEN C. Construing experience through meaning: A language-based approach to cognition［M］. London and New York: Continuum, 2006; HALLIDAY M A K, MATTHIESSEN C. An introduction to functional grammar［M］. London and New York: Routledge, 2014; MATTHIESSEN C. Lexicogrammatical cartography: English systems［M］. Tokyo: International Language Sciences Publishers, 1995; 陈树坤. 投射语义辖域视角下附加语功能句法分析［J］. 外语研究，2015（3）：36-41；陈树坤. 级转移与复合介词：汉语投射介词短语的功能语法辨析［J］. 西安外国语大学学报，2018，26（2）：46-51.

段❶。在翻译研究方面，学者们以投射语言为考察点去讨论翻译对等和转换等问题❷。

3. 研究方法和语料来源

（1）研究方法

为了使研究结论更加客观和可靠，本研究制定了一系列研究步骤。首先，把蔡志忠《论语》漫画文本转换为PDF文件，其次，导入UAM image tool（一款专门为系统功能语言学开发的图像语料库标注工具）建成可标注的语料库。研究主要通过观察法、归纳法和演绎法，在漫画文本分析过程中观察投射的两种基本类型的实现方式（如图2.1所示），再次，通过漫画的多模态投射语义网络（如图2.2所示）进行标注，归纳出言语者/思维者、过程、环境成分和述

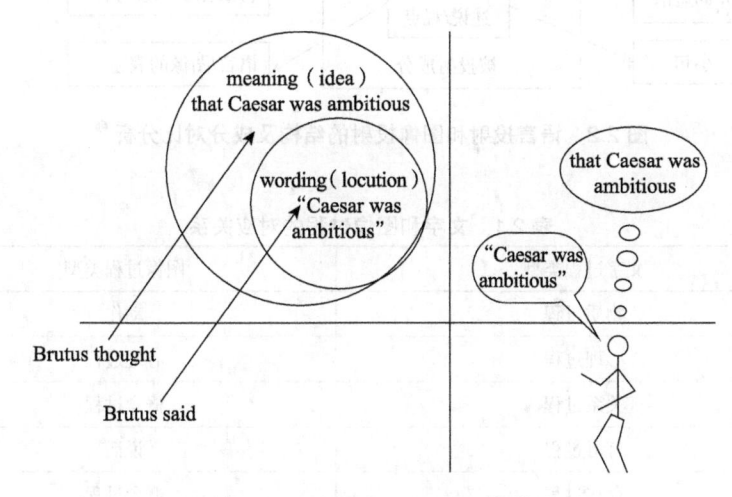

图 2.1　投射的两种基本类型❸

---

❶ 曾蕾. 从投射小句复合体到投射语段——以《论语》原文与译文的对等分析为例 [J]. 现代外语，2016，39（1）：42-51，146.

❷ SIAHAAN S, SINAR T S. The translation process of projection from batak toba language into English [J]. IOSR Journal of Humanities and Social Science，2013（11），8-18；曾蕾，胡红辉.《论语》及其英译本中投射语言结构的功能语篇对等研究 [J]. 外语与外语教学，2015（6）：75-79，86.

❸ HALLIDAY M A K, MATTHIESSEN C. An introduction to functional grammar [M]. London and New York：Routledge，2014：520.

说/观点，并就典型的漫画语篇进行描述性分析。在研究投射过程本身的类型时，需要进行图文关系的对等研究，这可以通过 Excel 进行手动对齐实现，具体的文字和图像过程的对应关系如表 2.1 所示。最后，基于社会符号学多模态投射分析框架，本研究将基于概念功能、人际功能和语篇功能三方面对典型的漫画语篇进行详细研究（如表 2.2 所示）。

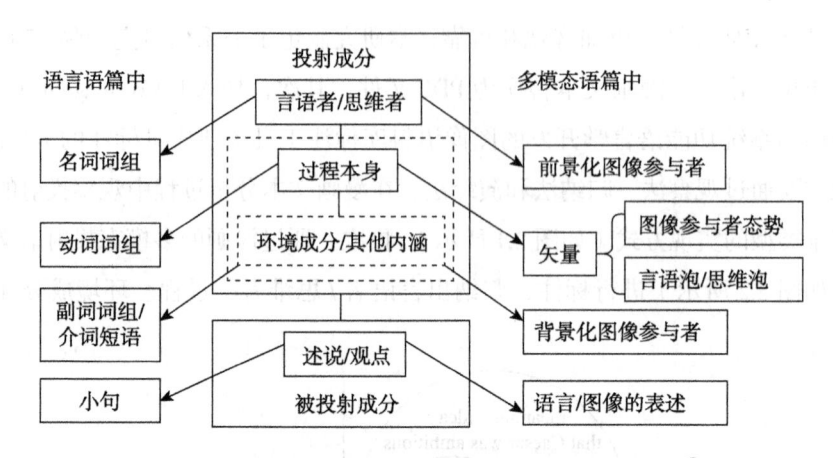

图 2.2　语言投射和图像投射的结构及成分对比分析[1]

表 2.1　文字和图像过程的对应关系

文字过程类型	图像过程类型
物质过程	动作
心理过程	心理过程
关系过程	概念过程
言语过程	说话
存在过程	概念过程
行为过程	动作

---

[1]　曾蕾，杨慕文.图文语篇中的投射分析框架构建探讨［J］.西安外国语大学学报，2016，24（4）：35-38.

表 2.2　社会符号学多模态投射分析框架

类型	实现方式
概念功能	叙事/概念再现
人际功能	评价意义
语篇功能	事件间联系、环境间联系

（2）语料来源

为了便于同时观察多模态翻译，即语内翻译、语际翻译和符际翻译的转换过程，本研究的《论语》语料出自由现代出版社出版的蔡志忠的中文对照版漫画《孔子说》（2013）的第 45 页至第 124 页，共含 77 章的漫画《论语》。经对照，该版本与由山东人民出版社出版的《论语：儒者的诤言》（漫画彩版全本）（2015）和普林斯顿大学出版社出版的《论语》（2018）相比有所删减，但鉴于《孔子说》是唯一包含语内翻译、语际翻译和符际翻译三种转换过程的版本，故选取其为本研究的唯一语料来源。

4.《论语》典型漫画语篇多模态翻译要素研究

《论语》漫画因其语录体和对话体的体裁限制，多模态投射过程主要以述说投射为主，因而本部分主要以两个漫画实例解剖漫画语篇的多模态翻译要素，从言语者、过程、环境成分、述说等方面分析。在所描述的两个漫画组中，言语者总是在第一个漫画格出现，但在余下的漫画格中就不一定了，在第二个和/或第三个漫画格中是否出现似乎取决于相应的漫画格内语际翻译目的语中是否包含言语者的动作过程，而在倒数第二个漫画格中，言语者往往会出现造成一种高潮的效果，符合 Cohn[1] 所提出的，一个连环画不被视为一个相互独立的图像组合，而是图形叙事中事件流的集成部分。图像叙事也往往在最后一个或倒数第二个漫画格中达到峰值，孔子在最后两个漫画格的出现也印证了图像叙事的基本逻辑。

---

[1] COHN N. Navigating comics: An empirical and theoretical approach to strategies of reading comic page layouts[J]. Frontier in Psychology, 2013（4）: 186.

在"子曰：'士志于道，而耻恶衣恶食者，未足与议也。'"❶对应的漫画中，除了第一个之外的漫画格均为被投射成分/述说，第二个和第三个漫画格中的动作和心理过程与英汉双语的文字过程类型相吻合，环境成分的加入，如第二个漫画格中的树和第三个漫画格中的衣着光鲜的富人，可视为增益成分，意在显化文字中尚未明显表达的内容，这种符号特征符合漫画浅显易懂的语体特征，起到符际意义互补的作用。第四个漫画格中主角与孔子对望的向量和面部表情的行为过程，均可以视为评价意义的植入，"吃"仍然转换成图像中的动作过程，"不好"的符号再现是概念意义，即空空的碗和盘子。在最后的漫画格中，孔子离去的向量连同面部表情的行为过程对应文本中的"未足"，可视为动态化了文字中的关系过程，而漫画主角的瞠目结舌的表情亦体现出评价意义中的鉴赏（价值），也就是说最后两个漫画格的态度系统评价资源均反映了所画行为的"不耻"，戏剧化地暗示了漫画作者的态度，但区别在于前一个漫画格为铺垫，而这个语义波在最后的漫画格中达到峰值。

"子贡欲去告朔之饩羊。子曰：'赐也，尔爱其羊，我爱其礼。'"❷所对应漫画中的情形有所差别，第一个漫画格中除了出现言语者，还有文化符号（饩羊的器具）和述说中动作过程的目标（羊）。第二个漫画格可以看作观点投射的转化，观点用图像投射于背景化的动作过程中，有意思的是，观点中的"废除"的动作过程转化为前景化的"军官"概念，为了区分两种类型的投射，漫画师将第三个和第四个漫画格中的述说投射直接用对话泡的形式展现，重复了观点中的"废除"意义。在最后一个漫画格中，孔子的言语直接出现在对话泡内，配以相应的概念或叙事过程强化意义的表达，文化符号（饩羊的器具）和述说中动作过程的目标（羊）又再一次出现了，明确言语的主题，右侧对话泡中的鞠躬动作为常见礼仪。与此同时，子贡的表情行为过程也将漫画的叙事逻辑推向峰值，同时间接地体现评价意义，即饩羊之礼不可废除。

---

❶ 蔡志忠，布莱恩·布雅．孔子说·孙子说［M］．北京：现代出版社，2013：53.
❷ 蔡志忠，布莱恩·布雅．孔子说·孙子说［M］．北京：现代出版社，2013：52.

5.《论语》多模态投射符号资源研究

Painter, Martin, Unsworth 的模型中提出社会符号学具有三个元功能，即概念功能、人际功能和语篇功能❶，以下部分将分别描述这三个功能是如何在《论语》漫画中实现的，并探讨其在多模态语篇中发挥的典型作用。

（1）概念功能

概念功能的其中一种类型是叙事再现，这可以通过用动作过程再现文字中或者投射成分中的物质过程实现。"子曰：'士志于道，而耻恶衣恶食者，未足与议也。'"❷的漫画展示的是述说投射的投射成分的叙事再现。在该漫画组的第二个、第三个和第四个漫画格中，英汉文字符号的"读（study）""穿（wear）""吃（eat）"均以同样的过程呈现在图像模态中。"子贡欲去告朔之饩羊。子曰：'赐也，尔爱其羊，我爱其礼。'"❸所对应漫画组的第二个漫画格是观点投射的投射成分的叙事再现，但是文字和图像中的过程类型并没有完全对应，而是出现了创造性转化，"告朔之饩羊"已转化成孔子祭拜的动作过程。有意思的是，在第四个漫画格里羊和孔子祭拜的姿势都再次出现在对话泡里，再现动作过程中的动作者和目标可以凸显主题，而投射的再现又体现了语体，跟子贡的惊讶表情相配，强化教育和警示功能。

概念功能的另一种类型是概念再现，根据"功能语篇对等"的原理，概念的再现可以以对等的文化符号实现，如"子贡欲去告朔之饩羊。子曰：'赐也，尔爱其羊，我爱其礼。'"❹的文本和图像的"羊"。但是概念和叙事在文本和图像中的双向转化也并非不可能。在"子曰：'十室之邑，必有忠信如丘者焉，不如丘之好学也。'"❺的漫画组中，"忠信"的文字概念转化为图像中的手持一物衣着光鲜的人健步行走，概念过程已经转化为动作过程，述说投

---

❶ PAINTER C, MARTIN J R, UNSWORTH L. Reading visual narratives [M]. London: Equinox, 2013.
❷ 蔡志忠，布莱恩·布雅.孔子说·孙子说 [M].北京：现代出版社，2013：53.
❸ 蔡志忠，布莱恩·布雅.孔子说·孙子说 [M].北京：现代出版社，2013：52.
❹ 蔡志忠，布莱恩·布雅.孔子说·孙子说 [M].北京：现代出版社，2013：52.
❺ 蔡志忠，布莱恩·布雅.孔子说·孙子说 [M].北京：现代出版社，2013：63.

射已经转化为观点投射，言语者和思维者的边界模糊化，投射成分不再以对话泡的形式出现，而是成为感知对象，而孔子旁边的学生，衣着光鲜的人旁边的路人，可以视为该漫画格图像部分的环境成分，分别表示了言语过程的对象和"忠信"的概念的衬托。"子曰：'苟正其身矣，于从政乎何有？不能正其身，如正人何？'"❶所对应漫画组的述说投射过程用更为常规的对话泡呈现，可是在对话泡中，文字中的物质过程和存在过程再现为概念意义，运用了中心、显著性和数量化等符号资源，分别转化了"做得正"和"有什么困难呢"的文字过程。

（2）人际功能

社会符号学所定义的人际功能态度语义网，主要有"情感""判断"和"鉴赏"三种实现方式过程，在上面的分析中已经展示漫画家如何通过有效应用面部表情的行为过程表达态度，所涉及的符号资源往往是"鉴赏"，因为《论语》作为儒家典籍需要构建对社会的各种行为的价值评价。接下来尝试分析两种表达评价的方式：气氛和动作过程。氛围的构建往往不能单单依靠某种特定类型的视觉符号，而是需要多种类型相辅，耦合而成。如"司马牛忧曰：'人皆有兄弟，我独亡。'子夏曰：'商闻之矣：死生有命，富贵在天。君子敬而无失，与人恭而有礼，四海之内，皆兄弟。君子何患乎无兄弟也？'"❷的漫画组所示，"何必担心"的心理过程转化成了图像中的氛围，通过牵手的动作过程、微笑的行为动作和落叶的动态背景化元素，显得云淡风轻，无足轻重，忧愁顾虑随之烟消云散，只因有了"兄弟"相伴，因而图像符号和文字所表达的意义是有细微差别的，或者说图像表达的意义是存在歧义的，"没有兄弟"作为担心的对象，无法实际上画出来，只能通过文字和图像多个模态的意义互补，共同构建原文中双重否定的意义。通过人际功能植入态度常带有一定的主观性，但这种借助态度符号资源达至的思维导向是有必要的，因为《论语》传播的是古代儒家圣贤的思想和所倡导的价值观。在"子曰：

---

❶ 蔡志忠，布莱恩·布雅. 孔子说·孙子说 [M]. 北京：现代出版社，2013：91.
❷ 蔡志忠，布莱恩·布雅. 孔子说·孙子说 [M]. 北京：现代出版社，2013：87.

'巧言、令色、足恭，左丘明耻之，丘亦耻之。匿怨而友其人，左丘明耻之，丘亦耻之。'"❶所对应的漫画组中，图像符号的参与者被有序地分成两组以传达评价态度，第二个和第四个漫画格的动作过程是接受评价的对象，在第三个漫画格中离开的向量和叹气的行为动作表达了对第二个漫画格中叙事的"不耻"的态度，而第五个漫画格的离开的动作向量替代为两眼对望的感知向量，证明漫画家通常不止利用一种视觉符号资源传达和建构对于行为的鉴赏。

（3）语篇功能

语篇功能也在《论语》这种独特的语体中得到了多个维度的使用。社会符号学的语篇功能主要有事件间和环境间关系。其中事件间关系通过展开与投射实现，而环境间关系则是通过变换或者延续角度。鉴于《论语》漫画涉及的内容丰富，漫画家相应地采用多样化的策略构图。"子曰：'士志于道，而耻恶衣恶食者，未足与议也。'"❷对应的漫画中除了第一个之外的漫画格间的衔接点是其共同为第一个的投射成分，但漫画格间的事件间关系并不明显，环境间关系均为位移，除了最后两个之间存在广角化的关系，类似的漫画格间的逻辑语义关系也在"子曰：'不愤不启，不悱不发。举一隅不以三隅反，则不复也。'"❸的漫画组中呈现，但是区别在于第三个漫画格与最后两个之间的关系在图像中含有一定的投射关系，因为第三个漫画格中的人物都成了最后两个的感知过程的反应者。"子贡欲去告朔之饩羊。子曰：'赐也，尔爱其羊，我爱其礼。'"❹所对应漫画中两种投射方式的平行处理显得逻辑关系松散，但漫画师通过文化符号"羊"和"礼"的反复出现，尽可能地使整个连环画的叙事弧更加顺畅。而"子曰：'巧言、令色、足恭，左丘明耻之，丘亦耻之。匿怨而友其人，左丘明耻之，丘亦耻之。'"❺所对应的漫画组展示的却

---

❶ 蔡志忠，布莱恩·布雅.孔子说·孙子说［M］.北京：现代出版社，2013：61.
❷ 蔡志忠，布莱恩·布雅.孔子说·孙子说［M］.北京：现代出版社，2013：53.
❸ 蔡志忠，布莱恩·布雅.孔子说·孙子说［M］.北京：现代出版社，2013：72.
❹ 蔡志忠，布莱恩·布雅.孔子说·孙子说［M］.北京：现代出版社，2013：52.
❺ 蔡志忠，布莱恩·布雅.孔子说·孙子说［M］.北京：现代出版社，2013：61.

是另一种平行逻辑，通过背景化竹树的环境向读者暗示了环境间关系并没有发生位移，只是视角发生了变化，在事件间关系上第二和第三、第四、第五个漫画格间均为承继的叙事序列，且含有因果关系。

但这并不意味着语篇功能实现的方式是可以随意为之或者零散搭建的，这一点可以在其他漫画家绘制的类似的漫画中找到痕迹。在一些国外的漫画师的作品中可以发现，漫画格间的逻辑关系会以某种更加紧密的衔接机制联结起来。在"子曰：'学而时习之，不亦说乎？有朋自远方来，不亦乐乎？人不知而不愠，不亦君子乎？'"所对应的蔡志忠和Jeffrey Seow的漫画作品中，可以看出漫画格间的事件间的关系均为并列事件，环境间关系均为环境转移。在社会语言学中，环境变化的子系统包括家里/外和位移，两位漫画师都以类似的符号资源将漫画格间的关系构建起来，但在一些元素符号的处理上，相对于蔡志忠的作品"子曰：'学而时习之，不亦说乎？有朋自远方来，不亦乐乎？人不知而不愠，不亦君子乎？'"[1] 图2.3的漫画师Jeffrey Seow似乎更加强调与西方语境进行关联，例如第二个漫画格中的马车上标识"TAXI"，并且背景化的山和烟雾等元素重现在第三个漫画格中，以实现更好的环境关联；另外，第一个漫画格中的思维泡和第二个漫画格中的对话泡也辅助解释了英译文，伴以孔子和远道而来的宾客的肢体动作和面部表情隐喻了快乐和君子，这种兼而有之的多模态翻译方式，体现了国外漫画师对《论语》漫画有更高的跨文化理解障碍预期，因而作了更为细致的改编和互文设计。

6.《论语》漫画投射机制对于语录体和对话体语篇多模态翻译实践的普遍指导意义

1890年以来，海外传播的《论语》的文字英译本超50种，除了这种以文本为主的单模态的文化输出，随着科学技术的日新月异，近年来还出现了各种《论语》多模态译介作品，如动画片、电视剧、歌曲、漫画和插图本，

---

[1] 蔡志忠，布莱恩·布雅．孔子说·孙子说［M］．北京：现代出版社，2013：46．

注：子曰："学而时习之，不亦说乎？有朋自远方来，不亦乐乎？人不知而不愠，不亦君子乎？" ❶

图 2.3 《论语》漫画

其中《论语》漫画在海内外已出版 4 本❷。《论语》漫画的跨文化和跨符号改编符合对中国传统文化进行"创造性转化和创新型发展"的总体要求，有利于"坚定民族文化自信"，因而其中蕴含的多模态翻译机制值得深入研究和探讨。通过简化和通俗化中国的传统智慧，在原则上忠实于国学经典，可以促进中国思想的海外传播，从文化层面助力中国成为"人类命运共同体"理念

---

❶ Illustration excerpt from The Complete Analects of Confucius by Jeffrey Seow. Reproduced with permission of Asiapac Books（www.asiapacbooks.com）.

❷ 强晓. 海外《论语》漫画英译评鉴[J]. 上海翻译，2014（2）：48-53.

的倡议者和践行者。学界有必要进一步界定国学经典多模态翻译过程中遵循的原则,以普遍适用的多模态翻译范式,进行对外文化的宣传与推广,引领更多的创作热潮,必将使中华民族的传统文化获得新的生命力,通过桥接文化差异的转化机制在世界民族之林中脱胎换骨,历久弥新。漫画的投射机制应不仅局限于文本,还可以进一步延展到影视,例如真人电影、动画甚至宣传片中的心理投射场景,以研究不同的投射内容的确切内涵和所携带的符号学意义。

7. 结语

《论语》是国学典籍的重要文本,以漫画的形式实现多模态译介是在海外推广和传播《论语》的主要方式。对于《论语》漫画的研究表明,其整体意义在很大程度上是基于多模态投射的理论框架构建的,多模态投射的两种类型,述说投射和观点投射都可以得到涵盖,在分析投射成分的过程中,投射小句中的过程往往被转化而获得评价态度的嵌入、戏剧化和情感隐喻等多重效果,增益的方法可以通过添加跨文化元素符号,语篇意义的实现依赖于意象的重复,或暗示地点的关联,或凸显主题的一致,由于篇幅关系,本章仅代表性地对《论语》的多模态投射机制进行探讨,然而这些符号学意义上的操作同样适用于其他中国传统国学典籍,如《孙子说》《孟子说》《韩非子说》《庄子说》《老子说》《列子说》等,这些作品同样是蔡志忠"中国传统文化系列"漫画的一部分,这些和同类的漫画甚至动画作品,应是日后国学典籍多模态意义传递研究的可选对象。

第二节 古典文学的现代化多模态语境重构
——以蔡志忠《西游记》漫画改编为例

1. 引言

在 2016 年 5 月 17 日召开的哲学社会科学工作座谈会上，习近平总书记再提文化自信的重要性。重塑中国文化自信，大力推动中国文化走出去，为中国经济、外交和安全影响力的扩展提供更加有效的软保护、构筑更有利的软环境。习近平总书记在 2019 年第 12 期《求是》发表重要文章，再次强调《坚定文化自信，建设社会主义文化强国》。习近平总书记鲜明提出了"创造性转化、创新性发展"的重要原则，成为我们党对待中华优秀传统文化的基本方针。如何做到对传统文化"创造性转化、创新性发展"是当今时代的重要课题。

相应地，我国涌现出一批富有鲜明特色的跨文化漫画改编作品，其中有代表性的作品如蔡志忠的"国学经典漫画"系列。作为蔡志忠的代表作之一，《西游记》漫画以简笔画的形式再现古典文学，融合了连环画、日本漫画和漫画作者自己的思想❶。在他的作品里，中国经典文学的角色被赋予极富戏剧性的形象，以连贯的笔法，引人入胜的情节，及幽默的口吻，向读者展现了生动活泼的古典文学世界。蔡志忠的漫画作品已经被翻译成超过 20 种语言并在 49 个国家出版，销售量超过 4000 万册❷。西方经典小说的漫画改编的历史悠久，比较有代表性的作品如美国的经典改编漫画系列（Classics Illustrated）囊括了西方名著的代表作，在 1941 年至 1971 年就已经对共计 169 部名著进行改编，广泛用作超过 25000 个中小学的启蒙文学教材，同时也引起了西方

---

❶ YU H.One page, two stories: intersemiotic dissonance in a comic adaptation of Journey to the West [J/OL].Social Semiotics, 2019:1-21 [2021-06-23] .http://doi.org/10.1080/10350330.2019.1645986.

❷ 毕磊，朱鸿军.要用大气度培养动漫大师——访台湾著名漫画家蔡志忠[J].传媒，2011（4）:12-14.

学术界的热议，因此，以漫画的形式对传统文化，特别是国学进行再创作已经被证明是一种最有效的向国际宣传我国传统文化的途径之一。

然而蔡志忠的漫画改编并没有引起学术界的足够关注，直到最近，Yu 分析蔡志忠的《西游记》中的两个世界，指出其文本构建的语境是对原著的忠实，但漫画构建的语境延展颠覆了原著。作为四大名著之首，《西游记》融汇了中国传统文化"儒释道"三家的精华，其故事内容在近现代也以多模态的形式展现，然而，现代化多模态语境重构作为一种崭新的漫画改编路径，尚未引起学界的足够关注。本章节拟从社会符号学视角去研究蔡志忠是如何针对古典文学作品《西游记》进行现代化多模态语境重构的，通过归纳其中的符号转换规律，以期指导国学漫画改编实践，为我国传统文化的创造性转化与走出去战略提供理论支撑。

2. 理论框架及方法论

（1）理论框架

本章节运用基于系统功能语言学发展而来的社会符号学理论作为分析框架[1]。社会符号学是基于 Halliday[2] 的社会语言学思想发展出来的理论，该理论把系统功能语言学中的系统观、功能观应用于图像、声音、动作等符号研究[3]。本章节采用 Halliday 和 Matthiessen[4] 的系统功能语法对语言进行分析，采取 Painter，Martin，Unsworth 的图像语法对漫画图像进行分析。社会符号学的

---

[1] 参见 BATEMAN J A. Addressing methodological challenges in brand communications research: A comparison of structuralist, peircean, and social semiotic readings of advertising [M] //ROSSOLATOS G. Handbook of brand semiotics. Kassel: Kassel University Press，2015:237-279；JEWITT C，BEZEMER J，O'HALLORAN K. Introducing multimodality [M]. London/New York Routledge，2016.

[2] HALLIDAY M A K. Language as social semiotic: The social interpretation of language and meaning [M]. London: Hodder Arnold，1978.

[3] 如 KRESS G，VAN LEEUWEN T. Reading images: The grammar of visual design [M]. New York: Routledge，2006；PAINTER C，MARTIN J R，UNSWORTH L. Reading visual narratives [M]. London: Equinox，2013；VAN LEEUWEN T.Speech，music，sound [M]. London: Macmillan，1999；MARTINEC R. Cohesion in action [J]. Semiotica，1998，120（1-2）：161-180.

[4] HALLIDAY M A K，MATTHIESSEN C. An introduction to functional grammar [M]. London and New York: Routledge，2014.

基本假设是符号意义可分为概念功能、人际功能和语篇功能，其符号通过一定的语法组合以系统网络选择的关系实现这些功能。

（2）研究方法

在此理论框架之下，本章节拟针对语言和图像之间的意义对等关系进行标注，实现改编中的符号转换关系的量化研究。在标注之前，使用 Excel 的制表功能制作了多模态图像语料库，并制订相应的将现代化元素分离以方便统计的量化标准。蔡志忠的《西游记》漫画总共含有 316 页，每页可分为两个连环画组，而多数的连环画组又可以分为四个漫画格，也就是主要采用的是日本的四个漫画（yokoma manga）的形式。根据社会符号学的理论框架，可以对其中的现代化元素进行标注，包括参与者、动作、地点、方式和言语，为了标注这些元素，经过反复敲定制定了一套严格的标注标准，如表 2.3 所示。

表 2.3 现代元素标注标准

现代元素	标注标准
参与者	漫画中出现现代装扮的人物或者现代语境中出现的物件，单个连环画组中重复出现的参与者计一个，集体参与者（即同类的参与者）亦计一个
动作	以清晰的矢量为标准认定动作，单个连环画组中重复出现的动作计一个
地点	指现代场景的代入，单个连环画组中重复使用的场景计一个
方式	与"动作"元素形成排他关系，如果没有清晰的矢量，但参与者相互之间的距离或神态暗示了现代语境的融入，计一个
言语	完整的含有现代言语的对话算一个，告示牌算一个，但单个连环画组中重复出现的同类的告示牌组只计一个

除此之外，本章节还对各种现代化语境重构的手段进行质化分析，并从社会符号的三个元功能进行分析，并在本章节的第四部分分别详细举例说明，根据 Halliday 和 Matthiessen，Painter，Martin，Unsworth 的理论分类，社会符号的三个元功能的对应关系如表 2.4 所示。

表 2.4 社会符号学的三个元功能

元功能	Halliday 和 Matthiessen	Painter, Martin, Unsworth
概念功能	及物性（参与者、过程、环境成分） 逻辑语义关系：增强、阐释、扩展	参与者 参与者关系 语义过程 事际关系 情景 情景际关系
人际功能	语气系统 评价系统	集中度 情感倾诉 布景 级差
语篇功能	主位结构 信息结构 衔接	布局 加框 重点

3. 研究发现

（1）现代化多模态语境重构的元素

通过表 2.5 的量化统计结果（具体标准过程详见附录一）可以发现，现代化语境重构的元素中"语言"占据最大的比例（40.99%），紧跟其后的是"参与者"（37.42%），"动作"作为唯一和本研究相关的过程类型，占据了 7.92% 的比例，略高于位列其后的两类符号的比例，"地点"和"方式"所占的比例十分接近，分别是 6.99% 和 6.68%。因此，两种最主要元素的比例相仿，而剩下的三种元素的比例也十分接近，尽管"动作"元素的比例相对偏高。

表 2.5 现代化元素的总数和比例

元素	参与者	动作	地点	方式	语言
总数（个）	241	51	45	43	264
比例（%）	37.42	7.92	6.99	6.68	40.99

从图 2.4 的分布可以看出，现代化语境重构的元素以"语言"和"参与者"为主，这两大元素贯穿始终，一直居高不下，呈较均匀的分布状态，另外三种元素（"地点""方式"和"动作"）的比例小很多，且随着页码的增加，呈下降趋势。"语言"和"参与者"总数的居高不下，意味着现代化语境中的角色的出现往往伴随着相应的含现代元素的对话泡，现代化语境中的一些物件也被标注了以标语形式出现的现代文字。"动作"元素因漫画本身具有的特点，在余下的三种元素中数量稍多，只因统计标准界定的缘故，重复动作的个数被忽略，但仍能看出漫画作者对于该类符号资源的相对青睐。"地点""方式"和"动作"三个元素较平均的使用程度，体现了漫画作者灵活的思维方式和综合运用多种符号资源构建现代化语境的巧妙手法。

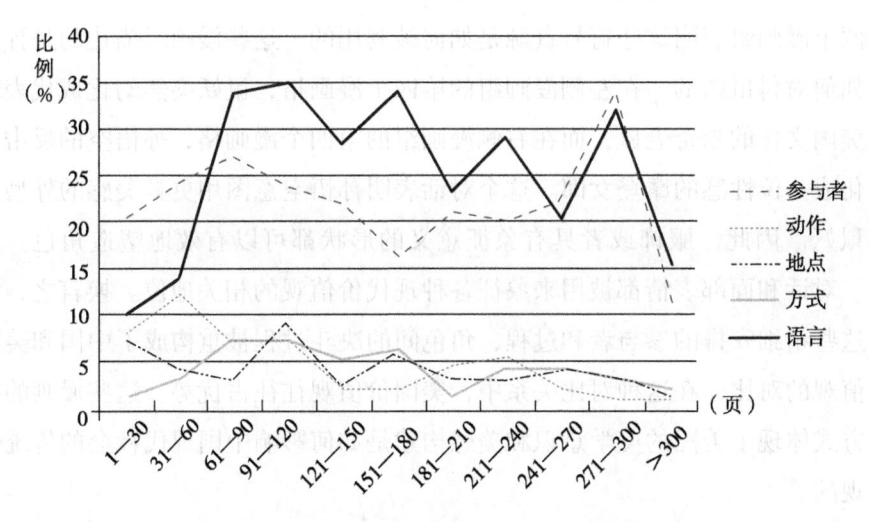

图 2.4　现代化元素的分布图（以 30 页为跨度）

（2）现代化多模态语境重构的符号资源

对于现代化多模态语境重构的元素的分析只体现了蔡志忠在《西游记》漫画中改编了什么，即作了现代化语境重构的元素的定量分析，而蔡志忠的《西游记》漫画作为跨文化漫画改编的产品，在语境重构元素的呈现方法上，往往融入了与现代文明相连接的多元文化，许多角色，特别是有名望和地位的人物，均被平民化。笔者同时也发现，改编漫画中加入了多元文化价值观，比如女性主义和低权力距离等。这些元素将《西游记》赋予原本的古典文学语境通过文化和意识的混流，使《西游记》漫画贯穿着传统和现代的价值观。本部分将对蔡志忠如何利用各种符号资源对《西游记》进行现代化和多元文化重构作一番讨论，围绕 Painter, Martin, Unsworth 模型中所提出的社会符号学的三个元功能，即概念功能、人际功能和语篇功能。

①概念功能。

概念功能如参与者、过程和情景是改编者用于重构现代化多模态语境的主要符号资源。在这里重点分析三种主要的符号选项：特征、地位和位移。

第一个主要符号资源是"特征"。改编者会在参与者上绘制出某些象征性的特点，如现代化的服饰或者具有象征意义的形状。《西游记》第 255 页的两个漫画组表明这些符号资源是如何被利用的。这些漫画组描述的是孙悟空如何对付鼠妖的，在左侧漫画组的第四个漫画格，鼠妖突然幻化成代表现代美国文化的米奇老鼠，而在右侧漫画组的第四个漫画格，孙悟空的反击是变化成一位性感的摩登女郎。这个对话表明孙悟空意图用更具美感的外型羞辱鼠妖。因此，服饰或者具有象征意义的形状都可以有效地塑造角色。打斗、对话和面部表情都被用来象征各种现代价值观的相关地位。换言之，凭借这些精细安排的参与者和过程，角色间的决斗过程被重构成了中国和美国价值观的对比，在这种对比关系中，美国价值观往往占优势。这些漫画的描绘方式体现了美国的美学意识和美感构建是如何影响中国现代社会的传统价值观的。

第二个值得关注的符号资源是"地位"。根据 Painter, Martin, Unsworth，地位指的是角色相对于图片背景的移入或者移出。本章节的数据特别的地方在于角色并不是简单的移入，而是由背景元素转化而成，因而产生了某种违背常规逻辑的滑稽效果。当取经人一行到达火焰山，在第一个漫画格中，火焰山是背景。在第二个漫画格中，背景成了观察的对象。在第三和第四个漫画格里，火焰山成了一个男人抽着带有美国品牌 MARBLE（万宝路）标志的香烟。另如，孙悟空来到了无底洞的入口。然而，当他用金箍棒窥探无底洞时，整个情景的比例被缩小以致地面成了拟人化的地球。此处其实是地理学的应用：如果"无底洞"真的是无底，孙悟空的金箍棒当然会达到地球的另一端，这样"无底洞"的概念就可以荒诞化了。更有趣的是，窥探的动作已经被重构为掏耳朵，地球通过语言过程向孙悟空说了"谢谢你"。如此这般的情景和参与者的转移带给了读者意外和想象的空间。

第三个主要的符号资源是"位移"，即将上一个漫画格的地点转移到一个新的位置。基本的策略是整个故事会突然置于一个现代化的语境之中。当师徒四人来到一个原本意指火焰山的不断冒烟的地方时，背景突然转换成现代工业的世界，而黑烟成了污染的象征。又如，孙悟空跳进了无底洞（为了救师傅），可是，整个无底洞引向了跌停板。通过位移，改编者将无底洞和股票市场作了一个类比，暗指炒股者一进入股市就会无止境的亏钱。通过这种方式，古典文学的语境被重构成为反乌托邦和对现代科技的嘲讽。

②人际功能。

人际功能在古典文学的现代化多模态语境重构中也发挥重要作用。首先值得一提的选项是"接触"，而"接触"的其中一个选项是"聚焦"。根据Painter, Martin, Unsworth 的描述，通过"接触"的选项，漫画改编者或将角色绘成直接面对读者或将头转向读者，标注为"直接"或"邀请"。接下来的两个例子展示"直接"和"邀请"可以如何将元素带入语境。例如，当孙悟空切开了桃子，"桃太郎"一个带有日本的特征的角色出现了。但是，孙悟空突然当起了电影的导演并要求停止表演，同时把头转向了读者。这样的符号选择建立了漫画与真实世界的连接，告诉读者重构语境中的元素来自于"你的"世界。漫画叙事中尝试吸引读者注意力的意图在另外一例中更加明显，当佛祖意欲将孙悟空压在五指山下五百年时，出乎意料地，孙悟空和佛祖都把头转向读者，并问读者是否可以等待这么久。这样的描绘使"邀请"的符号选项变成了真正现实意义上的提问，在读者和漫画语境之间架起了一座时空的桥梁。通过这种方式，西游记的故事用读者世界的元素重构了现代化语境。

人际功能的另一个重要的符号选项是"量级"，作为"级差"中的一个子选项，"量级"可以进一步被分为"数量""相对大小"和"程度"。"量级"

选项经常被用来支撑现代语境的建构。例如，孙悟空当上了弼马温之后想要让他的工作变得有趣些，索性将所管辖的马匹用来赛马，也因此引来了大批的观众。观众人数众多表明赛马在现代是很受欢迎的，漫画通过唤醒读者对这种赛事的共鸣而构建了现代语境。类似的，在描绘皇帝欲甄选学者前往西天取经的漫画中，因西天在此也可理解为现代印度的某个区域，所以作为留学目的地的印度并没有受到除了唐僧之外的其他学者的欢迎。相反，同在最后一个漫画格中出现的美国因为有着哈佛和耶鲁等名校，受到了络绎不绝的人群的追捧。改编者通过前往美国的人数之多，也就是相对大小，对应现代语境的留学选择而符合现代读者的认知。还有一个例子是通过"程度"的缩小来实现同样的重构，也就是说漫画中出现的主体被绘制成占据一个小空间。在故事中，孙悟空幻化成一个小不点儿要与天神决斗，当天神质疑小不点儿有何好怕时，孙悟空称其已变成了艾滋病毒，因而能让读者认同天神的恐惧。这三个漫画组均清晰地展示了漫画改编者如何娴熟地运用社会符号，包括"数量""相对大小"和"程度"将现代语境的元素带进古典文学。

③语篇功能。

正如上文提及的，蔡志忠的《西游记》漫画采用 Yonkoma 格式，即每个漫画组从上至下包含四个同样大小的漫画格。在该格式里，每一个漫画格都有一个框架。值得注意的是，在漫画改编时，就连这个框架也会被用于跟现代语境构建关联。首先，改编者似乎总在用一种隐喻的方式将符号世界和真实世界用框架联系起来。经常能够发现图像中的角色突破了漫画格的边缘，即应用了一个符号选项"越界"。同时也发现在一些情形中，改编者会跟超出边框的角色对话。例如，当孙悟空和猪八戒在第一个漫画格面临一场雪，可是在这个漫画组中，前三个漫画格均描绘着他俩站在这场几乎没有任何变化的雪中。突然，猪八戒将框架掀起，向漫画作者抱怨故事情节太无聊。在最后一个漫画格里，作者遂将雪变成了冰雹，并在框架后面偷笑。这样的符号安排可以看作改编者对于改编的态度展现。通过这样的方式，漫画的世界、作者的世界和读者的世界发生了互动，因而成了漫画语境里构建现代语境的一种特殊方式。在一些其他的情形里，框架甚至会变成一个主角可以用来对付妖怪的经验元素。又如，在另一个漫画组中，孙悟空会变出一把剪刀用来剪去所有幻化成美女的妖怪，称该武器是电影审查员的剪刀，与读者世界里的审查机制相呼应。更有意思的是，与此同时，《西游记》原著中以好色闻名的猪八戒，对孙悟空的这个法术感到十分愤怒。笔者认为这也是对应了一些现代人可能有的对审查机制的抱怨态度。可以发现有几个框架的符号选项在这里产生了作用。首先，最后的一个漫画格已经不再受到框架的限制，因为参与者可以出现在页面旁边空白的位置上。其次，第三个漫画格成了最后一个漫画格的经验框架，这里使用的法术象征着语篇功能向概念功能的符号转换。最后，整个页面的布局明显偏向了左边，故意留出了右边给猪八戒站着以表达他的情感。通过这种方式，可以将猪八戒看成是故事的一部分或者是读者的替身，因为他说出了读者对审查机制的感受。这些漫画展现了改编者非常擅长使用语篇符号资源通过元话语的建构与经验还有语篇意义的幽默转置以重构古代文学的现代化多模态语境。

4. 中国传统文化在漫画改编中的现代化语境重构

中国传统文化是中华文化的重要组成部分，习近平总书记在《习近平治国理政第二卷》中强调在坚定文化自信的过程中，我们须要继承和发展传统文化，让传统文化以新的方式服务现代。习近平指出，传统文化应该用创造性的方法转化和发展。古代文学是中国传统文化的重要载体，由蔡志忠改编的典籍漫画的成功有目共睹，他的作品不仅是该类图书中的畅销产品，也在美国各大书评网站如亚马逊、Goodreads、Librarything 获得了不同年龄段和行业的众多读者的青睐[1]。蔡志忠通过漫画改编创造性地翻译中国传统文化，但其中的符号资源的具体使用方式尚未引起学术界的关注。蔡志忠的《西游记》漫画重构古典文学的现代化多模态语境的方式为中国传统文化的创造性转化提供了可印证、可追溯和可推广的例证。

---

[1] 黄广哲，朱琳.以蔡志忠典籍漫画《孔子说》在美国的译介谈符际翻译[J].上海翻译，2018（1）：84-89，95.

首先，参与者和语言是古典文学现代化多模态语境的主要元素。从社会符号学的意义上讲，蔡志忠《西游记》漫画中的许多参与者和语言都被赋予了现代化语境特征，而这些元素的首次出现，总体上符合 Cohn❶ 所提出的符号漫画语法。Cohn 认为一个漫画组往往可以被细分成若干个通用的步骤，如布景（Establisher）、始端（Initial）、高潮（Peak）和释放（Release），其中，释放是"最重要的产生幽默的漫画格，因为释放实为整个漫画序列的顶点的余波、回应或者是（相对）被动的后续部分"。这些步骤中的高潮和释放在本研究所采用的社会符号学视角里，主要以现代化多模态语境中的参与者和语言的出现以实现。在我们收集的漫画数据中存在类似的规律。在唐僧师徒一行前往火焰山的漫画组中，孙悟空的语言过程揭示了第一个漫画格是该漫画组的布景，然后第二个漫画格中孙悟空的动作和语言与猪八戒的紧随而上意味着该漫画格为该小组故事的始端，紧接着在第三个漫画格中两个现代化语境中的参与者：MARBLE（万宝路）香烟和抽烟的手的出现把故事推向高潮，而第四个漫画格中猪八戒口中的"二手烟"的语言实现了第四个漫画格的释放。因此，古典文学的漫画通过灵活利用多种符号资源将原著中的叙事逻辑戏剧化，其中参与者和语言充当了现代化多模态语境的主要元素，将情节推向高潮，从而产生了幽默效果。

其次，我们也发现除了重构现代化语境，通过符号学元素的介入，境外地域文化，包括伊斯兰、北欧、阿拉伯、美国和日本，以及部分世界性的社会问题，如人口老龄化、环境污染和金融问题也有了载体（如表2.6所示），这些元素的出现往往也伴随着作者通过多种行为动作过程，如微笑、惊恐和哭泣等，表达对境外地域文化和世界性的社会问题的态度。这些态度可以用视觉态度的理论模型来理解❷。一些动作过程可以被理解为嵌入式的积极感应，用以表达作者在全球化进程中对于多元文化价值观实现良性互动的思考和努

---

❶ COHN N. Navigating comics: An empirical and theoretical approach to strategies of reading comic page layouts [J]. Frontier in Psychology, 2013 (4):186; COHN N. Being explicit about the implicit: inference generating techniques in visual narrative [J]. Language and Cognition, 2019 (11):1-32.

❷ ECONOMOU D. Photos in the news: Appraisal analysis of visual semiosis and verbal-visual intersemiosis [D]. University of Sydney, 2009.

力。对外国地域文化和现象的态度,可以由主角的面部表情得以传达。例如,在其中一幅漫画中,通过桃太郎流泪的面部表情暗示了作者认为日本在中国的古典文学的传统语境中不受欢迎,而另一幅漫画则通过唐僧惊恐的表情表明留学美国的众多学者们的选择的非理性。对于世界性问题的态度同样可以通过视觉态度符号体现。比如,在另一个漫画组中,孙悟空对最后一个漫画格中突然出现的工业污染的惊慌失措的神情,暗指全球气温上升主要是由环境污染,特别是工业污染引起的。再如,在描述"无底洞"的漫画中,孙悟空在最后一个漫画格中对掉入谷底的股价露出无可奈何的面部表情,以引起读者对金融陷阱产生的严重后果的情感共鸣。

表 2.6 现代化元素对应的境外地域文化和世界性的社会问题

现代化元素类型	具体类别	数量
境外地域文化	伊斯兰	2
	北欧	2
	阿拉伯	1
	美国	39
	日本	3
世界性的社会问题	人口老龄化	1
	资源问题	1
	环境污染	3
	金融问题	2
	霸权主义	1
	公共卫生	1

概而论之,蔡志忠的《西游记》漫画将古典文学世界创造性的转换成了有趣的、可读性强的现代故事,唤起读者的积极参与而重构了多模态语境。与此同时,现代化元素的可视化呼应了全球文化一体化的趋势,强调了中华民族文化自信的重要性,也呼唤大众对世界性的社会问题的更多关注。因此,这种类型的作品能够赢得国内外读者的普遍欢迎。

5. 结语

本章节关于《西游记》漫画的研究表明，作为多模态翻译的重要路径之一，国学典籍可以利用符号资源的精心设置创造性地重构传统文化。基于社会符号学的三种元功能的理论框架，分析了典型案例中的概念功能、人际功能和语篇功能的符号选项是如何构建现代化漫画语篇的。更具体地说，这些功能巧妙地结合在一起推进了故事情节的发展，将隐喻可视化并构建了生动活泼的人物形象，不但营造了幽默的效果和想象的空间，也融入了多元文化元素，显化了外国地域文化和世界性的社会问题。

本章小结

通过上述两个案例可以看出，意义传递应当作为研究多模态翻译中符际翻译的主要途径，意义传递是建立在功能对等的前提下的，基于系统功能符号学或社会符号学的理论体系，可以结合文化元素或动因进行学术研究，或对国学典籍原著进行创造性转换实践。应当注意的是，意义传递中的转换只是功能对等，但在具体的实现形式上，还受到诸如语体和情境多种因素的影响，因而如何灵活处理好多模态之间的意义实现关系，是推广多模态符际翻译的重要课题。

第三章 多模态翻译中的隐喻再现

> 水光潋滟晴方好，山色空蒙雨亦奇。
> 欲把西湖比西子，淡妆浓抹总相宜。
> ——苏轼《饮湖上初晴后雨》

隐喻广泛地存在于人类的认知系统，成为我们理解许多抽象概念的主要方式，概念隐喻可以传达几乎任何抽象概念，通过可能与现实不完全相符的方式，进行不可逆转换，建构概念隐喻的最普遍的方法是由源域映射于目标域，而这种映射可以发生在模态内或者模态间，本章拟分别探析《论语》和宋词中的概念隐喻再现，阐释图文共现的隐喻是如何实现的，以及当文字概念需要以图像模态隐喻呈现时，相应漫画格所采取的典型策略和步骤。

第一节 跨文化《论语》漫画中的图像概念隐喻研究

1. 引言

随着印刷技术的发展，国学经典的展现形式已经不再拘泥于单模态的文字，而向多模态语篇，包括漫画、动画、电视剧和电影等纵深发展，《论语》漫画是儒家经典著作《论语》走出国门、传播海外的主要多模态符际翻译形式,许多传统文化的儒学经典概念,特别是"仁",已经通过漫画的形式巧妙设计,以焕然一新的面貌展现在读者面前,从叙事学的角度看,《论语》中包含许多日常的交际场景,需要对场景中的许多人、事和物的概念进行转换。海外流传的《论语》漫画,除了蔡志忠的版本,还有一些国外的漫画家绘制的作品,其中所涉及的跨文化图像概念隐喻的表征方式具有明显不同的特征,值得深入研究和探讨。接下来的部分拟以新加坡亚太漫画团队出版的《论语》漫画的第一卷(1997)为例,对照蔡志忠配图的、由山东人民出版社出版的《论语》漫画(全本)中的相应章节,剖析跨文化《论语》漫画中的图像概念隐喻机制,回答以下两个研究问题:

①《论语》漫画中"仁"的图像概念隐喻在不同文化背景的漫画作者笔下的表现方式有何共性与不同?

②跨文化教育类典籍漫画中核心概念的图像隐喻建构需要遵循哪些典型步骤?

在回答这两个问题之前,有必要先认清认知语言学视角下的概念隐喻的运作机制,然后从相应的定义环节出发,针对《论语》漫画在不同文化背景下出版的版本进行分析,从定量和定性两个角度对所选取的语料进行逐层解析,最后在此基础上尝试提出教育类典籍漫画的图像概念隐喻构建的典型步骤。

2. 概念隐喻的认知机制

在概念隐喻理论的视角下,隐喻是人类通过经验认知抽象世界概念的基本方法,可以实体化抽象思维(embodied mind),通过建立不同域之间的关系,构建意义认知机制,该理论创建的里程碑是 Lakoff 和 Johnson 于 1980 年所著的 *Metaphors We Live by* 一书,该书尝试从传统的修辞隐喻中区分出概念隐喻,也就是论证了"亡隐喻"(dead metaphor)对人类形成认知概念的重要作用。概念隐喻理论认为,认知意义的形成是不同域之间通过一定的映射(mapping)形成的,抽象思维概念可以视为目标域(target domain),具象化的表达为源域(source domain),Lakoff 和 Johnson 认为状态、事件、行动和活动是由所谓的"事件结构"所构建的复杂隐喻（complex metaphor）表示的，例如，在美国，道德（morality）的主导隐喻是一个复杂隐喻："Being good is being upright, being bad is being low, doing evil is falling, evil is a force and morality is strength"[1]，因此，道德可以是一种力量（moral strength），为了表达"抵制"诱惑，使用的动词是 resist 或者 stand up to。

基于概念理论的"概念隐喻首先是想法和行为的现象，而仅在衍生意义上是一种语言现象"[2]，Forceville 和 Urios-Aparisi 在 2009 年出版的 Multimodal Metaphor 一书中提出了多模态隐喻理论，包括单模态隐喻和多模态隐喻。单模态隐喻包括图像隐喻的混合型、情景型、明喻型和综合型，其源域由单模态呈现；多模态隐喻即图像中的概念隐喻需要通过两种或以上的模态呈现，如声音、语言、图像甚至手势等，即源域和目的域分别是不同模态。对于模态的定义，目前业界并没有统一的定义，Forcevill 将多模态分为 9 种类型：图像符号、书写符号、口头符号、手势、声音、音乐、气味、味道、触感[3]。Forceville 提出认定概念隐喻需要至少能够确定源域和目标域的具体所指以及在两者间发生映射的特征[4]。基于此，Bounegru 和 Forceville 通过分析多个模态中概念隐喻的运作机制，确定跨域概念并就所确定概念与概念隐喻理论的关联论证了全球金融危机在漫画中的概念隐喻[5]。

3. 跨文化《论语》漫画中"仁"的图像概念隐喻

孔子作为中国古代的伟大思想家和哲学家，其许多经典论述收录于《论语》中。该书集儒家思想之精华，成为国学典籍中的传世经典，远播于海内

---

[1] LAKOFF G, JOHNSON M. Metaphors we live by [M]. Chicago: University of Chicago Press, 1980.
[2] LAKOFF G, JOHNSON M. Metaphors we live by [M]. Chicago: University of Chicago Press, 1980: 155.
[3] FORCEVILLE C, URIOS-APARISI E. Multimodal metaphor [M]. Berlin: Mouton de Gruyter, 2009: 23.
[4] FORCEVILLE C. The identification of target and source in pictorial metaphors [J]. Journal of Pragmatics, 2002, 34 (1): 1–14.
[5] BOUNEGRU L, FORCEVILLE C. Metaphors in editorial cartoons representing the global financial crisis [J]. Visual Communication, 2011 (10): 209–229.

外。世所公认,《论语》中的核心概念是"仁",寓意丰富广泛,所谓"泛爱众,则亲仁",可见博爱是"仁"的基础。据统计,《论语》中"仁"共出现过109次,但孔子并未直接定义"仁",且在海外的诸多译介版本中,对于"仁"的翻译并不统一❶。在本章节所用语料的漫画中,《论语》中"仁"的翻译也形式多样,但多数围绕 benevolence 一词而作,见表3.1。

表3.1 由新加坡亚太漫画团队出版的《论语》漫画的第一卷中"仁"的英译

页码	文字翻译
4	government and good behavior
6	benevolence
12	the benevolent
86	benevolence
134	benevolent people
136	morals
138	benevolence
140	being benevolent
142	benevolence
144	benevolence
146	social status
194	benevolent
200	benevolent
222	benevolent
254	benevolence
284	a benevolent person
286	the benevolent
300	the benevolent
312	benevolence
360	benevolence
368	a man of benevolence

在该海外译介版本中,"仁"在文字英译上的模糊性与漫画中的概念隐喻

---

❶ 杨平.《论语》核心概念"仁"的英译分析[J].外语与外语教学,2008(2):61-63.

互为补充，进一步地落实和具象化了"仁"的具体含义，此做法与国内出版的由蔡志忠配图的《论语》漫画（全本）的相应章节并不一致。将"仁"的概念出现的页码和其概念隐喻的表征方式用英语进行归纳，可以统计出对照性的数据，详见表 3.2。

表 3.2　两本《论语》漫画的概念隐喻比较

新加坡亚太漫画团队的《论语》漫画		山东人民出版社的《论语》漫画（全本）	
页码	概念隐喻	页码	概念隐喻
4	N/A	3	N/A
6	张大嘴并处于高位（反向隐喻）	3	很有钱（反向隐喻）
12	读书	6	学习
86	张大嘴并处于高位（反向隐喻）	31	N/A
134	秩序、帮助他人、礼仪	46	秩序、帮助他人、礼仪
136	张大嘴（反向隐喻）	47	张大嘴（反向隐喻）
138	放生动物	48	孔子
140	帮助他人	48	汉字"仁"
142	帮助他人	49	孔子
144	黑色形象的人物	50	N/A
146	阶梯而上的办公座椅	51	N/A
194	张大嘴并处于高位（反向隐喻）	97	有礼貌地说话
200	N/A	67	N/A
222	N/A	76	N/A
254	读书	88	一个平静的人
284	不求回报地帮助他人	97	N/A
286	一个平静的人	98	一个平静的人
300	帮助他人	102	N/A
312	汉字"仁"	107	汉字"仁"
360	帮助他人	124	音乐
368	写作、教书	126	N/A

因此，可以基于这两本《论语》漫画对其相关章节中"仁"的概念隐喻化作一番探讨，分析概念隐喻实现的过程和机制，由于出版地和作者的差异，

讨论过程中也将同时探讨跨文化的隐喻构建机制的异同。总的来说，在两本多模态译本中，《论语》漫画的"仁"在图像模态的表征方式有四种，分别为：礼仪之"仁"、助人成"仁"、平静而"仁"和学习为"仁"，翻译的结果异同共存，差别微妙。下面分别就这些方面举例展开讨论，相应的漫画格的来源依次分别为新加坡亚太漫画团队出版的《论语》漫画的第一卷和山东人民出版社出版的《论语》漫画（全本）。

（1）礼仪之"仁"

中华民族是礼仪之邦，礼仪是立国之本，因此，《论语》中的"仁"的其中一种表征方式就是"礼"。图 3.1 所对应的语录同为"里仁为美"，但表现方式与相应的蔡志忠漫画略有差别。图 3.1 的版本相对于蔡志忠漫画中的描述更加具体化，甚至还融入了现代元素，如斑马线、摩托车和汽车等。"仁"在图 3.1 中概念化为打招呼、扶盲人过马路、让路等，体现了秩序、礼仪和互相尊重的和谐民风，这与中华民族的文化底蕴和身份是一致的，"仁是礼仪之本"的主导隐喻可以在这种语境下被建构。相比之下，相应的蔡志忠漫画❶的表

图 3.1 "里仁为美"❷

---

❶ 蔡志忠．论语：儒者的诤言 [M]．济南：山东人民出版社，2013：46．

❷ Illustration excerpt from The Complete Analects of Confucius by Jeffrey Seow. Reproduced with permission of Asiapac Books（www.asiapacbooks.com）．

征方式相对简约，但主题仍然围绕于礼仪、秩序和互相尊重，可见"仁"在"里仁为美"的语境中的指向是共同的，具体的漫画设计根据漫画师的画风和漫画的预期目标读者可能存在些许不同，但对于"仁"的抽象概念的具体像概念隐喻并无本质上的分歧。

(2) 助人成"仁"

图 3.2 和相应的蔡志忠漫画的"仁"的概念隐喻建构于助人的基本理念上，助人为乐也是中华民族的传统美德之一，此处对应的《论语》语录为"苟志于仁矣"，对于立志为仁的理解，两本漫画的处理方式不尽相同，图 3.2 的思维泡中浮现的是各种帮助他人的场景，包括捐赠、扶盲人走路、讲授课程和搬东西，这些可以视为"仁"的抽象概念的隐喻化，其中一种文本化这种隐喻的语言形式可以是"仁是帮助他人"。然而，相应的蔡志忠漫画❶的表征选择是将仁的汉字出现在漫画主角的对话泡中，这里的"仁"并没有概念隐喻化，可能作者并不清楚如何具体地翻译出原文中"仁"的意思，因而只能更加笼统地配以漫画主角鞠躬的动作，并在口中念出"仁"的汉字。

图 3.2 "苟志于仁矣"❷

---

❶ 蔡志忠. 论语：儒者的诤言 [M]. 济南：山东人民出版社，2013：48.

❷ Illustration excerpt from The Complete Analects of Confucius by Jeffrey Seow. Reproduced with permission of Asiapac Books (www.asiapacbooks.com).

（3）平静而"仁"

中国的传统文化是不主张过于夸张地表现个人情感的，这一点可以在《论语·学而》中的"巧言令色，鲜仁矣"得到证实，因此平静的心情和表现，都可以视为"仁"的载体和外在表现。图 3.3 和相应的蔡志忠漫画❶的三个漫画格所对应的《论语》语录分别是"仁者乐山""仁者静"和"仁者寿"，而这些"仁者"均能展现出一种闲云野鹤、悠然自得的状态，但在具体的表现手法上略有区别。图 3.3 中的"仁者乐山"所对应的表征概念是风中戴着墨镜的微笑的男子；"仁者静"在文本上翻译为"The benevolent is at rest"，并同时在漫画中画出该位男子休息的模样，无论是旁边即将燃尽的香炉或是高垂而下的蜘蛛，均未能对他的宁静状态造成任何影响；第三个漫画格对应"仁者寿"，因而该男子的外表被勾勒为一位老者，旁边的乌龟象征着"寿"，因为在中国的文化环境里，众所周知乌龟是最长寿的动物，老者的脸上呈现出仁慈与祥和。通过这三个漫画格，"仁"的概念得到具象化，改为男子作为"仁"的载体，不同年龄的肉身上共有的特征为平静，因此考虑文字化地描述该概念隐喻的其中一种方式可以定为"仁是一种平静的状态"。这个概念隐喻似乎也可以在蔡志忠漫画三个漫画格中相应的设计得到佐证。但至少在文字上，多模态翻译的实现路径具备明显差异。漫画师尝试在"山"和"仁者"之间找到映射的途径，即相似的特征，用"安于义理"使两者贯通，而得到同一概念的归属。在相应的蔡志忠漫画中，山的位置更远了，这个特征符合蔡志忠漫画总体的空灵的特点，但漫画主角的笑意是不变的，身边的飞鸟和远处飘浮的云朵暗示着"乐山"的原因有细微差别；第二个漫画格中安静的环境转移到了户外，以叶落徐徐而下渲染出静意；第三个漫画格中的寿星仍在山中，长寿的唯一标志只剩下外貌的变化，但在文字中增益了"恬淡"的字眼，使"仁是一种平静的状态"的主导隐喻更加显而易见。

---

❶ 蔡志忠.论语：儒者的诤言［M］.济南：山东人民出版社，2013：98.

图 3.3 "仁者乐山""仁者静""仁者寿" ❶

（4）学习为"仁"

《论语》被广泛称颂为历代的教学经典，孔子自身也成为所有教学者的典范和代表，因而求学精神在公众中有广泛的被认为是"仁"的概念实质之

---

❶ Illustration excerpt from The Complete Analects of Confucius by Jeffrey Seow. Reproduced with permission of Asiapac Books（www.asiapacbooks.com）.

一的思想基础。图 3.4 和相应的蔡志忠漫画❶以形式不同但实质相同的方式展现了"仁"概念的一个面,两者共同对应了同一则《论语》语录,即"泛爱众而亲仁"。在图 3.4 配备的英译文中,"仁"被翻译成了"the benevolent",而读书中的孔子成了图像符号中抽象概念"仁"的具体象征,需要注意的是,孔子本身并不是仁,这在孔子对自己的评价上可以看出来,"若圣与仁,则吾岂敢?"(《论语·述而》)所以,孔子在这里其实是指代了所有的学者,而读书的动作使他成为了"仁"的概念隐喻化对象,而"亲仁"的符际转换是由旁边的年轻人的礼仪姿态表示的。

图 3.4 "泛爱众而亲仁"❷

在相应的蔡志忠漫画中,"仁"的语内翻译为"仁人志士",漫画师通过三幅漫画中的子图表征了"仁人志士"的具体所指,或饮茶,或读书,或佩剑,因而"仁"的概念范畴更大了,但其本质并没有改变,两位漫画作者的漫画格中的"仁"均可以用文字主导概念隐喻"仁是通过习文习武所得的特质"来表示。

---

❶ 蔡志忠.论语:儒者的诤言[M].济南:山东人民出版社,2013:6.
❷ Illustration excerpt from The Complete Analects of Confucius by Jeffrey Seow. Reproduced with permission of Asiapac Books(www.asiapacbooks.com).

4. 跨文化教育类典籍漫画图像概念隐喻建构的典型步骤

（1）区分跨文化语境

认知语言学认为，语境对隐喻的确认和理解起到至关重要的作用。不同国家的读者对同一概念的理解存在语境偏好，而漫画师可以在多模态翻译过程中发挥其能动作用。语境和概念隐喻本身存在互动关系，也就是说，语境通过周边的符号可以辅助对概念隐喻的理解，而对概念隐喻的理解也可以增强对其所处的语境的感知。图 3.2 的语境显然要比其所对应的蔡志忠漫画[1]更加细化，"仁"在图 3.2 中显化为各种帮助他人的场景，更有利于国外读者准确地理解"仁"的内涵。图 3.1 和其所对应的蔡志忠漫画[2]中的一些符号元素也形成了鲜明对比，图 3.1 通过构建现代化的语境，又保留了衣着等古代元素，贯古通今，桥架东西，使"仁"的概念更加直观和容易理解。相比之下，其所对应的蔡志忠漫画显得更为忠实原著，而且在构图的过程中略带禅意，这使整个漫画的风格更加符合中国人的审美理念，易于接受和传播。

（2）拟定映射机制

认知机制的建构需要有广泛的认知基础，是通过不同隐喻空间的融合实现的，隐喻空间的融合一般经历三个阶段[3]：组合、完善和阐释。组合指的是源域和目标域之间的相似特征的比拟，可视为隐喻空间的投入和产出过程；完善指的是源域和目标域之间在结构上的相似性触发了长期储存的记忆；阐释是事件层的映射，让读者通过事件场景的想象构建意义。因此，典籍漫画中图像隐喻的建构至少有三个层面需要考虑，分别是源域特征、结构化场景和事件的情节化镜头。源域的特征往往基于更普适性的价值观，从构建人类命运共同体出发，思考如何通过经验意义创建共同的认知基础；结构化场景的确立需要考虑海外读者接受的动因，在对原著的忠实性和海外市场的易懂

---

[1] 蔡志忠. 论语：儒者的诤言 [M]. 济南：山东人民出版社，2013：48.
[2] 蔡志忠. 论语：儒者的诤言 [M]. 济南：山东人民出版社，2013：46.
[3] COULSON S, MATLOCK T. Metaphor and the space structuring model [J]. Metaphor and Symbol, 2001, 16 (3): 295-316.

性上找到平衡；事件的情节化是一个系统化过程，填补漫画格间的空白需要依赖读者的想象，而适度的衔接和跳跃可以使隐喻场景的镜头化更加自然，从而增加阐释的整个隐喻空间的连贯性。

（3）选定源域

源域的选定不仅需要考虑跨文化环境的接受程度和思维方式，也与漫画作者的设计路径和画风偏好等有关。源域的建构可以通过概念系统、叙事逻辑和空间结构等途径实现，其表征方式应以点带面，形成可感知化的综合体系。源域的选定需要尊重跨文化差异，求同存异，不仅要照顾到中外在思维方式和生活方式上的相似之处，也要顾及文化渊源和社会环境的不同，因而，概念隐喻的基础不但有全人类共同的认知基础，也须涵括文化环境的因素，借助有关语言学和跨文化交际的理论，可以使源域的选定更加独立于本土环境的影响，兼顾忠实与叛逆的翻译原则的平衡，源域和目标域作为一个问题的两个方面，是对立统一的，映射的过程可以实现跨文化理解潜势。

5. 结语

《论语》作为儒家要义的传世经典，应以多模态方式广为流传，在《论语》多模态译介的进程中，概念隐喻可以显化抽象概念的文化内涵，桥接跨文化沟壑，以具备跨文化适应性的概念系统普及儒家核心理念。通过分析，"仁"的核心概念可以通过含有现代化的异化元素形成图像隐喻，具体可以分为礼仪之"仁"、助人成"仁"、平静而"仁"和学习为"仁"四种类型，与跨文化多模态译本存在共通性与差异，跨文化概念隐喻的构建可以遵循区分跨文化语境、拟定映射机制和选定源域三个跨文化教育类典籍漫画图像概念隐喻建构的典型步骤。研究表明，通过系统化、逻辑化和空间结构化的路径可以照顾海外读者的接受能力，夯实共同的认知基础，构建更加具有普适性的价值观，以弘扬中华民族的优秀传统美德，从文化层面助力我国推动构建人类命运共同体，使中华民族的文化传统在国际社会更好地流传与推广。

第二节　宋词之殇的图文共现：多模态隐喻视角

1. 引言

概念情感隐喻已被证明在许多文本体裁中存在，如广告、新闻和财务报表。相关的学术研究表明抽象的情感可以用实体的事物产生映射。然而，除了部分学者的研究❶，情感隐喻的研究并不多见，而悲伤情感隐喻的研究更为罕见。因此，本研究拟采用概念情感隐喻的机制研究基于以殇情为显著特征的蔡志忠的宋词改编漫画建立的语料库中的文本和图像隐喻的表征符号。

唐宋两朝为中国历史上盛产诗歌的朝代，唐朝因繁荣昌盛而赋予唐诗恢宏蓬勃之气，而相比之下，宋朝之词多为琐碎情感载体❷。近年来国学漫画开始在市面上流行与普及，许多漫画家都尝试将宋词改编为漫画作品，其中蔡志忠便为此类漫画家的杰出代表。通过漫画改编将国学经典进行现代化重构和创造性转化在全世界受到普遍欢迎，销售数据节节攀升，读者接受程度亦呈可喜态势❸。笔者以被国际权威期刊（SSCI 索引）录用的相关专业研究为参考，发现蔡志忠的唐诗漫画改编作品善于运用隐喻描述诗人所见的事物和环

---

❶ 如 KÖVECSES Z. Emotion concepts [M]. New York: Springer-Verlag, 1990; KÖVECSES Z. Metaphor and the folk understanding of anger [M]// RUSSELL J A, et al. Everyday conceptions of emotion. Dordrecht: Kluwer, 1995: 49–71; KÖVECSES Z. Metaphor and emotion [M]. New York and Cambridge: Cambridge University Press, 2000; PATOWARI J. A comparative analysis of emotion conceptual metaphor in English and Bangla [J]. Language in India, 2015, 15(11): 264–274; TURKER E. A corpus-based approach to emotion metaphors in Korean: A case study of anger, happiness, and sadness [J]. Review of Cognitive Linguistics, 2013 (11): 73–144; KHAJEH Z, IMRAN-HO A, TAN K H. Emotional temperament in food-related metaphors: A cross-cultural account of the conceptualisations of anger [J]. The Southeast Asian Journal of English Language Studies, 2014, 20 (1): 33–48; LUO L. Conceptualization of sadness metaphor in English [J]. Studies in Literature and Language, 2016 (13): 20–26; CSILLAG A. Metaphors of sadness in quotations [J]. Romanian Journal of English Studies, 2017 (14): 56–63; NGUYEN N L. The EMOTION-IS-LIQUID metaphor in English and Vietnamese: A contrastive analysis [J]. Procedia - Social and Behavioral Sciences, 2013 (95): 363–371.

❷ 高静. 以悲为美——论唐宋词中的伤感意绪 [J]. 科教文汇（上旬刊），2009 (1): 194–195.

❸ 黄广哲，朱琳. 以蔡志忠典籍漫画《孔子说》在美国的译介谈符际翻译 [J]. 上海翻译，2018 (1): 84–89, 95.

境成分，是构建多模态漫画符号的有效方式。

因此，本研究将对悲伤的多模态隐喻研究领域作出贡献。目前的多模态隐喻的研究方向基于由 Lakoff 和 Johnson 在 1980 年出版的 *Metaphors We Live By* 一书中提出的概念隐喻理论。该理论框架挑战学术界传统的隐喻理解，认为隐喻并不仅仅是一个存在于文学作品中的修辞机制，而是深深根植于人类思维认知系统的日常语言现象。概念隐喻视角下语言不再是一个单独于人类的认知系统存在的语法组织体，而是与人类认知密切相关的，其中之一的重要实现机制是将目标域映射至公认的源域。这一理论框架近年来备受推崇，应用于多种多模态话语的研究对象上。例如，Sobrino 调查大量的广告并总结出此类题材中隐喻和转喻往往共同起作用而实现了多模态表征的意义潜势❶。Cienki 研究口语中手势的意象图式并总结出更大范围的应用可能。顺应该研究趋势，本章将融合文本、视觉和文化三个维度分析概念隐喻❷。

在接下来的部分，本研究首先对相关领域的研究现状作一番文献综述，其次说明研究数据和方法，再次对文本和视觉悲伤隐喻的运作机制进行分析，最后的总结部分对本章所有发现进行概括，并说明悲伤隐喻的概念化过程的启示。

2. 多模态概念隐喻的研究现状

概念隐喻对于情感的研究从未终止，该研究领域对情感语言根源的认识源于生理和心理的客观反应❸。因此，诸多感觉共有相似甚至相同的情感源域❹，情感隐喻的存在已被证明存在于多种文本类型中。例如，Diaz-Vera 以

---

❶ SOBRINO P P. Multimodal metaphor and metonymy in advertising (Vol. 2)[M]. Amsterdam: John Benjamins Publishing Company, 2017.

❷ CIENKI A J. Image schemas and mimetic schema in cognitive linguistics and gesture studies[J]. Review of Cognitive Linguistics, 2013, 11 (2): 417 – 432.

❸ LEDOUX J. The emotional brain[M]. New York: Simon and Schuster, 1996; GLENBERG A, et al. Grounding language in bodily states: The case for emotion [M] // DIANE P. Grounding cognition: The role of perception and action in memory, language, and thinking. Cambridge University Press, 2005: 115-128.

❹ KÖVECSES Z. Metaphor and emotion[M]. New York and Cambridge: Cambridge University Press, 2000.

Domesday 书中情感相关的姓名为研究对象，表明情感隐喻不仅在这些姓名中广泛存在，而且其组合规律跟性别和词簇相关[1]。Hansson 研究 Ellen Wood 的情感小说 *East Lynne*（1861—1862），发现情感隐喻具有构建性别身份的作用[2]。Abbott 和 Forceville（2011）将此领域研究扩展到图像情感隐喻及其在漫画作品中发挥的作用[3]。Ho[4]，Cheng 和 Ho[5]将注意力放在财务报告并证明了情感隐喻在 2008 年和 2011 年的财务报告和财经新闻中普遍存在。

文本的情感隐喻在视觉中被证明同样存在，尽管经常伴随着修改和扩展[6]。例如，Kövecses 提出"愤怒是容器中的液体所散出的热气"[7]是主导愤怒隐喻，而 Forceville 研究发现多种不同的图像情感隐喻，如烟、瞪眼、红/粉红脸，可以在漫画 La Zizanie（1970）中通过视觉符号表征愤怒情感[8]，而 Abbott 和 Forceville 增加了"手指缺失"为主导愤怒隐喻[9]。但是，鲜有研究针对概念悲伤隐喻在汉语的文本和图像模态中的表征。在研究蔡志忠漫画中悲伤情感隐喻的表征方式时，发现其所从属的主导隐喻与前人研究中的发现颇具相似之处，然伴随一定的文化嬗变[10]。根据 Kövecses 的研究，共有五种悲

---

[1] DIAZ-VERA J E. Emotions in the household: Emotion words and metaphors in domesday book personal names [J]. Names, 2014 (62): 165 – 176.

[2] HANSSON H, NORBERG C. Storms of tears: Emotion metaphors and the construction of gender in east lynne[J]. Orbis Litterarum, 2012, 67 (2): 154–170.

[3] ABBOTT M, FORCEVILLE C. Visual representation of emotion in manga: Loss of control is loss of hands in Azumanga Daioh volume 4[J]. Language and Literature, 2011 (20): 112 –191.

[4] HO J. When bank stocks are hobbled by worries: A metaphor study of emotions in the financial news reports[J]. Text & Talk, 2016 (36): 295 – 317.

[5] CHENG W, HO J. A corpus study of bank financial analyst reports: Semantic fields and metaphors [J]. International Journal of Business Communication, 2017 (54): 258 – 282.

[6] KÖVECSES Z. Conceptual metaphor theory [M] // ELENA S, ZSOFIA D. The routledge handbook of metaphor and language. Abingdon: Routledge, 2017: 13–27.

[7] KÖVECSES Z. Emotion concepts [M]. New York: Springer-Verlag, 1990; KÖVECSES Z. Metaphor and emotion[M]. New York and Cambridge: Cambridge University Press, 2000.

[8] FORCEVILLE C. Visual representations of the idealized cognitive model of anger in the Asterix album La Zizanie[J]. Journal of Pragmatics, 2005, 37 (1): 69–88.

[9] ABBOTT M, FORCEVILLE C. Visual representation of emotion in manga: Loss of control is loss of hands in Azumanga Daioh volume 4[J]. Language and Literature, 2011 (20): 91–112.

[10] KÖVECSES Z. Metaphor in culture: Universality and variation [M]. Cambridge: Cambridge University Press, 2005.

伤的主导隐喻与本研究相关，分别为：悲伤是活力的缺失、悲伤是容器里的液体、悲伤是社会关系中的主导、悲伤是自然界的力量和悲伤是无生命的物件❶。在蔡志忠的漫画里，悲伤的情感隐喻不仅含有同样的意义，同时也带有跨文化特色的图像情感隐喻符号，如有生命的动物和主要以曲线构成的氛围场景。Shinohara 和 Matsunaka 论证了情感在日本文化中来源于外部力量而不是内部❷，这与中国文化的文化表征方式相同，因为中国人的情感与自然紧密相连❸。

3. 研究数据和方法

本研究选取了蔡志忠作品《宋词：花间的细诉》中的 225 个漫画格。该书的前 72 页为宋词，而后紧跟的第 73-91 页和最后的 26 页的内容是对唐词和宋诗的改编，本章节的语料取自与书名中的主题最相关的前 72 页的宋词。正如蔡志忠的另一部同系列作品《唐诗：千古的绝唱》，每首词均被改编为一个连环漫画，根据词牌所规定的词的长度，分成五个、八个甚至更多的漫画格，每个漫画格均含有漫画和文字内容，蔡志忠同时也提供一个相应宋词的现代文解释。有趣的是，许多宋词的文字和图像中均含有悲伤情感，这些情感可以用 Forceville❹, Shinohara 和 Matsunaka❺（2009）的理论框架概括（见表 3.3），该框架源自皮尔斯符号学中的四个漫画符号类型，包括指示性标志、象征性标志、自然现象和氛围。该框架已被证明可以有效应用于分析隐

---

❶ KÖVECSES Z. Emotion concepts [M]. New York: Springer-Verlag, 1990; KÖVECSES Z. Metaphor and the folk understanding of anger [M] // RUSSELL J A, et al. Everyday conceptions of emotion. Dordrecht: Kluwer, 1995: 49-71; KÖVECSES Z. Metaphor and emotion [M]. New York and Cambridge: Cambridge University Press, 2000.

❷ SHINOHARA K, MATSUNAKA Y. Pictorial metaphors of emotion in Japanese comics [M] // FORCEVILLE C, URIOS-APARISI E. Multimodal metaphor. Berlin: Mouton de Gruyter, 2009: 265-293.

❸ TIAN P. Playing with "femininity": An intermodal analysis of the bilingual picture book: The ballad of Mulan [M] // BEDENAREK M, MARTIN J R. New discourse on language. London: Continuum, 2010: 134.

❹ FORCEVILLE C. Visual representations of the idealized cognitive model of anger in the Asterix album La Zizanie [J]. Journal of Pragmatics, 2005, 37 (1): 69-88.

❺ SHINOHARA K, MATSUNAKA Y. Pictorial metaphors of emotion in Japanese comics [M] // FORCEVILLE C, URIOS-APARISI E. Multimodal metaphor. Berlin: Mouton de Gruyter, 2009: 265-293.

喻的漫画符号❶。

表3.3 理论框架及标记标准

符号类型	标记标准
指示性标志	在符号和参照物间存在转喻的成分或者部分与整体的关系
象征性标志	表征为物件或动物含有特定文化环境的意义
氛围	肉眼不可见的氛围被转化成图像符号以表征悲伤情感
自然现象	带有文化意义关联的自然现象，能够引起情感共鸣

指示性标志指的是符号与参照物间存在转喻关系，象征性标志指在某个特定文化环境中可以与悲伤的情感关联的物件或动物。在本研究中，将氛围和自然现象区分开来，氛围意指不可见的环境成分，而自然现象为可见。为了确保标记过程的客观性，本研究拟定了如表3.3所示的一系列标记标准，文本隐喻采用由Pragglejaz Group❷提出的隐喻识别过程，将宋词文本与前人研究归纳出的五个主导隐喻进行对照。Pragglejaz Group 提出的隐喻确认具体过程如下：

阅读整个文本话语以建立关于语篇的总体意义的理解。

定义文本语篇的词簇组合：

①语篇中的任一的词簇组合的意义须来源于所在的语境，即词组和实体、关系或者引发情形的具体意指，亦须考虑与前后上下文间的关系。

②语篇中的任一的词簇组合的意义是否有存在于其他文本中的更基本的现代意义，基本意义可以基于a）更加具象化的可想象的、可见的、可听闻的、可感知的、可嗅闻的、可品尝的感知过程；b）与肢体动作相关的；c）更精确而不是模糊的；d）在历史上更悠久的，基本意义不一定是最常见的意义。

③如果词簇组合的意义有一个存在于其他文本中的更基本的现代意义，

---

❶ BORKENT M. Mediated characters: Multimodal viewpoint construction in comics [J]. Cognitive Linguistics, 2017 (28): 539-563; KOWALEWSKI H. Heart is for love: Cognitive salience and visual metonymies in comics [J]. The Comics Grid: Journal of Comics Scholarship, 2018 (8): 10.

❷ PRAGGLEJAZ GROUP. MIP: A method for identifying metaphorically used words in discourse [J]. Metaphor and Symbol, 2007, 22 (1): 1-39.

那么需要判断该语境意义与其相应的基本意义是否存在冲突。

④如果是，那么将此词簇组合的意义标记为隐喻。

本研究忽略在相同漫画格中重复的同一种符号，无论是在漫画格中的图像还是其文本中，即在每一个漫画格相同类型的隐喻只标记一次。并且，蔡志忠的漫画风格中的角色的面部表情往往不明显，因而本研究的标记只考虑漫画角色的明显的面部表情，如脸庞的泪水或者张开的嘴巴。

虽然此方法论将大幅减少总共标记的符号数量，却可以建立文本与图像符号间的关联，便于进一步分类和比较。除了量化统计，本章节亦对宋词多模态语篇中的具体文字和视觉符号个例作讨论，并在视觉表征的理解过程中融入对中国特色文化符号的理解。该理论与文化理解结合的解读路径在之前的研究中已经被证明是可以有效解读隐喻意义的。例如，Abbott 和 Forceville 在讨论"手指的缺失"可视为愤怒的图像情感符号时，结合运用了量化和质化讨论的方式，并结合了对日本文化的理解[1]；类似的，Eerden 运用了理想化认知模型，结合愤怒的图像隐喻讨论了 Asterix album La Zizanie 中的静态和动态图像符号[2]。

表 3.4 和表 3.5 的量化结果表明，蔡志忠使用视觉符号的总数比文本符号更多，在总数上以 132 比 62 大幅超出。具体地说，《宋词——花间的细诉》中的视觉符号包含了标记标准中提及的五个类别。符号数目的分布显示出有趣式样。指示性标志的数量最多达 51 个，而氛围的数量居其次，共 41 个，这种视觉符号类似 Shinohara 和 Matsunaka[3] 的描述，也引起了本研究的重点关注，将会在第五部分进一步讨论。象征性标志的数量为 36 个，而自然现象的数量只有 4 个，因而符号中的戏剧化效果并不明显。蔡志忠漫画中的视觉符

---

[1] ABBOTT M, FORCEVILLE C. Visual representation of emotion in manga: Loss of control is loss of hands in Azumanga Daioh volume 4[J]. Language and Literature, 2011 (20): 112-191.

[2] EERDEN B. Anger in Asterix: The metaphorical representation of anger in comics and animated films [M] // FORCEVILLE C, URIOS-APARISI E. Multimodal metaphor. Berlin, Boston: De Gruyter Mouton, 2009: 243-264.

[3] SHINOHARA K, MATSUNAKA Y. Pictorial metaphors of emotion in Japanese comics [M] // FORCEVILLE C, URIOS-APARISI E. Multimodal metaphor. Berlin: Mouton de Gruyter, 2009: 265-293.

号采用独特的画风，显示出佛家的禅意之定，该风格也常见于蔡志忠的其他漫画作品中。至于文本符号，最常见的主导隐喻是"悲伤是无生命的物件"，达 31 个。以"悲伤是活力的缺失"和"悲伤是社会关系中的主导"为主导隐喻的文字符号分别有 13 个和 10 个。多数文本符号均为外向的表征符号，这与图像符号数量形成了一定的对应关系。这些文本符号和图像之间的转化将在下一个部分进一步论述。

表 3.4　图像符号量化统计

视觉符号类型	数量（个）
指示性标志	51
象征性标志	36
氛围	41
自然现象	4
总数	132

表 3.5　视觉符号量化统计

文本符号类型	数量（个）
悲伤是活力的缺失	13
悲伤是容器里的液体	4
悲伤是社会关系中的主导	10
悲伤是自然界的力量	4
悲伤是无生命的物件	31
总数	62

表 3.6 和表 3.7 的量化结果表明，缺乏文本对应隐喻的视觉符号数目高达 75 个，而缺乏视觉符号对应隐喻的文本隐喻数目在视觉符号共 62 个的总数里仅有 3 个。所有的视觉符号对应隐喻的文本隐喻数目均为"悲伤是活力的缺失"的主导隐喻，因为漫画作者需要以视觉模态呈现文本隐喻中的元素或过程，例如白发或者离开。这也表明蔡志忠尝试使用更多的视觉资源，特别是 21 个氛围，去显化宋词原文中的文本隐喻，然后根据皮尔斯符号系统统计的视觉符号的分布更为分散，大量的指示性标志（高达 42 个）并不存在任何文

本对应对象，因为这些标志是源于转喻而与上述所列的五个主导隐喻并无任何关系，数目相对大的象征性标志存在的原因是漫画格间的叙事逻辑需要利用它们来串联，而文本隐喻并无此限制。最后，增加自然现象视觉隐喻是为了满足相应图像中的宋词源文本的对仗需求。

表 3.6　缺乏文本对应隐喻的视觉符号数目统计

视觉符号类型	数目（个）
氛围	21
指示性标志	42
象征性标志	11
自然现象	1
合计	75

表 3.7　缺乏视觉符号对应隐喻的文本隐喻数目统计

文本符号类型	数目（个）
悲伤是活力的缺失	3
合计	3

通过表 3.8 的量化结果，可清楚看到象征性标志在五个主导隐喻中最为常见。氛围似乎也是漫画作者采用的表征悲伤情感的主要技巧，指示性标志有时候容易被忽视，但除了在"悲伤是自然界的力量"的类型外均有出现，因为自然界的力量很难通过映射到漫画角色身上体现，而只能通过自然现象视觉符号进行映射。然而，自然现象视觉符号中有一个是例外的，其存在是为了体现传统宋词中的对仗修辞，这与 Owen[1] 和 Lee 等[2] 的论述一致。

---

[1] OWEN S. Traditional Chinese poetry and poetics: Omen of the world [M]. Madison: University of Wisconsin Press, 1985.

[2] LEE J, KONG Y, LUO M. Syntactic patterns in classical Chinese poems: A quantitative study [J]. Digital Scholarship in the Humanit, 2018 (33): 82-95.

表 3.8　宋词主导隐喻对应隐喻的视觉符号量化统计

文本语篇中的主导隐喻	图像中的视觉符号	频率（次）
悲伤是活力的缺失	指示性标志	4
	象征性标志	3
	氛围	3
	n/a	3
悲伤是容器里的液体	指示性标志	1
	象征性标志	2
	氛围	1
悲伤是自然界的力量	象征性标志	2
	氛围	5
	自然现象	2
悲伤是社会关系中的主导	指示性标志	2
	氛围	2
悲伤是无生命的物件	指示性标志	2
	象征性标志	18
	氛围	9
	自然现象	1

4. 文本和视觉悲伤隐喻的运作机制分析

悲伤隐喻是概念隐喻理论视域下常见的研究主题。但是，尽管学者们认为隐喻是存在跨文化嬗变的，现有文献并未对中国文化环境中的悲伤隐喻作出充分的论述。正如 Kövecses 所提出的，悲伤是活力的缺失、悲伤是容器里的液体、悲伤是社会关系中的主导、悲伤是自然界的力量和悲伤是无生命的物件，在蔡志忠的宋词漫画中广泛存在。本研究同时也发现，许多悲伤的视觉隐喻具有转喻性质并往往跟其他的修辞手法，例如拟人，共同出现。部分文字隐喻因为独特的文化作用而跟某些特定的图像隐喻以一种有趣的方式相关联，比如通过蕴含独特文化意义的物件。在接下来的段落里，本部分将通过展示五种主导隐喻类型的个例以分析相对应的文本和视觉悲伤隐喻的具体运作机制。

(1) 悲伤是活力的缺失

当"悲伤是活力的缺失"多模态的形式展现时,漫画家往往寻求呈现相同的对象,可以在同一时间传递这种意义。以"花自飘零水自流"❶所对应的漫画为例,悲伤的情感在文字中用修辞的方式传达,这些文字信息由视觉形象配对,花朵沿着主人公的船流淌在水中。它的矢量进一步表明图像的焦点是花和携带它的流水。由于花只在生命结束时落下,因此在这种情况下,悲伤是缺乏活力被用作语言和视觉隐喻。然而,诗中的水可以来自"悲伤是一种自然的力量"主导隐喻,可以进一步讨论更多的例子。

在类似意义上,花不一定必须在水中流动,但可以从植物中掉落。"无可奈何花落去"❷所对应的漫画格描绘了主角坐在花园里,他的手放在腿上看着花落在前面,而他什么也做不了。画以严格的方式可视化诗句,没有添加任何对象,只是花从植物中落下,看起来绿色,表示其中的生命体征。因此,这个场景会反驳我们通常在现实生活中看到的东西,让读者开始怀疑为什么会是这样。这就是诗歌的魅力,因为它试图通过诗歌世界的构造来表达超越文字的意义。

在"零落成泥碾作尘,只有香如故"❸相应的漫画格中,悲伤的隐喻就不那么明显了,因为它只存在于表现落花场景的口头话语中,这与"悲伤是活力的缺失"一致。然而,图像中的花仍然停留在植物(可能是一棵树上),对应于诗行的第二部分,说保持和以前一样芬芳。如果花落了,就不应该像以前在枝头那样香了。漫画家在原诗中捕捉到了这种意义的偏离,并选择用有意义的图像来呈现部分意义。

---

❶ 蔡志忠. 蔡志忠漫画中国经典《宋词》[M]. 济南:山东人民出版社,2014:39.
❷ 蔡志忠. 蔡志忠漫画中国经典《宋词》[M]. 济南:山东人民出版社,2014:5.
❸ 蔡志忠. 蔡志忠漫画中国经典《宋词》[M]. 济南:山东人民出版社,2014:54.

（2）悲伤是容器里的液体

在"一杯愁绪，几年离索"❶所对应的漫画格中，主角拿着一杯酒，低着头表示自己很伤心，使用的是"容器液体的悲伤"和"悲伤是向下"的隐喻。然而，宋词的原文中写着"一杯愁绪，几年离索"。文本的含义与"杯"意义上的图像一起产生。但在现实生活中，杯子不能承载感觉，这是看不见的。因此，图片中的人所持有的东西必须是某种有具体性质的物体，它很可能是一种饮料，如葡萄酒、白酒或某种具有强烈风味的液体。此外，图像的背景是一棵树，树的周围叶子落下，描绘悲伤的气氛，此漫画格的主导隐喻是"悲伤是容器里的液体"。

"才下眉头，却上心头"❷所对应的漫画格中悲伤的液体顺着脸颊流下来，但这种文本隐喻却成了女性角色脸上的一种语言表达。接下来是占据她心中的悲伤感，但如果有什么东西能填满她的心，在图像中用触摸胸口的指示性标记，那么，在这种情况下，它很可能是眼泪。因此，这个隐喻体现"悲伤是容器里的液体"的主导性隐喻，这里的容器是角色的身体。视觉符号有更丰富的资源，指向在图像中的悲伤的感觉，因为图中女性也低下她的头，她位于一条船，漂浮在看似静静的水面上。水的这种存在似乎增强了悲伤的整体程度，因为水可以被看作一种自然力量，来自另一种主导隐喻"悲伤是自然界的力量"。

除了上述示例，笔者还注意到，在诗歌中可以更间接地呈现"悲伤是容器里的液体"。"双溪"是诗人打算参观的休闲场所，那里有"舴艋舟"，如蝗虫形状的船，供游客乘坐。然而，承载着身体的悲伤，诗人的重量无法再被船托起。从这个意义上说，悲伤情绪的实际载体必须是诗人的身体，诗人的存在最有可能以流体的形式存在，相对于上述示例使用的隐喻，"只恐双溪舴艋舟，载不动、许多愁"❸所对应漫画格中的女性角色也使用类似的手势。流动的空气和落叶是漫画师采用的视觉符号形式的图像隐喻用以对等诗中文字隐喻。

---

❶ 蔡志忠. 蔡志忠漫画中国经典《宋词》[M]. 济南：山东人民出版社，2014：52.
❷ 蔡志忠. 蔡志忠漫画中国经典《宋词》[M]. 济南：山东人民出版社，2014：39.
❸ 蔡志忠. 蔡志忠漫画中国经典《宋词》[M]. 济南：山东人民出版社，2014：44.

（3）悲伤是社会关系中的主导

在"驿外断桥边，寂寞开无主"❶对应的漫画格中，文本中没有雨的信息，但雨在图像的背景中倾泻而下，漫画师认为有必要在视觉场景中包括雨，由于诗歌中除了孤独，没有表达其他情感，背景中的雨应该映射孤独，这是隐喻的一种衍生的悲伤感。"悲伤是向下"的传统隐喻也存在，因为主角低着头，把手放在腿上的手势似乎表明他感到无能为力，无法改变目前的处境，这可能是他与爱人之间的重大情感挫折，因为在另一个隐喻"爱情是一场旅行"里，文本和图像上都架了一座断裂的桥梁❷。

在"此情无计可消除"❸的漫画格中，悲伤的情绪（正如从漫画格上可以推断的）显然无法控制，正如诗里所说。视觉上，这位漫画家为这个特殊的面板使用了一个拉长的框架，其中主角被描绘成两只期待自由飞走的鸟，象征两个恋人，她和她的爱人。鸟和主角是两个独立的个体，在空中和水面上，主人公保持手臂交叉，表明她什么也做不了。这种语言语境中的悲伤被映射成"悲伤是社会关系中的主导"，它统治着主角在飞鸟的无能中无力的形象，这是视觉系统中的两个象征性标志。

"春来愁杀侬！"❹对应的漫画格是诗人将隐喻与拟人相结合的另一个典型示例。在诗中，悲伤已经成为一个杀手，伴随着春天。春天的到来是人无法控制的，它的陪伴——悲伤，也可以被看作一个社会上级，其行为不受主角的支配。同样，在诗中的文字隐喻中，使用更多的视觉符号，她皱着眉头，右手靠近下巴。背景建筑之所以变红，可能是因为中国文化中的传统节日，如春节和元宵节，习惯用红纸甚至红漆来装饰建筑，营造出一种幸福的气氛。这也与诗歌中表达的悲伤情绪和形象中的主角形成了鲜明的对比。

---

❶ 蔡志忠. 蔡志忠漫画中国经典《宋词》[M]. 济南：山东人民出版社，2014：54.
❷ LAKOFF G, JOHNSON M. Metaphors to live by [M]. Chicago: University of Chicago Press, 1980.
❸ 蔡志忠. 蔡志忠漫画中国经典《宋词》[M]. 济南：山东人民出版社，2014：39.
❹ 蔡志忠. 蔡志忠漫画中国经典《宋词》[M]. 济南：山东人民出版社，2014：72.

(4) 悲伤是自然界的力量

对仗是中国传统诗歌中常用的修辞手法。"水"在"此水几时休？此恨何时已？"❶对应的漫画格中与"恨"平行，因此它可以被视为悲伤情绪的体现。自然界的水川流不息。通过将悲伤映射到流动的水面，漫画家巧妙地设计了一种特定模式，以可视化的情感强度，将这种力量嵌入视觉结构中，两个句子中的反问语气都用强有力的视觉符号重现。

另一个类似的情况是"不尽长江滚滚流！"❷所对应的漫画格。在这首诗里，诗人写道："此水何时休？此恨何时已？"应当指出，这两行背景设置是主角已经与丈夫分开很长一段时间。考虑到对仗修辞在中国古代诗歌中已得到广泛应用，我们可以认为，"水"与悲伤的感觉在意义上是有联系的。因此，漫画家将文字意思与挥动水的自然力量相匹配，营造出一种促进对诗意世界理解的氛围。同样，诗人和漫画家也用水（长江）比喻悲伤的情感。水的流动永远不会停止，悲伤或悲伤的感觉也不会停止。该漫画格的拉长框架进一步增强了这种情感的感觉，形象中人物的直立姿态表明诗人有足够的勇气面对逆境。

悲伤的情绪可能与周围或自然力量有关，如"东风恶，欢情薄"❸相应的漫画格所示，在文本和图像中，诗中的东风被描绘成一个无情的生物，它的存在除了分离恋人，无事可说，导致"欢情薄"。这些信息大部分被转换成视觉符号，东风再加上增加了乌云和闪电，无论是面部还是手势上的指示性标志，都表明恋人是违背自己所为的，这被理解为不幸福。

(5) 悲伤是无生命的物件

"纤云弄巧，飞星传恨，银汉迢迢暗渡"❹也以图文共现隐喻的形式出现。在中国传统文化中，有牛郎和织女的爱情故事。根据这个传说，牛郎和织女被迫分开。只有在七夕节时，他们才能在鹊桥上相聚，这个漫画格的文字是

---

❶ 蔡志忠. 蔡志忠漫画中国经典《宋词》[M]. 济南：山东人民出版社，2014: 70.
❷ 蔡志忠. 蔡志忠漫画中国经典《宋词》[M]. 济南：山东人民出版社，2014: 67.
❸ 蔡志忠. 蔡志忠漫画中国经典《宋词》[M]. 济南：山东人民出版社，2014: 52.
❹ 蔡志忠. 蔡志忠漫画中国经典《宋词》[M]. 济南：山东人民出版社，2014: 25.

根据这个故事的情节需要安排的,云和星星是无生命的物体,被隐喻地用来承载悲伤的情感。图像中的云以深色绘制,银河系位于矢量指向的中心。皱眉的指示性标记表明,这一场景不能被解释为任何其他情感,而是悲伤。

"铜雀春情,金人秋泪,此恨凭谁雪?"❶这句诗词的历史背景是因为当时的中原王朝被周围的部落入侵导致铜雀和金人被抢。据传,金人在被外族抢走时落泪。然而,我们都知道,金属无法在常温下融化或者像生命体一样流泪。因此,"人"只能在文字和图像中隐喻其生命体征,他周围的视觉光芒指的是"金"。该漫画格中的诗人正看着他握紧拳头,以此隐喻"恨凭谁雪?"。

"人有悲欢离合,月有阴晴圆缺,此事古难全"❷的图文隐喻设计也十分巧妙。生活中有不同类型的情感,如悲伤、幸福等。诗歌作者隐喻地运用月亮的形状,一个无生命的物体来指代人。然而,在图像中,天空之上只有月牙,这意味着诗人所强调的情感是悲伤。诗人在月光下,一脸沮丧的神情低头走着,这是这本书中常见的指示性标志。我们在生活中遇到的东西永远不会是完美的,就像月亮的形状,因此它成了无法想象或视觉呈现的概念情感的隐喻载体。

(6)概念情感隐喻的叙事作用

根据 Cohn 的理论,一个连环画不是一个相互独立的图像组合,而是图形叙事中事件流的集成部分❸。每个连环画被分为文本和图像,这些文本和图像都融入了该书中。宋词中的中国传统文化诗句讲究对仗的平衡性,而多数诗词的尾联会出现作者个人情感的升华与抒发❹。这与 Hart 为非小说作品提出的叙事弧线❺不一致。基于 Cohn 所提出的叙事弧,图像叙事也往往在最后一个

---

❶ 蔡志忠. 蔡志忠漫画中国经典《宋词》[M]. 济南:山东人民出版社,2014:59.

❷ 蔡志忠. 蔡志忠漫画中国经典《宋词》[M]. 济南:山东人民出版社,2014:14.

❸ COHN N. The visual language of comics:Introduction to the structure and cognition of sequential images[M]. London:Bloomsbury,2013;COHN N. Being explicit about the implicit:inference generating techniques in visual narrative[J]. Language and Cognition,2019(11):1-32.

❹ OWEN S. Traditional Chinese poetry and poetics:Omen of the world[M]. Madison:University of Wisconsin Press,1985.

❺ HART J. Storycraft:The complete guide to writing narrative nonfiction[M]. Chicago:University of Chicago Press,2012.

或倒数第二个漫画格中达到峰值。蔡志忠似乎有意识地抓住了两种叙事逻辑流派之间的相似性，并用文字和图像构建出两种流派之间的联系，通过本研究的论证可以看出，蔡志忠使用的主要改编技巧之一是概念隐喻，因为诗的文字中使用了各种各样的隐喻，图像中的各种视觉符号也同样存在。我们可以通过以下两个示例来观察独特的组合是如何形成的，每个示例都包含一首完整的宋词，以便充分解释此间的底层符号运作机制。

武陵春

风住尘香花已尽，日晚倦梳头。
物是人非事事休，未语泪先流。
闻说双溪春尚好，也拟泛轻舟。
只恐双溪舴艋舟，
载不动、许多愁。

如"武陵春"整首词所对应的漫画组❶所示，这首宋词的标题是它的词牌，规定了文字和音韵结构。然而，该首宋词的叙事逻辑是典型的，因为它开始描述风景和诗人的思想，接着制造语义冲突和高潮，最后。在文本语篇中，诗词首先描述了场景设置的整体环境。诸多背景元素，如风、污垢和花都生成一种轻微的悲伤的感觉，而这呼应了诗人不梳头上卧榻后她的头发透出的丝丝疲劳。漫步时，她看到周遭的事物没有变化，但想到曾陪伴的人不在了，一切都过去了。为了摆脱焦虑，她决定出去坐船，因为那是一年中的好季节。高潮出现在尾联中，她在词中写道，船不可能承载她那许多悲伤，这为悲伤的情感增添了重量。连环漫画中的图形叙事弧也遵循类似的结构。第一个漫画格中窗外的太阳已经升得老高。第二个漫画格中的象征性标志是捕捉风景中隐藏的悲伤。然而，随着春天的过去，当诗人想到要出去放松，但双溪的风景与诗人的想法产生冲突，这种冲突产生的伤感，漫画家觉得应

---

❶ 蔡志忠. 蔡志忠漫画中国经典《宋词》[M]. 济南：山东人民出版社，2014：44.

该用落叶表示，正如最后一个漫画格中是在皮尔森符号系统里所画的象征性标志，其所对应的文本话语中的主导隐喻是"悲伤是容器里的液体"。

如梦令

谁伴明窗独坐？
我共影儿两个。
灯尽欲眠时，
影也把人抛躲。
无那，无那，
好个凄凉的我。

为了说明漫画中每一段宋词的隐喻转换规律，此处同时分析另一个例子，以探析悲伤隐喻的建构在叙事逻辑中的作用。在《如梦令》整首词所对应的漫画组❶中，诗人用讽刺的方式回答了首句的问题，强调她实际上独自一人在房间里。进一步加剧寂寞的是第三句文字，因为她的影子被赋予生命体征，能够在光线消失时避开她。当作者在最后一句中直截了当地用一种基于重复的句子来表达悲伤的情感时，整首宋词就上升到了顶峰。这四个漫画格中使用的视觉符号经过简化，但排列得非常仔细。虽然仅使用指示性标志，包括面部表情和手势，漫画家通过添加轻微的差异视觉面板，设法捕捉势头的逐渐变化。主角出现在第一个漫画格里皱着眉头。第二个漫画格中的视觉符号不会显示任何级别的悲伤，以呼应相应文字中的讽刺语气。值得注意的是，在第三个漫画格中，有更多的视觉标志，包括皱眉和抬手，而最后主角被描绘成在擦她脸上眼泪，映射悲伤情绪的方式，被赋予了更高的情感强度。

5. 结语

概念隐喻理论在近数十年引起了学界的广泛关注，但多模态语篇中悲伤

---

❶ 蔡志忠. 蔡志忠漫画中国经典《宋词》[M]. 济南：山东人民出版社，2014：37.

情感的表达却很少受到关注。本章关于宋词漫画的研究表明，尽管存在某些文化差异，但宋词文本话语中的悲伤隐喻通常支持概念隐喻理论的早期结论，将悲伤的情感隐喻展示为五种不同的表征方式，并且它们以符合皮尔斯符号学的图像系统展现，这些符号标志可以被量化统计，宋词漫画的设计也遵循漫画语法，也就是说，漫画格的叙事逻辑符合漫画叙事的规律，正因为如此，宋词漫画通过多模态翻译转化成为一个可以讲述的故事和一个更容易被理解的意象。概念隐喻可以形象化抽象概念，通过多模态的方式翻译国学经典，讲好中国故事，在具象化文本语篇的层面为中国文化"走出去"助力。

本章小结

从本章讨论的两个具体的实例可见，概念隐喻可以作为普遍认知的机制，运用于国学典籍多模态翻译的过程中，尽管概念隐喻在非文本模态的具体映射程序还有待进一步研究，至少可以确定的是，适应全人类共同认知机制的源域是存在的，找准这些领域后进行模态间的符际转换，可以使文本语言突破跨文化壁垒，实现更加直观和直接的跨文化融合，这对全人类构建命运共同体提供了一体化的文化基础，因此，进一步规模化地研究中华民族核心概念的多模态隐喻化是促进中国文化"走出去"的重要途径。

第四章 多模态翻译中的主题融通

若"风急天高",则一篇之中句句皆律,一句之中字字皆律,而实一意贯穿,一气呵成。

——胡应麟《诗薮·近体中》

主题与主题倾向是任何既定文本贯穿始终的逻辑主线,在同一类型符号不同部分的信息传递中起着至关重要的统摄作用,而符号间的意义也需要实现协同,以实现不同模态意义互动、相得益彰的效果。本章拟基于两首古诗及其相应的多模态漫画,印证这种作用机制发生的过程,但也并不意味着主题与主题倾向仅适用于古汉诗词的分析,任何文本的总主题均对各部分的章节或语句的主题倾向起统摄作用,而主题倾向渗透于章节里和字里行间,桥接看似形式分散的意义碎片,使整个多模态语篇的图文意义一气呵成,浑然天成。

第一节 山水田园诗多模态英译语篇中的主题统摄
——以《登鹳雀楼》为例

1. 引言

对于唐诗《登鹳雀楼》的英译,历来中外翻译界学者已给出多种不同的译法。翻译版本至少达十余种，通过选取主要翻译家作品对译文和相应的图像符号进行多模态互释，可以体现诗篇主题与主题倾向的统摄作用，综合作者对不同翻译版本的多种语篇分析理论的把握和理解，试图对该诗的多种英译方法进行探讨，借此为古汉诗翻译标准的制定和翻译方法的研究抛砖引玉。

最早于1973年，英国语言学家Halliday相继发展的一系列系统功能学理论对世界翻译界产生深远影响。他所建构的功能语法的目的是为语篇分析提供一个理论框架❶。功能句法分析遵循的是"形式是意义的体现"这一功能思想❷，也就是说任何形式的句法和词法，只有在体现了语篇想要表达的准确意义时，才有意义。语篇的组合并不是随意的片段的拼凑，而是会受到信息量和意义连贯条件的制约❸。由此可见，语篇分析还需参照上下文作者所要阐述的意思进行推理，而决定语言片段所意图表达的意义。语篇是一个有目的、意义相对完整的语言片段，它产生的信息受到交际背景和交际场合的影响❹。因此，语篇所表达的信息也与语篇所在的语境，以及语篇所尝试传达的潜台词有关。Basil Hatim在其研究中指出，语义结构，如文体、内容等的意思的表达，还须与社会历史背景和思想意识形态联系起来❺。Basil还指出，语篇意义的表达应该是连贯和富有层次推进的，主题的意义和修辞的方式密不可分，详见下面一段引用：

Texture ensures that a given sequence "hangs together" as a cohesive and a coherent whole, as a series of mutually relevant "steps" in an argument, "events" in a narrative or "instructions" in regulative discourse. In all these cases, we would be working towards achieving the ultimate goal of all texts, namely, the realization of

---

❶ HALLIDAY M A K. An introduction to functional grammar [M]. London: Arnold, 1985.
❷ 黄国文. 英语语言问题研究 [M]. 广州：中山大学出版社，1999：102.
❸ 卢植. 认知与语言 [M]. 上海：上海外语教育出版社，2006：328.
❹ 程琪龙. 认知语言学概论——语言的神经认知基础 [M]. 北京：外语教学与研究出版社，2001：141.
❺ BASIL H. Communication across cultures: Translation theory and contrastive text linguistics [M]. Exeter: University of Exeter Press, 2001：174.

an overall rhetorical intention.

　　对于主题表现的连贯性与一致性，曾利沙也做过类似的研究。他发展出了主题倾向与次级结构链，认为诗词的主题会沿着一定向度扩展而形成主题倾向，并以次级主题结构链形态在各诗句中得到体现，层次性地体现出作者逐步展开的意图，并受到次级主题关联的制约❶。

　　《登鹳雀楼》名冠五绝之首，其作者王之涣怀才不遇，郁郁不得志十五年，终日饮酒作乐，荒度时日，在亲朋好友的劝诫下入仕为一地方县令，仍为不起眼小职，因两袖清风、处事公平而颇受当地民众爱戴，后患病不起，卒于55岁。观其一生，其两首成名作《登鹳雀楼》和《凉州词其一：出塞》均反映了其悲愤落魄的人生主线，诗载其情，诗句所感，情之所依，图像化的多模态翻译同样可以呈现这种伤悲的观感。❷

2.《登鹳雀楼》多模态翻译的主题统摄

（1）"白日尽"

　　王之涣的"白日依山尽"一句脍炙人口，可是多数课堂课本教学并未对当时太阳的颜色做过深究。按常理来说，落日的颜色本应为红色，毛泽东在《忆秦娥·娄山关》中写道，"苍山如海，残阳如血"，莫非当时唐代的夕阳的颜色会有所不同？无独有偶，唐太宗在其诗中也写道，"赋得白日傍西山"，当时的著名诗人李贺亦云，"白日下昆仑，发光如舒丝"。由此可见，日的颜色在当时被描绘为白色应该不会是诗人的误笔。据《说文解字》："白，西方色也。阴用色，物色白，从入合二，阴数。"段玉裁注："出者阳也，入者阴也，故从入。"意思是，白在古代属于阴色（古代人有将世间万物划分为阴阳两种的做法），所以用两个代表阴性的字"入"和"二"合起来表示，直到后

---

　　❶ 曾利沙.论古汉语诗词英译批评本体论意义阐释框架——社会文化语境关联下的主题与主题倾向性融合［J］.外语教学，2010（2）：89-92.
　　❷ 蔡志忠.唐诗说——悲欢的歌者［M］.北京：生活·读书·新知三联书店，1990：108.

来才演化成我们现在所写的"白"字。还有学者为了考究白日的颜色，特地登上鹳雀楼进行观察，"忽觉尘土扑面，天昏地暗，仰见天边一轮夕阳，惨白如月"❶，故解释道，该楼处于黄土高原，当尘沙遮盖太阳的颜色而使之显示为白色，应为常景。无论从何种角度出发，王之涣将当时的落日描绘为"白日"实属精彩之笔。可惜的是，在笔者所搜集的四种译文里面❷，并无一种能够将诗人用心良苦的"白日"一词准确地翻译出来，尤剩"setting sun"的翻译差强人意，若能加以注释其间蕴含之阴阳深义，则更属妙笔。

An Ascent to Stork Hall
The setting sun behind the mountains glows,
The muddy Yellow River swards flows
If more distant views are what you desire,
You simply climb up a storey higher.
（徐忠杰 译）

On the Stork Tower
The sun beyond the mountains glows;
The yellow River seawards flows.
You can enjoy a grander sight.
By climbing to a greater Height.
（许渊冲 译）

On the Stork Tower
The mountain is eating away the setting sun;
Going seawards the Yellow River is on the run.
If you desire to have a good and bondless sight,

---

❶ 举人."白日依山尽"[J].南京理工大学学报（社会科学版），2002（1）：75.
❷ 冯庆华.实用翻译教程[M].上海：上海外语教育出版社，1997：270-271.

Come to the upper storey, by climbing one more flight!

（吴均陶 译）

Upwards!

Westward the sun, ending the day's journey in a slow descent behind the mountains.

Eastward the Yellow River, empting into the sea. To look beyond, unto the farthest horizon, upward! Up another storey!

（翁显良 译）

综观该句诗的多种译本，对于太阳相对于山的位置，说法颇有出入。徐忠杰和许渊冲的译本将太阳描绘成在山后 glow，而吴均陶和翁显良的翻译又显示出太阳移动的动感，给人一种太阳逐步向山移动的动态画面。究竟王之涣当时所描绘的太阳，是在山的隔壁、旁边还是背后呢？

王之涣当时所见的太阳的发光的形式，恐怕只有他本人才最为清楚。可是，结合该诗所具有的意象，也就是白日所代表的繁荣与昌盛之象和其所寄予的诗人政治思想的抱负，则可以推断出诗人当时在鹳雀楼上的观景绝非偶然的停步，而是驻景而深思的场景。爱国主义诗人屈原也有类似的用法："开春发岁兮，白日出之悠悠。"王昌龄也有："大将军出战，白日暗榆关。"如果结合诗句后半部分，"欲穷千里目，更上一层楼"中所抒发的作者对于宇宙和人生的感慨，则能够推测，作者当时所看的太阳下落的过程，应为先逐渐靠近于山，进而在山的背后消失，那么动感的情境就会显得符合常理了，该诗句所对应漫画组的第一个漫画格中的落日可以印证这一点。

依照上文的斟酌，此状况中太阳的光辉变"尽"究竟是怎样的一种状况呢？试想，诗人想留住阳光，但无奈其逐渐离去。此"尽"是指太阳在山的后面"glow"？还是太阳慢慢地消失"eating away"或者"ending"？还是应该逐步地将光芒淡去？该诗妙就妙在把景与理、理与情、情与理融为一体，天衣无缝❶。整诗所体现的是一种恢宏壮阔的画面，前两句以动态的"白日"和"黄河"勾勒出登楼远观的美景，而后两句又以设问敞开了遐想并引发出思考，点出此行的深意。而对于此字的英译，应如何才能体现出原诗的意味？试想太阳落山之情景，应是太阳的位置的移动，造成了白天的渐渐淡逝，并不是太阳本身的光芒变小。依然发光的太阳显然不能体现出"尽"的景观意象。好的译文应该体现出太阳的动态，并能够折射出太阳消失时整个场面的变化。故吴均陶所译的"eating away"乃妙笔，翁显良的"descent"体现出了动感，显示出作者在翻译诗时斟字酌句并考虑了该诗所处的具体语境。

（2）"黄河流"

"白日依山尽，黄河入海流"语句间对仗工整，意义互相辉映。诗歌所赋予的悲情主题再次得到彰显，笔者试将《登鹳雀楼》一诗的主题与主题倾向描绘见图 4.1。

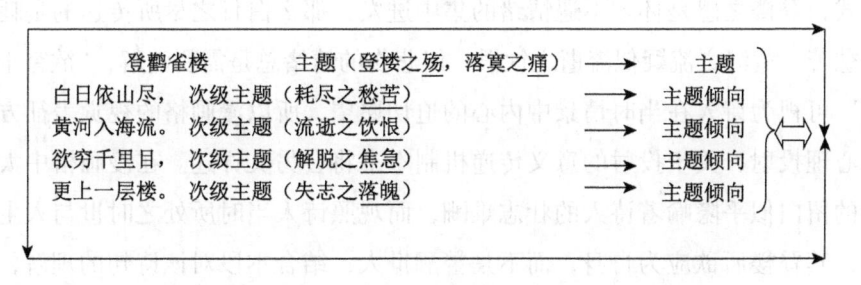

```
登鹳雀楼      主题（登楼之殇，落寞之痛）  ——→   主题
白日依山尽， 次级主题（耗尽之愁苦）      ——→   主题倾向
黄河入海流， 次级主题（流逝之饮恨）      ——→   主题倾向
欲穷千里目， 次级主题（解脱之焦急）      ——→   主题倾向
更上一层楼。 次级主题（失志之落魄）      ——→   主题倾向
```

图 4.1　《登鹳雀楼》中的主题和次级主题及其相互关系

无独有偶，在王之涣的另一首成名作中，亦有"黄河远上白云间"的诗句，结合王之涣的身世背景，"黄河"的反复出现应非偶然，据推测，《登鹳雀楼》乃王之涣"弃官回乡时所作"❷。观照首联"白日依山尽"，该诗的第二句中谈及"黄河入海流"，此中"黄河"为流的动态式，王之涣作为唐代当时著名的诗人，深谙五绝对仗的技法，怎可能不以"动"对"动"？然黄河虽本不属于"海"，却不得不"入海流"，这里所阐发的对于人生哲理的深度思考，

---

❶ 文非．景入理势 意韵高远——重读王之涣《登鹳雀楼》[J]．名作欣赏，2000（1）：40-41．
❷ 李希泌．盛唐诗人王之涣家世与事迹考[J]．晋阳学刊，1988（3）：97-103．

可以在该诗所对应蔡志忠漫画的第一个和第二个漫画格中的空灵之感得到佐证，第二个漫画格中感知者（诗人）和现象（黄河）的界限似乎更为遥远，关于感知者和现象所处的情感过程的分析在接下来的章节中将另文描述。诗人和漫画师跨时空协作，以诗句和漫画视觉效果的渐变强化情感，由弱及强，由近及远，体现了漫画作者绘图设计之精妙，而在英译文中同样能把握此等程度的细节的，当属翁显良的版本，"empting"一词可以传递译文多模态翻译的空灵之感，与此同时，"yellow river"和"sea"对比也构成了对诗人自身身份得不到认同的隐喻，因为河汇于海，但诗人并不愿意与当时朝廷的污秽之气同流合污，故弃官而自赏，"黄河"和"海"俨然已经成为作者自身和当朝政府的替身。

(3)"穷千里"

《登鹳雀楼》整首诗的伤感情绪由内而发，登楼只是王之涣感悟人生的方式，登楼之感是怀才不遇情绪的集中迸发，那么白日之尽所传达的是耗尽之愁苦，黄河之流疑似流逝之饮恨，但悲伤的情绪总是需要消解，"欲穷千里目"可视为诗人在当时情景中内心的迫切愿望，所以漫画格的视觉表征方式为心理投射，关于投射的意义传递机制本书将会另文详述。在漫画格中大篇幅的留白似乎隐喻着诗人的壮志难酬，而观照诗人当时所处之时世与人生阶段，其登楼所欲应为自身，而不是警醒世人，结合本段对该诗句的理解，再比较四种译文，唯有翁显良的译本"the farthest horizon"能够折射出空灵之感，而埋下了未能如愿的伏笔。其余三个版本皆是古为今用，也就是将王之涣对自己人生的感叹理解为对世人的召唤或者哲理的升华总结，但过度的积极理解是曲解诗歌的主题和主题倾向的，并不能衬托全诗的艺术价值。

(4)"上层楼"

行诗至此，楼已非楼，"更上一层楼"在作者的眼中，重点在于"上"而非"楼"，因为"楼"实为人生，是更高尚的精神境界，但诗人的一生中"上楼"受阻，这与其另一首七绝中的"春风不度玉门关"有异曲同工之妙，也就是说，此处实为反话正说。"更上一层楼"实际是"上"不了的，漫画诗理解了这层含义，故漫画格中的动作者（诗人）是被描绘为正在登楼，而不是已经上楼，这种反讽的意味在诗文英译中表现难度较大。综观四个译本，只有翁显良译文中的双感叹号最能体现这层意味，吴均陶译文中的祈使句和感叹号的搭配也颇有此番含义，优美的译文应能体现意美，此为许渊冲"三美"翻译理论的菁华所在，而这种意犹未尽，只能通过情态值的提升来体现，因为意会出深意的人不仅仅是译文作者本身，还有读者，这就是系统功能语言学所定义的人际意义。

3. 结语

由此可见，要将中国的古诗文化精粹在国际的平台上展现，还需要善于对整个语篇进行综合分析，对语篇意义和主题倾向做好宏观的把握，并以此指导微观语词的锤炼。《登鹳雀楼》仅仅是一个例子。在此往后的中诗英译中，若能够更为深入地通过多模态翻译符号对诗人意图和诗词韵律深入研究，而选用能够反映诗词语句的内在含义的英语等同语，则中国古诗的文化应将能更顺畅地在世界上传播。在多模态语境中观照《登鹳雀楼》的内外在主题逻辑，可以将该诗改译如下：

On the Stork Tower

The setting sun fades behind the mountains,

The yellow river merges into the sea.

To lay my eyes onto the infinity,

How I wish I could climb up another storey!

诗歌的主题情感逻辑链贯穿始终不是个例，接下来用另一个多模态诗歌英译的例子来对张九龄的《感遇（一）》诗歌多个版本的译文进行评析，更进一步且更为详细地展开讨论。

第二节　主题与主题倾向关联视角下的张九龄多模态诗歌之英译

——以《感遇（一）》为例

1. 引言

　　主题与主题倾向关联视角对古汉诗意象情态转化具有统摄作用。古汉诗《感遇（一）》创作背景独特、主题突出、情感细腻、脉络分明，观照主题与主题倾向，把握意象情态主线，锤炼语词，可使多模态诗歌之译作再现诗篇情景交融的意境。

　　张九龄为广东韶关籍诗人，初唐宰相，创作《感遇》诗十二首，其作诗善于运用多种修辞手法，托物言志，言近旨远，古今中外从事其诗研究的学者不多，对其被唐玄宗贬出朝廷后（737—740年）所写的"感遇"诗的研究更少。夏日光、龚艺侧重于对诗篇中不同意象载体的关系的分析[1]。李玉宏[2]与杭勇[3]亦曾先后从其诗的艺术特色和审美风格进行分析。在该诗中，张九龄以"兰叶""桂华（花）"这两种高贵的植物自喻，寄托自己因遭同僚中伤而未能实现政治抱负和伟大理想的愁思。学者们虽曾做过诸多关于该诗的英译实践，其中比较有代表性的当属唐一鹤[4]和孙大雨[5]，然两位译者仍未观照该诗的创作背景和作者的心态，译文中值得商榷之处颇多。

　　主题与主题倾向是近年来新兴的对于国学经典文本的微观语词的译介研究框架，该框架由广东外语外贸大学博士生导师曾利沙教授于2010年发表的论文《古典诗词互文性解读的"阈限"问题——兼论文本（翻译）阐释的主

---

[1] 夏日光，龚艺. 以张九龄《感遇》一诗为例看诗歌的意象衔接手段[J]. 湖南科技学院学报，2013（2）：47-49.
[2] 李玉宏. 论张九龄诗的艺术特色[J]. 韶关师专学报，1984（1）：54-58.
[3] 杭勇. 论张九龄诗的审美风格[J]. 黑龙江社会科学，2008（5）：107-110.
[4] 唐一鹤. 英译唐诗三百首[M]. 天津：天津人民出版社，2005.
[5] 孙大雨. 英译唐诗选：汉英对照[M]. 上海：上海外语教育出版社，2007.

题与主题倾向关联性语境融合》❶ 提出的译文研究框架，根据 CNKI 的数据统计结果显示，以该主题公开发表的论文共计 59 篇，学科领域涉及中国文学、外国语言文学、戏剧电影与电视艺术、中国语言文字、文艺理论、中等教育、宗教和世界文学，基本的操作原理是从语篇/段翻译过程中汇概念语境化意义嬗变的认知机制层面，对语篇/段微观层次语词概念翻译的操作理据作出可印证性与可推论性的描写，以便建立起相应的语篇/段翻译语境化语义生成的认知理论构架。主题与主题倾向关联理论对语篇翻译实践有较强的阐释力，在以往的学术研究中运用颇为广泛。曾利沙探索该理论框架指导下的专业八级语段翻译的方法论❷，并用该视角评析李清照《一剪梅》的互文性解读❸；马海燕用此视角分析李商隐《无题—相见时难》的英译本，探讨了"译者主体性"的发挥❹；之后，杨贵章以"主题与主题倾向关联性融合的统摄性"为基点，解读了众多古汉诗"啼"字之英译❺。多模态话语分析框架可用于翻译研究领域，吕洁通过结合语境参数理论和多模态语篇分析框架，构建了宏观、中观和微观三个层面的多模态语境参数因子，并将其运用于电影《血与骨》的字幕翻译研究❻；凌霄基于视觉语法和语境参数理论，构建了解读平面广告英译的综合框架❼。

本部分内容实为主题与主题倾向关联视角理论框架的延伸运用，试图运用语境参数之一的主题与主题倾向理论研究张九龄诗《感遇（一）》之英译，

---

❶ 曾利沙.古典诗词互文性解读的"阈限"问题——兼论文本（翻译）阐释的主题与主题倾向关联性语境融合［J］.修辞学习，2006（1）：65-67.

❷ 曾利沙.主题与主题倾向关联下的概念语义生成机制——也谈语篇翻译意识与 TEM8 语段翻译教学［J］.外语教学，2007（3）：83-87.

❸ 曾利沙.古典诗词互文性解读的"阈限"问题——兼论文本（翻译）阐释的主题与主题倾向关联性语境融合［J］.修辞学习，2006（1）：65-67.

❹ 马海燕.论古汉语诗词翻译的"阈限"性——从主题与主题倾向看译者主体艺术性的发挥［J］.外语与外语教学，2009（7）：48-51.

❺ 杨贵章.古汉诗"啼"之英译阐释视角——主题与主题倾向关联性融合的统摄性［J］.暨南学报（哲学社会科学版），2012（8）：128-133.

❻ 吕洁.多模态语境参数视阈下字幕翻译的语义生成机制——以电影《血与骨》为例［J］.外国语文，2016，32（6）：128-135.

❼ 凌霄.基于多模态语境参数论的平面广告语篇整体意义构建［J］.淮南师范学院学报，2020，22（2）：71-73，79.

结合多模态话语分析框架，评析名家译文，并改译此诗，辅以笔者多年海外留学工作的见解，试为诗歌翻译技巧提供可借鉴、可解读和可操作的操作实证。

2. 题之所向，情之所依

语篇系统是在一定的社会文化背景中形成、发展并发挥作用[1]。整个语篇应为上下前后紧密相互关联之整体，关系密不可分，并且对于微观语词的解读应观照语篇整体主题的流向，古汉诗歌的理解也不例外。因此，英译《感遇（一）》既要兼顾到创作的语言特点，亦须顾及张九龄当时的境遇。他被同僚陷害，贬低官职，驱逐流放，情至深处即成诗。英译时应体现诗人心态与背景。主题与主题倾向统摄诗篇微观语词，阐释作者的意图，使文章的架构与脉络充分展现语篇的情感。遣词造句须是主题内涵的诠释，受诗篇主题与主题倾向的支配。Hatim[2]认为，译者的判断应受到语境的限制，具体来说，不仅外部的语言环境会对译文语词的选择产生作用，语体、语篇和文本的表达应具有统一性。为了进一步把握诗歌语境，译者有必要对其总体意义及所传递情感的递进层次，对涉及的情感、事物及描述作出分类与分析，以对行文的关联过渡衔接有更好的把握。建构诗歌的线性组织并观察次级主题对主题的横纵向拓展与关联，从而理解作者的倾诉与描写所寄托的实际含义，把握修辞，进行语义嬗变解读，使阐释具有更高可描述性。

主题与主题倾向关联理论的深刻性和适用性在古汉诗词诸多名篇中均能较好体现。例如，孟浩然《春晓》中"处处闻啼鸟"，只有在"悦"的语义特征下才能体会译文"birdsong"的确切之处。同样为"啼"，金昌绪之作《春怨》一诗中充溢少妇怨恨及夫妻别离所产生的思念，因此根据怨妇情绪变化译为"crying"或"screeching"，皆为传神之笔。相比之下，李白的《早发白帝城》中"啼"的背景为诗人的豪情壮志和归心似箭的心情，情景相映，故

---

[1] 朱永生，严世清. 系统功能语言学多维思考[M]. 上海：上海外语教育出版社，2001: 9-10.
[2] HATIM B. Communication across cultures: Translation theory and contrastive text linguistics[M]. Exeter: University of Exeter Press, 2001.

猿之"啼"译为"chanting",令读者睹字思境❶。再如,李白《静夜思》中对"床前明月光"的把握在主流认知中历来欠妥,联想静夜思乡的主题并以之统摄次级主题,结合诗人当时可能做出的客观轨迹移动,可得出所凭之物应为"井栏",故乃能体会翻译成"balustrade"和"well"的精妙❷;不仅在个别的语词锤炼上,而且对于证据结构的表达也应遵循主题与主题倾向统摄下的意境。苏轼《江城子·乙卯正月二十日夜记梦》中的名句"相顾无言,惟有泪千行"中翻译句式的处理须与原文的脉络相吻合,此处偏静态特质的意境,采用林氏译本"We looked at each other in silence, with misty eyes beneath the candle light"能较好处理原词中的互文关系,使译文的表达更能帮助读者体会到情感的传达❸。可以看出,主题与主题倾向关联理论给译文的不同版本的选择提供了支撑性的理论基础,以此作为考察语境化概念语义嬗变的关联性批评理论依据。

图 4.2 为《感遇（一）》❹ 中的主题和次级主题及其相互关系。

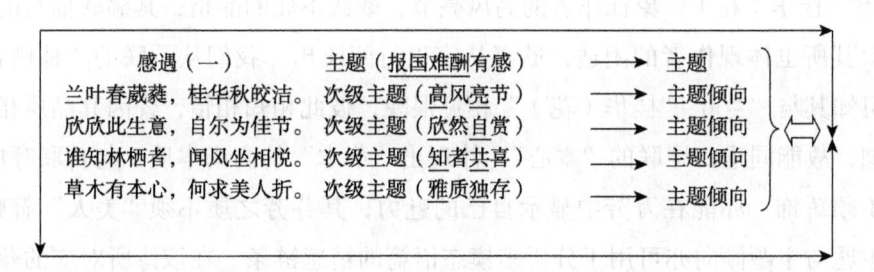

```
感遇（一）            主题（报国难酬有感）      →  主题
兰叶春葳蕤，桂华秋皎洁。  次级主题（高风亮节）  →  主题倾向
欣欣此生意，自尔为佳节。  次级主题（欣然自赏）  →  主题倾向
谁知林栖者，闻风坐相悦。  次级主题（知者共喜）  →  主题倾向
草木有本心，何求美人折。  次级主题（雅质独存）  →  主题倾向
```

图 4.2 《感遇（一）》主题与主题倾向结构的内在关联性

主题倾向视角指主题会沿着一定向度扩展形成主题倾向,并以次级主题结构链形态在各诗句中体现,层次性地逐步展开作者意图,并受到次级主

---

❶ 杨贵章.古汉诗"啼"之英译阐释视角——主题与主题倾向关联性融合的统摄性[J].暨南学报（哲学社会科学版）,2012（8）:128–133.

❷ 杨贵章.从主题与主题倾向关联理论看古汉诗视觉意象之英译——以"床"之语义变迁及其英译为例[J].文史博览（理论）,2010（5）:19–21, 45.

❸ 袁翠."阈限"规约下的苏轼《江城子》互文性解读及英译策略剖析[J].山东外语教学 2012,（2）:104–108.

❹ 彭定求.全唐诗[Z].海口:海南国际新闻出版中心,1995.

题关联的制约❶。受语篇语言学影响,主题与主题倾向视角着重于探索语言受到语篇旨意的统摄,而在翻译语词甄选上需要形成与主题的呼应。"根据语义特征理论,词语意义由一系列特征确定下来,每一特征是一个原学概念。该理论的重要优点是它可以提供严格格式化理论,可以解释"范畴性错误(category mistake)或语义上荒谬不通的东西"❷。任何语篇都将受到主题的影响,张九龄诗篇亦然。"正确把握语篇主题与主题倾向,进而在此认知框架内考察宏微观层次词句的主题与主题倾向关联性语境内涵变化,是语篇解读/阐释的重要理据"❸。因此,英译张九龄诗歌要把握诗篇主题与主题倾向,在宏微观语词的关联性结构框架中阐明主题与次级主题间的意义衔接。

　　主题倾向是烘托主题的推进因子,使主题得以拓展。诗篇主题和主题倾向是一个整体,推动情景画面,情融于景,主题倾向的递进能呼应诗篇主题,景的描绘从属于情的抒发,是情的可感知的载体。从图4.2观之,张九龄以感怀际遇为主线,将其报国难酬的感慨贯穿于对景物描写之中。其中,"兰叶""桂华(花)"象征作者的高风亮节、威武不屈的品格,其额联描写的乐得其所也体现作者的闲适,欣喜从字里行间流出。我们从颈联的"林栖者"可知其与"兰叶""桂华(花)"相见恨晚,彼此相知相惜,皆因其品质相类似,故能同乐;尾联的"本心",体现出"草木"的高尚本质,与首联呼应,不须矫饰,亦能在万芳中显示自己的魅力,其芬芳之质不须"美人"眷顾。主题与主题倾向亦可用于分析多模态语篇的情感链条。在该诗所对应的蔡志忠漫画❹中,第一个漫画格中的诗人将感知对象定为第二个漫画格中的花草,用以线条勾勒出的矫健的步伐隐喻对所见事物的欣赏,以图像符号表征花草中蕴含的高尚品质,而进入第三个漫画格时,花草已长成参天大树,在背景化元素"圆月"的辉映下,生意盎然,诗人的昂首站立的动作过程亦能够体

---

❶ 曾利沙.古典诗词互文性解读的"阈限"问题——兼论文本(翻译)阐释的主题与主题倾向关联性语境融合[J].修辞学习,2006(1):65-67.
❷ 张光明.认知隐喻翻译研究[M].北京:国防工业出版社,2010:80.
❸ 曾利沙.古典诗词互文性解读的阈限问题——兼论文本(翻译)阐释的主题与主题倾向关联性语境融合[J].修辞学习,2006(1):65-67.
❹ 蔡志忠.唐诗说——悲欢的歌者[M].上海:三联出版社,1990:77.

现其与树之间的某种类比关系，正是这种相似的神态催发读者去理解诗句中的托物言志。在第四个漫画格中，林栖者的围花而视，在诗人的投射中成为投射主体和内容，对应诗句中的感知过程。最后一个漫画格中，诗人的出现将美人和草木再次变成了投射内容，将诗句中的唏嘘之意寄托于新增的参与者（诗人）的哀叹的行为动作上，表现得淋漓尽致。纵观全诗，主题与主题倾向在图文中展现的情感实现了高度融合，因此，此诗形成如下情感结构链：

高尚情操→乐于生生不息→与相知者同乐→高风亮节不求垂顾

在这条主线中，张九龄以写实笔法，细微之处融入了其对生存状态的感触，高尚的情操实指作者的品质，乐而不疲是其心态的写照，相知者与之同乐透露出对伯乐和知己的期盼，不求垂顾表达了其坚韧不屈的情怀。在此情感结构链中，思维虽存些许跳跃，但不难看出，作者始终以自己对人生所"遇"之"感"化于笔墨之间，依托情感，凸显主题。如前文分析，主题与主题倾向视角显现各诗行信息单元的统一和联系，并通过框架性整合使之成为整体，使读者能体味原诗的精妙。通过这一途径，融景之情才能凸显，以趋同张力，唤起读者共鸣。

3. 景之所向，情融于景

多模态语篇包括图像和文字，作为特定环境下心理变化过程的写照，同作者的思维方式和情感演变紧密结合。主题与主题倾向决定了语篇情感流向，而情感的表达又依赖于意象之选取；外在意象之景乃情感之载体，体现了情感入微的变化，烘托了主题。王国维云，"昔人论诗词，有景语、情语之别。不知一切景语，皆情语也"[1]。诚然，对于景观意象的描写并不是单纯绘述，而是借助景物外观或者生长过程所体现的情操，照应语篇的主题。语篇的经脉应上下贯通，具备统一内涵，"内义脉注，跗萼相衔，首尾一体"[2]，只有准确把握景观意象被注入的情感元素，才能真实还原作者在作品创作时的所思所

---

[1] 王国维. 人间词话 [M]. 北京：新世界出版社，2012：37.
[2] 刘勰，周振甫，注. 文心雕龙注释 [M]. 北京：人民文学出版社，1981：375.

感。在英译古汉诗时，不仅要通过译本采用的微观语词传达原作的情感，也要通过适当的增益，弥补文化语域差别所带来的理解偏差。"作者往往省略了一些他认为读者能够弄清楚的东西。这种技巧不会损害语篇连贯，因为读者自己所提供的隐含命题会恢复那些由于省略了明示命题而丢失的连贯"❶。可见，在确保文化信息输出不遗漏的前提下，对诗篇缺省部分的增译，使其构成清晰的逻辑主线，能增强不同背景读者的文化感知。作者不仅需要在语言和图像的显性符号上逐步引领读者明白其所描绘的事物情感，亦须通过增益再现所处社会与人生的客观现实，以联结中西思维方式之别，唤起异国文化读者之共鸣。

主题与主题倾向的情感逻辑链可在图文中共现，在领略了张九龄《感遇（一）》的多模态语篇的图文主题一致性之后，下面试从主题与主题倾向视角评析其文本模态的英译：

Some Thoughts and Feelings Well Up in Mind

By Zhang Jiuling

In spring orchid leaves are luxuriant;

In autumn laurel flowers are clear and bright.

Each thrives in its most suitable season;

Both flourish to reveal their vitality of life.

Hermits living in the forest know their beauty,

Showing admiration for them in smile.

Trees and grasses have their own noble characters.

They don't need beautiful ladies to pick and admire.

Note & Commentary: The poem was written after the poet was banished from the imperial court, who knew his own virtue and worth without asking for others' appreciation and praise.

---

❶ 桂诗春. 新编心理语言学[M]. 上海：上海外语教学出版社，2000：427-428.

（唐一鹤　2005）

Feelings on My State

The eupatory leaves grow lush in spring;

The osmanthus sprigs in autumn bloom pure and sweet.

Luxuriant doth was their rest of life,

To make both seasons festive occasions meet.

Who knoweth the forest-dweller smelling the breeze

Diffused with fragrant oduours loveth them with delight?

The plants bear natural qualities of their own;

Why need the Beauteous One pluck them himself to bedight?

Tr. September 21, 1981

（孙大雨　2007）

　　细心比较上面两个版本的译文不难发现，唐一鹤的版本（以下简称唐版）平实生动，通过简单易懂的语言再现原文情景及手法，并加以附注，使读者能明白诗人创作的背景和心态。孙大雨的版本（以下简称孙版）文学色彩浓厚，对仗工整，在结尾处的巧妙转合能令人意犹未尽，言近意远。首联中，兰又称兰草，属菊科，乃泽兰属植物，与春兰不同，盖因泽兰属皆为春季发芽，夏季开花，而春天开花之兰应属花类，屈原《九歌·礼魂》中有云"春兰兮秋菊，长无绝兮终古"。可见，春兰和秋菊并非一物，故唐版的"spring orchid"恐有失偏颇，而孙版的"eupatory leaves"中所选 eupatory（泽兰属）稍有扩大范畴之嫌，然此译法比唐版更接近原文，综合两家译文"orchid leaves"会更为准确。紧接着，两人毫无异议地都将"葳蕤"转译为"lush"及其同根词"luxuriant"，更侧重于场景的静态描写而非动态，指的是性质而非品格。唐版对仗更为工整，但在描写"桂华"仍采用了两个形容词；孙版动静结合，可是形容"桂华（花）"又比"兰叶"多了两个形容词。古汉诗中动态表现品质的手法多有体现，如清代郑燮《竹石》中描写"千磨万击还坚劲，任尔东西南北风"。宋代王安石名诗《梅花》亦有"墙角数枝梅，凌寒独自开；遥知不是雪，为有暗香来"。同样宋代的周敦颐《爱莲说》广为传诵的"出淤泥而不染，濯清涟而不妖"。可见，品质借动态描写贴合对动作的修饰（使用副词）穿透力较强，而众所周知，西方人在了解中国时很大程度上借助了"功夫"电影"动作"明星的传播，因此，这里统一处理为动态对应更为合理，符合汉语的表达习惯和英语的审美特点。颔联中对于"欣欣此生意"的处理，唐版较能忠于原诗体现，"flourish"前以"both"与前文形成关联，亦为动态，形成连贯符合英语语言黏着性（cohesiveness）的特点。而无论是"hermit"还是"forest dweller"都是山野郊林的常居者，可仔细揣摩，此人可否为游客，抑或张九龄本人？不得而知，想必诗人亦有意不将话说破，而令人回味无穷，因此笔者认为应将此语词虚化处理，留给读者想象空间。"相悦"就为一种"smile"还是"delight"，揣摩下"林栖者"的愉悦有心而发，因而孙版的处理更为传神。两个版本对于"本心"的把握都有合理之处，都能够体现"their own"为"本"，但"their own noble characters"和"natural qualities of their own"相比，"noble"能与全文情景抒发之主题相吻合，略胜一筹。在尾联的句式处理上，两个版本迥异，观照原诗实为借反问暗讽，故此修辞手法应当保留。总体而言，唐版在流畅性上见长，而孙版语言的锤炼颇具独到之处。

张九龄为官尽忠职守，敢谏直言，却遭小人嫉妒，贬落荆州，从主题与主题倾向的统一性看，标题所感叹的应不是人生际遇"state"，也不仅是一种思想和感觉"thoughts and feelings"，而是其受不公平对待而被降职的遭遇"banishment"，翻译中应体现"banishment"这一状态。对于诗的首联和尾联，张九龄借"兰叶""桂华（花）""草木"自喻，托物言志，在其他同系列的感遇诗中也多有体现，如第三首中的"鱼""鸟"和"浮游"，第四首的"孤鸿"等❶，笔者认为在这些喻体中应加入表情感的语词（如

---

❶ 本部分所讨论的《感遇》第三首和第四首引来自：彭定求. 全唐诗[Z]. 海口：海南国际新闻出版中心，1995.

"proudly""brightly""grand"），"生长"也应不是普通的"grow"，而是采用带感情色彩的形象化动词（如"glitter""blossom"，或" ascent""shine"）使这些景物传递的情感信息显化，此为情感传递的主线之一，隐喻作者的高风亮节。另一方面，颔联中所展现的欢乐欣喜场景，是作者的另一种心理寄托，喜悦之情溢于言表，借景抒情，与其境况形成反差，悲苦中仍能自我慰藉。颔联和颈联的喜悦是为尾联中"美人"埋下伏笔，欲抑先扬。同样的手法可见于感遇诗第三首的"鱼游乐深池"等，故在翻译中应着重衬托出这种欣喜感，而在上述两种译法中的体现并不明显，建议颔联可增用"passionate"和"lovely""merry"，而颈联采用"delightful"形容相知者的喜悦心情，在不同的位置用情感语词相互呼应，形成情感逻辑链，使读者能通过文字感知诗人创作诗歌时所处的情境。

4. 情辞交融，情随辞生

主题和主题倾向对于全诗情感的统摄性，可借助写作方法的运用得到实现。具体而言，修辞手法的运用创造了情感发挥的平台，使主题与主题倾向形成一体，达到修辞处不经意间流露出情感的妙境。然而，无论从何处所生之情感，亦同上文所述，须形成意境上的统一性，在表达中从属于主题。修辞符号的传递，也应照顾英汉文化及表达之异，从微观处保留诗篇中古汉文化的特色。

巧用修辞，乃该诗一大特色。除上文提及的反问修辞，诗中亦采用隐喻手法，从本质上说，此手法是一种"上下文之间的关系，一种事物之间的类比"[1]的哲学，其被用于大量的英文诗歌之中，但学界对细致性的分类修辞并无统一观点，可以肯定它不同于汉语的比喻，并且是一种比比喻范畴要大得多的修辞格，包含了我们日常所说的比喻、拟人、象征、通感等。这种修辞手法的运用在中外有相同也有不同，相同的是此修辞手法常用于中英诗歌中，如《诗经》中的"关关雎鸠，在河之洲。窈窕淑女，君子好逑"，"雎鸠"

---

[1] RICHARD I A. The philosophy of rhetoric [M]. New York: Oxford University Press, 1936: 117.

的比喻给读者传达真切感人的情感。在盎格鲁撒克逊时代的著名诗篇"The Wanderer"中"I know it truly, that it is in men / a noble custom that one should keep secure / his spirit-chest, guard his treasure-chamber / think as he wishes"所使用的"神库"("spirit-chest")和"宝室"("treasure-chamber")、"Beowulf"中"He then knew recompense for that / be waxed under the skies, throve in bonours / until to him each of the bordering tribes / beyond the whale=road had to submit / and yield tribute"的"鲸鱼路"("whale-road"),又如日常生活中的成语"棋逢对手",英语中亦非"A chess player plays with another equally-competitive player"而为"Diamond cuts diamond","覆水难收"的标准译文为"Don't cry over the split milk",此处中文的喻体"水"也须转为"牛奶"。可见,喻体的使用会受文化思维理解的方式而产生变异。那么,修辞和主题的关系又是怎样呢?"成功的译品,无论是否是隐喻,都应是一件和谐有机的艺术品……而优美的译品则处处体现了整体美"❶。修辞的运用与主题形成呼应,受主题的限制和制约,在语篇的线性发展中取得意义和结构上的吻合。在诗歌微观意象的修辞翻译中要与主题形成关联,烘托次级主题,进而形成主题倾向,促使诗篇主题同主题倾向和谐一致。

张九龄以"兰叶"和"桂华(花)"自喻,其发出的动作须反映作者为官不屈、自命高雅的心态,而颈联中其所专注的共乐之喜,亦体现了作者的自我欣赏与陶醉,结合中国的节日文化,可将此场合译为传统的"festival",而非"holiday"或"occasion";"林栖者"为全诗出现的第一个人物,其隐喻同为官场沦落人的隐居山中的仕途落魄之士,其相同的遭遇必定能够产生对"兰叶"和"桂华(花)"的情感共鸣,而欣赏其芳韵不为逆境所左的特性。其中,"相悦"的"相",按照《辞海》第六版(2010)的解释,应为"一方对另一方有所动作之词",其用法类似于柳宗元在其《黔之驴》中所说的"稍出近之,慭慭然莫相知"。尾联中作者再次强调这两种植物的高尚品质,并以讽刺的口吻指出其不求"美人"的垂顾而荡然之风犹在。《诗·邶风·简兮》

---

❶ 张光明. 认知隐喻翻译研究[M]. 北京: 国防工业出版社, 2010: 119.

有云,"云谁之思,西方美人",美人本指作者"自己所怀念向往的人"❶,然此处因作者曾身居官场,结合其遭降职之际遇,应暗指朝廷当权之皇权,而唐一鹤所译"beautiful ladies"显然欠妥,试想,以张九龄当时所处境遇,他又怎能眷恋儿女私情?若为比喻,则采摘"草"和"木"非女子所为,孙大雨所译"beautiful one"将表述笼统化,能较好反映所描述之人特质,但仍缺乏具体所指,特别对于国外读者,易匪夷所思。故可采用"语义下义范畴化"策略,结合英语语词的运用频率,为概括凸显其言内所指,可译为"beauty"。

5. 结语

由以上对张九龄《感遇(一)》翻译的探讨与分析可以看出,主题与主题倾向视角能为译者多模态古汉语诗歌英译提供可操作性强的理论框架,借助情景之间的内在联系拓展与诠释全诗经脉。翻译此类诗篇,更应注重作者情感主线与其行文之间的深层多元互动关系,基于情感逻辑结构链条,在微观语词及结构链中体现作者的情感寄托与脉络,借助修辞的跨语境乃至跨模态理解,展现中华民族文化精髓而顾及西方思维特点,通过译者再创造的艺术呈现,形成富有生命力的译作。基于上述讨论,试将诗篇改译为:

On Banishment (1)

Orchid leaves proudly glitter in spring;

Laurel flowers brightly blossom in fall.

With this passionate and lovely sign of life;

They regard this time as their merry festival.

Who knows the one living in this forest

Deeply appreciating this delightful scene?

These plants do have their own grand quality;

They still need the care of the beauty?

---

❶ 夏征农. 辞海 [Z]. 上海:上海辞书出版社, 2010: 1283.

本章小结

　　主题是语篇的灵魂，文本语篇的主题与主题倾向的应用应扩展至多模态语篇，以统摄多模态语篇中的符际翻译和语际翻译，只有做到多模态语篇的符号层和语言层均高度统一于同一主题之下，才能彰显多模态语篇的意义潜势，使主旨明确，泾渭分明。本章选取了两首古汉诗作为载体，诠释了主题与主题倾向在多模态话语中的应用性，应该指出，主题倾向不仅存在于古诗词的不同联之间，也可存在于一般国学典籍的各种语篇单位之间，例如词、句和段落。多模态翻译中的主题融通使多模态语篇之作获得气势，形成连贯的脉络和语义，为多模态翻译选择确立了可参照的标准。

第五章　多模态翻译中的影视跨文化译介实践

> 求木之长者，必固其根本；欲流之远者，必浚其泉源。
>
> ——魏徵《谏太宗十思疏》

影视多模态译介是多模态翻译的进阶形式，可以将中华传统文化以更加生动有趣的方式引荐给海外观众，因此，在这种类型的多模态翻译过程中，需要更多地考虑跨文化交际的因素，本章以《西游记》和《木兰辞》的影视改编作品为例，探讨影视多模态翻译过程中的形象建构、情节设计和符际转换等方面的问题，以及在这些层面上所体现的跨文化差异，以期为海外影视作品的推出和影视多模态翻译实践提供一定的启示。

第一节　《西游记》影视多模态译介研究：基于中澳版本电视剧的对比

1. 引言

《西游记》是明代吴承恩写的一部奇幻小说，位列中国四大名著之一，是中国古代第一部浪漫主义章回体长篇神魔小说。小说根据唐代到印度修读佛教经文的佛教徒玄奘的经历，增加了许多神话来丰富整个故事，以更加生动有趣的情节迎合读者喜好。贯穿始终的是一个关于一个佛教徒带他的徒弟到印度寻取经典经文的故事。他们在路上经历了八十一难，终于取得真经。小说中有四个主要人物，唐僧（唐三藏）为师父，孙悟空、猪八戒（悟能）和沙僧（悟净）为唐僧的徒弟。这四个角色很不一样，他们聚在一起，终于克服了苦难。这个故事不仅基于玄奘法师的真实经历，也与古籍有关。它涵盖了从唐代到元代的内容。它还包括中国三大传统思想：儒家、道教和佛教。

在中国，《西游记》已经重制了许多版本。随着现代拍摄技术的发展，小说被拍摄成电影和电视连续剧，取材来源于整本书或者其中的部分故事。本章节研究的国内版本是最经典的改编电视剧之一——1986年版的《西游记》连续剧，该版本有25集和16部续集。这个版本把小说中几乎所有的章节都拍为电视剧，这是《西游记》的全部故事第一次搬上银幕。在有限的技术和资本下，这个版本的《西游记》已经取得圆满成功。虽然从现在看，当时拍戏的方法似乎还不成熟，然而，1986年版的《西游记》"被视为难以超越的经典之作"[1]。电视连续剧已转播3000多次，伴随几代人的成长，至今仍在寒暑假档播出。

2018年播出的澳大利亚版本的《西游记》被命名为《新猴王传奇》(The New Legends of Monkey)。无论在情节还是人物设计上，它与中国制作的版本相比都有很大的差异。与多数西方制作的电视剧一样，《新猴王传奇》是按季播出的。2018年播出的是第一季。尽管拍摄技术有了很大的改进，但该系列的评价并没有中文版那么高。对原作缺乏深入的探索是主要原因。《新猴王传奇》充满了外国元素，整个故事被改编为一个狩猎游戏。师徒四人的团队需要在世界上寻找经文，而不是简单地去印度。剧中新的妖怪（剧中称为恶魔），例如，最先出现的恶魔看起来像霍比特人的精灵。澳大利亚版不是国外市场的第一个改编版本。由于社会差异和文化差异，国外版本与原版存在较大差

---

[1] 葛瑞应.论《西游记》的影视改编[D].海口：海南大学，2017.

异。澳大利亚版的《西游记》不仅集合了中国版本的《西游记》电视的内容，甚至还有《西游记》相关主题电影的内容，以及其他海外《西游记》改编影视的类似的设计。这两个版本的差异巨大，可以作为中澳跨文化多模态译介的研究语料。为了研究这两部典型的《西游记》影视多模态译介作品，本章节提出两个研究问题：

（1）中澳版本的《西游记》电视剧存在哪些多模态系统符号差异？

（2）这些差异如何反映中澳在价值取向上的不同？

为了回答这两个问题，接下来的部分首先确定基本的理论分析框架，并尝试证明理论框架对本研究的适用性，说明研究方法和数据来源，然后对两部电视剧的特定多模态系统符号进行对比并总结出差异，再对两部电视剧所反映的差异进行价值观分析，最后将总结本章节所有发现、局限性和进一步研究的方向。

2. 理论框架与研究方法

（1）理论框架

在多模态影视分析框架方面，本章节采用 O'Halloran[1] 提出的多模态影视系统符号分析框架，该理论认为影视的符号分析可以基于一个以元功能建立的等级系统进行，包括电视情节、叙事顺序、场景、剧景选择和角色建构和镜头。在总结部分将侧重反映两部作品的电视情节和角色场景设置的差异。

霍夫斯泰德的文化维度理论[2] 是跨文化分析部分的主要理论基础。两部连续剧中总结的差异将主要基于该理论所提到的维度进行比较。霍夫斯泰德的文化维度理论是跨文化交际中常用的框架。它描述了一个社会的文化如何影响其成员的价值观，以及这些价值观如何影响他们的行为。霍夫斯泰德的研究结论确立了跨文化心理学的主要研究传统。在与国际业务和通信有关的

---

[1] O'HALLORAN K. Towards a systemic functional analysis of multisemiotic mathematics texts[J]. Semiotica, 1999, 124 (1/2): 1-29.

[2] HOFSTEDE G. Cultures and organizations: Software of the mind[M]. London: McGraw-Hill, 1991.

领域，研究人员和顾问都借鉴了这一建议。在跨文化领域，霍夫斯泰德的文化维度理论仍然是一个主要的常用理论框架。

（2）研究方法

本章节首先概括中澳版本《西游记》电视剧的多模态系统符号差异，具体主要反映在其主题、情节或人物建构上，然后探讨基于霍夫斯泰德文化维度理论的背后的跨文化因素，如权力距离、个人主义、阳刚气质和不确定规避等因素。研究方法主要以个案的质化分析为主，对两部作品的相关具体方面进行研究。

（3）研究数据

本章节的研究对象是中国 1986 版本《西游记》的全 25 集和澳大利亚版本《新猴王传奇》的第一季，因为《新猴王传奇》并未完全拍摄完成，因此仅选取代表性的元素如主题、场景和主要人物形象进行分析。

3. 中澳版本《西游记》电视剧的多模态系统符号差异

（1）主题的差异：标题与海报

中国版本的改编电视剧采用原著同名《西游记》，而澳大利亚版本的电视剧则重新命名为《新猴王传奇》。顾名思义，中版电视剧的主题是原著《西游记》的完整故事，而澳版电视剧的主题则围绕孙悟空本人；中版电视剧讲述的是取经的过程，而澳版电视剧聚焦的是孙悟空，即猴王的传奇故事，平添了几分神秘和奇幻。

这种主题的侧重点不同也可以通过宣传海报的设计反映出来。在背景颜色方面，中版电视剧的海报以金黄色和白色为主，在渲染了佛教金碧辉煌的圣严气氛的同时也伴随着几分天界仙境的空灵和取经任务的神圣，这与《西游记》的故事和其所代表的佛教在古代中国的广为流传紧密相关。然而，澳版电视剧海报的色调以蓝和黑为主，这些都是带有一定的鬼魅意义的色素，众所周知，西方的传说里有黑猫为凶兆的化身，而蓝色所代表的忧郁感也象征着师徒四人之行危险重重。除了颜色，四人相对位置的差异也反映了改编主题的不同。中版海报里唐僧的位置最靠前，体现尊敬师长的传统美德，并表明了唐僧在师徒四人的取经队伍里不可替代的作用，四人的位置相对一致，而前后顺序大致可以理解为大徒弟、二徒弟和三徒弟相应而排列。澳版的海报变成了孙悟空独自成为主角，位于画面的中心，并且位置显著靠前。相比之下，另外三位主角的位置几乎相同，在该改编电视剧中主要作为陪衬出场。

（2）关键情节

由于跨文化语境的影响，两个版本在情节设计上也有很大的差异，由于对比的对象只是《新美猴王传奇》的第一季，整个叙事弧并未完全展开，接下来的部分仅选取一些典型的方面进行比较。

①取经的使命。

相比国内1986年版的《西游记》对原著极大程度的忠实，澳大利亚改编的《新猴王传奇》就显得有点叛逆了，两部作品揭开故事帷幕的方式大相径庭。《新猴王传奇》中唐僧也并非受命于当朝圣上，而是在一场动乱中临危受命，为了解救诸神。本是女性的她，在其师父带回来的一位原本作为玄奘法师的人选被刺杀后，迫于无奈才被师父指定为唐三藏，接受了她的任务和命运，她明白求取当年被孙悟空分散在各地的经书这一重任的艰险。同时，她深知独自保护收集的经书也是非常艰难的任务。因此唐三藏前往五指山解救神猴，进而联合另外的两位神，猪悟能和沙悟净一同完成取经的使命。关于师徒的形象特征在角色形象建构部分会进一步描述。

②花果山的地位。

众所周知，花果山是美猴王的根据地，即便他并不是出生于花果山，但那里的一众猴子猴孙就好像他的亲人一般，有福同享，有难同当。在中版《西游记》里，孙悟空曾回到花果山数次，特别是在与师父不和的时候，花果山可以看作孙悟空心灵的港湾。但是，在《新猴王传奇》中，花果山的地位被大大削弱了，那里仅仅是孙悟空掉落经书的一个地方，并且花果山当地人会膜拜孙悟空，敬他为神，花果山已不再和孙悟空有着情感联系，显得不再那么重要。

③师徒间的不快。

中版《西游记》中唐僧和孙悟空的师徒关系出现过三次不快，并导致唐僧驱逐孙悟空离开取经队伍，其中一次是三打白骨精，而另两次均由于杀死了强盗。唐僧出身佛门自有清规，出家人当以慈悲为怀，但佛教的文化并没有在《新猴王传奇》中出现，而沙僧似乎成了孙悟空的替身。在唐僧寻找她的母亲的过程中，沙僧发现其中有些地方不对劲而劝唐僧赶紧离开，这成了她二人关系出现裂缝的导火线，唐僧驱逐沙僧，虽然最后发现沙僧其实是对的。在类似情节中沙僧替换了孙悟空成为受责备的对象，似乎是为了凸显猴王在整部剧中的地位，而唐僧的愤怒来源于寻找生母，也为整部剧增加了家庭人文气息，取代了原著中的佛教慈悲文化。

④神仙的相助。

神仙的相助在中版《西游记》中孙悟空与妖怪的多次殊死搏斗中均起到关键作用，例如在与红孩儿、金毛狮王和百目魔君的对战中，如果没有了众多神仙，如观世音菩萨和诸位星君的相助，师徒一行的取经之路不可能会那么顺利，就连孙悟空的紧箍咒也是观世音菩萨传授给唐僧的驭徒法门，但在《新猴王传奇》中，这些元素都被消除了，没有了神仙们的相助，但徒弟们的身份已经是神，在多次与妖怪的战斗中均能胜出。

（3）拍摄场景

中澳两部电视剧的拍摄场景亦完全不同，两部剧在此方面最大的差异体现在数量上。据统计，中版《西游记》的拍摄场景数量超过20个，剧组为了选取合适的拍摄地点寻遍大江南北，因而剧中出现了许多经典的剧景，如龙宫、天宫和火焰山，能在当时拍摄条件相对落后的情况下有此效果实属不易。相对而言，澳版的场景设置简单许多。虽然不同集的景色有所变化，但总体的背景是趋于一致的。例如，在前往寻找经书的路上，师徒四人大多处于一个森林之中，即便是在花果山，那里也并没有鲜花和水果，在第一季中也未见龙宫和天宫，整个拍摄过程都是在陆地完成的，并没有去到水里或者天上。

拍摄地的颜色渲染也使中版《西游记》中的正邪两派对比更加鲜明，神仙往往在光亮中出现，而妖怪总是出没在黑暗之中。然而，澳版的电视剧中拍摄场景的色调比较接近，尽管能够在其他的符号特征，例如，表情、行为、动作，构成神与恶魔的对比，但效果并不明显。中版电视剧中的壮丽和艰险的选景对比澳版，也显得澳版《新猴王传奇》的选景简单甚至简陋。

在拍摄背景的文化元素上，中版电视剧的取景类似于中国的古代——唐朝，而澳版将中国和澳大利亚的文化元素融合在一起，既有水村山郭酒旗风，又有西方的城堡类建筑，忠于原著的同时富有创意，在场景设置的文化符号上别具一格。

（4）角色形象建构

原版的《西游记》师徒一行共五人：唐僧、孙悟空、猪八戒、沙僧和白龙马。可是，《新猴王传奇》中仅保留了前四位，至少在第一季，白龙马已经消失了，剩下的三位徒弟一开始也不是妖怪，而是神，从一开始就接受凡人的朝拜。其他妖怪也不再是妖怪，而是魔鬼。接下来将分别对两部电视剧中的人物形象建构作一番探讨。

①唐僧。

中版《西游记》中的唐三藏为皇帝钦点，是一位慈悲为怀、品德高尚的僧人，为人处事谨小慎微。唐三藏是一个孤儿，在祠庙里长大，但他有普渡众生的强烈意愿，他的目标非常坚定，无论需要克服多少困难，都决心前往西天取得真经。

澳版的唐三藏却是女性，她自幼为师父所收养。一天，她的师父带回来一位法师并指定这位法师为唐三藏。可是，一个魔鬼发现了他们的住所并杀了那位法师，因此她的师父只能指定唯一生存下来的她为唐三藏。她也是比较胆小的，并且不自信，因为一开始她并不相信自己就是真正的唐三藏。但是，她很坚强，也同样具有很强的意志力，虽然不完全相信自己的能力，但她相信她的师父是对的，冥冥之中注定她会成为那个天选之人。

中版的唐僧悲天悯人，但澳版的唐僧执着于自己的目标，前者为利他主义，后者更注重个人的成就。而且，澳版的唐三藏并非真正的僧人，这使她会在剧中执着于寻找她的生母，并且会和试图伤害她的妖魔鬼怪进行殊死搏斗。

②孙悟空。

中版的《西游记》是从孙悟空由石头里诞生的故事开始的，而澳版中甚至没有石头的存在，也就是说，澳版中的孙悟空已经不再是石猴。在两个版本中，孙悟空均为男性，但中版《西游记》中的孙悟空为一只人化的猴子，无论在化妆还是动作上都配合这种人物形象的建构，可是，澳版的孙悟空是一个人，在各方面看都不像一只猴子，而是一位长相颇为英俊的青年男子。

中版的孙悟空有强大的能力，擅长72般变化，可以随时召唤筋斗云为坐骑，但澳版的孙悟空的能力要弱很多，当他从五指山下逃出时，甚至不能召唤筋斗云，需要吃药才可以变得无敌。尽管澳版的孙悟空强于凡人，但他并不像中版的神圣化。

除此之外，中版的孙悟空聪明但有时叛逆，需要紧箍咒限制他的妖性。澳版的孙悟空并没有那么聪明，叛逆的情况也很少出现，也并没有那么多般变化和技能，例如，并未见其能够吹发成兵或72般变化，而且发箍的作用除了对他有所限制，也能让他恢复神猴的身份，唤醒自身的潜能。

③猪八戒。

猪八戒在澳版电视剧中的形象也不再像中版的为一个人化的猪妖，而是一个男人，他的健壮的身材是唯一保留的接近猪的体型特征。除了外观的差异，性格上的区别也较为明显。中版猪八戒性情懒惰，好色而胆小怕事，但忠诚于师父并能及时改正错误，身上融合了人性、神性和喜剧性等多重身份。然而，澳版的猪八戒身上似乎多了许多优点，他变得勇敢和机智，甚至具有很强的领导力，因为他可以帮助鬼怪管理整个城市。他还能够悲悯地帮助世人逃脱魔鬼的伤害，并能在一开始帮助唐僧和孙悟空逃脱魔鬼的囚禁和追捕。因此，两个版本中的猪八戒是完全不同的角色形象，中版电视剧中的猪八戒的机警经过放大和神化，成了澳版的猪八戒的形象，与原著的猪八戒形象偏离明显。

④沙僧。

中版的沙僧为唐僧的第三个徒弟，其形象在三个徒弟中最接近一名僧人，黑发、浓眉大眼，外表威严而脾气温顺，在澳版剧中的沙僧形象大为不同，是一位略带朋克风的女性青年，金发、白皮肤，貌似妖怪实为天神，名字也相应改为Sandy，一个女性名字。

中版的沙僧是中庸的代表。他不如孙悟空般叛逆，也不像猪八戒般懒惰。他不会为金钱或美色所惑，却也无法具备孙悟空识别妖怪的能力。沙僧的性格具有双面性，他一方面勤劳刻苦，一方面随波逐流。然而，澳版的沙僧更加富于情感，她具备幽默感并且习惯独处，她能够质疑唐僧的决定，想法更加机智和独立。在能力方面，澳版的沙僧似乎更加强大，她具有控制水流的超能力，在西天取经途中扮演着更重要的角色。

⑤妖怪。

妖怪系统在《新猴王传奇》中也大为简化，妖魔鬼怪拥有与人类类似的相貌，并且种类大幅度减少，中版《西游记》中许多活灵活现的妖怪形象都未在澳版中出现，如白骨精、黄袍怪和牛魔王，这些妖怪个性鲜明，外形独特，令人印象深刻。相比之下，澳版的妖怪更加趋于一致，只是在造型上略有差异，并且妖怪中也有叛徒，例如，其中的一个会帮助徒弟们解救唐僧，妖怪的生命被统一成600年，许多都具有类似超人的超自然能力。

4. 多模态系统符号差异中体现的中澳文化差异

（1）权力距离（Power Distance）

如图5.1所示，中国的权力距离的值高达80，超过澳大利亚相应文化维度数值的两倍。在1986年的中版《西游记》中，唐僧是孙悟空的师父，在中国，因为较高的权力距离，师父比徒弟拥有更多的决策权和权威，可是在澳大利亚出品的《新猴王传奇》中，孙悟空才是整个故事的中心，在剧中多处显示唐僧和孙悟空的关系更多是朋友，而不是师徒关系。另外，许多象征高权力的神仙也未在《新猴王传奇》中出现，如佛祖和玉皇大帝等，孙悟空被囚禁于山下乃众神所为，而不是由一位神仙或者一道皇令使然。《新猴王传奇》中唐僧和孙悟空的师徒关系更像是一种契约精神的践行，在他接受了寻找经书的使命之后，一路保护唐僧并且不问缘由，这种做法甚至使他俩成了某种意义上的商业伙伴。如（2）关键情节中④神仙的相助所述，孙悟空在跟妖怪战斗的过程中未曾需要求助于更加高级的神仙，本身也是体现对等级制度的淡化和对平等权力的追求。在妖怪团队中分配任务时引入了金钱的概念，这也是中版《西游记》中没有的，很难想象上级对于下级的命令还需要付以相应的酬劳，但在澳大利亚的文化中这样才是正常的，这可以视为低权力距离的体现，同时也增加了不确定性规避。

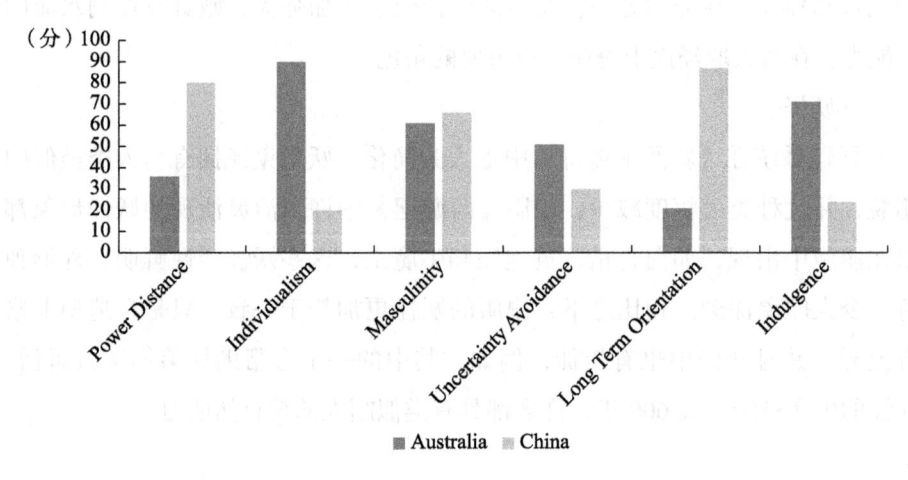

图 5.1 中澳文化对比（网页截图）❶

（2）个人主义（Individualism）

在个人主义的维度上，中国和澳大利亚的分值分别是 20 和 90。个人主义的维度在两部作品的标题上就可以得到明显的体现。《西游记》的剧名暗示着这是一个主要描述取经过程的电视剧，而《新猴王传奇》的侧重点更加放

---

❶ 数据来源：https://www.hofstede-insights.com/product/compare-countries.

在孙悟空身上，整个故事主要围绕孙悟空展开。另外，唐僧在《新猴王传奇》中还有自己的想法：寻找生母。为了自己的意愿甚至不惜冲破团队关系的束缚，这在中版《西游记》中是完全不可能发生的。《新猴王传奇》的孙悟空一开始宁愿自己寻找经书，这也是个人主义的突出表现。

（3）阳刚气质（Masculinity）

阳刚之气是指社会由效用驱动的程度。阳刚之气高分的社会很有竞争力。对于中国来说，男性的得分是 66 分，而澳大利亚是 61 分。中国和澳大利亚在这个维度中有着相似的阳刚气质，即两种文化都可理解为男性社会。在这类社会中的人渴望成功，希望为"赢家"和"该领域的专家"所定义，并做出有价值的努力。在这两个版本中，四人正在尽最大努力完成他们的使命。他们重视自己的成功。更重要的是，他们都在西游中与妖怪进行战斗。然而，澳大利亚版本在其工作中增加了一些女性气质，例如出现了女版的唐僧和沙僧。沙僧总是激励唐僧，互相帮助，虽然时常感到困惑，而且，唐僧一直鼓励猪八戒和孙悟空接受自己❶。这些情节是专为女性角色而设计的，这与两个文化在阳刚气质维度方面的对比值有密切联系。

（4）不确定性规避（Uncertainty Avoidance）

澳版的《新猴王传奇》中加入了许多更加具体的元素，也可以视为多模态影视译介的成功实践。例如，确定了经书的作用和妖怪的寿命。但是，中版《西游记》明确了在西天取经的过程中经历的九九八十一难的总数量，澳大利亚的版本并没有如此明确，这可能跟该电视剧所有季的拍摄的具体内容暂未确定有关。在取景方面，《新猴王传奇》中更加确定的景色背景，即原始森林和妖怪们的相似的形象，也给观众带来了更多的安全感，而不是在中版《西游记》中的变幻莫测的法术、千奇百怪的造型和光怪陆离的拍摄场景，这些也可以视为对不确定性更为容忍的表现。

---

❶ 李静. 21世纪以来的《西游记》电影改编研究［D］. 西安：西北大学，2017.

（5）长期取向（Long-term Orientation）

长期取向取决于人们是否为长期利益而花费时间。低分的社会往往集中在短期利益上，他们习惯于集中努力而迅速取得成绩。澳大利亚在这方面得分为 21 分。他们的目标是近期获得行动的回报。在澳大利亚版中，寻找经文可以阻止恶魔永生，而在中国版中，寻找经文是为了献给唐朝皇帝，促进佛教在大唐的传播发展，这样整个国家才能得到巨大的回报。中国是一个高度长期取向的社会。中国人愿意为利益而不懈努力，不太计较周期太长，例如一些道德和伦理可以流传千百年。中国人总是在为未来做计划。澳大利亚人往往把注意力集中在当下。澳大利亚人遵守规则，但对他们来说，确保他们的任务在此刻完成更重要。

（6）享乐主义（Indulgence）

澳大利亚是一个高度放纵的社会。这种社会的人渴望释放自己的本性，获得自由。恰恰相反，中国在这方面只得 24 分，中国是一个主张克制人性的社会，人们更可能压制他们内心的欲望，而遵循总体社会趋势。中版《西游记》本身就是一个克服自身欲念，不断提升自我的过程，从这个意义上讲，《西游记》本身就是反对享乐的[1]。然而，在澳版中增加了娱乐的概念。恶魔将翻译经文设计成一个游戏，以此吸引唐僧、猪八戒和沙僧。澳大利亚人普遍喜欢玩乐和游戏。娱乐是澳大利亚的一项基本活动，除了接受使命，在执行任务过程中的放纵也是他们的天性。

5. 结语

本章节通过应用 O'Halloran 提出的多模态影视系统符号分析框架，研究了于 1986 年在中国拍摄的《西游记》以及于 2018 年在澳大利亚拍摄的《新猴王传奇》的第一季，总结了关键情节和场景角色建构的差异，并探讨了差异中体现的中澳文化差异。研究表明，澳大利亚的拍摄团队在对《西游记》

---

[1] 林雅琴.A brief analysis of the themes of the journey to the West [J]. 海外英语, 2011 (11): 280–281.

进行影视改编的过程中加入了澳大利亚的文化元素，并因地制宜地选取了拍摄场景，使其更为当地的观众所喜闻乐见，修改幅度之大使改编作品的内容与原著相去甚远，但在场景风格的设计等方面也融合了中西文化。《新猴王传奇》中场景的重新布置可视为国学典籍"现代化重构"路径的产品，此路径在本书的其他章节中已有专门分析，不再赘述。类似的研究方法可应用于近年来不断兴起的国学影视改编作品，例如《封神榜》和《聊斋志异》等。

第二节 《木兰辞》跨文化多模态译介研究

1. 引入

花木兰替父从军是中国古典民间故事之一，《木兰辞》是中国北朝的一首民歌。据说花木兰自幼开始骑马练射箭，小时候就能熟练掌握武术。当时，中国长期受到北方游牧部落的入侵和骚扰。为了抵抗敌人，政府从全国每家每户征召男丁，作为士兵去北部边境增援驻军。因为花木兰的父亲年老体弱，她的弟弟又太小，不能从军上战场，孝顺的木兰决心把自己打扮成一个男人来代替她的父亲。花木兰十二年来在战场上非常勇敢，为保护国家安全作出了巨大贡献。战后，花木兰被皇帝传唤，并因她在战场上的出色表现而得到奖励，但她拒绝了这个奖励，并请求皇帝允许她回家。皇帝便命令花木兰的战友们护送她回家。直到她回家并穿上女孩的衣服，大家才知道花木兰女性的身份，这使她的战友们非常吃惊。他们无法想象这个在战斗中勇敢、无畏、聪明的军人竟然是女性。一千多年来，花木兰的故事激励了无数中国人，《木兰辞》被编入中学教材，改编成电影，传播海内外。

1998年，由华特迪士尼动画公司制作的电影《花木兰》在美国上映。这是迪士尼首次将中国元素作为电影的主题。据1998年世界票房的静态数据显示，《花木兰》的票房收入为1.2亿美元，全球票房为3.04亿美元，在1998年整体排名第七。这在当时引起了相当大的关注，并在美国广为人知。这个美国版由托尼·班克罗夫特执导，由他们的团队制作，他们来到中国生活半年，寻找中国元素，并在电影制作前认真学习了中国武术。《花木兰》（1998）既体现了迪士尼特色，也体现了中国风格。聘请了一大批评论家、历史学家和艺术家反复研究和调整影片的剧本、场景和造型，以保持其中国特色和原著精神。整部电影以迪士尼用美国主义加工的中国水墨画风格为特色。

在这部电影中，故事发生在隋朝。花木兰与父母和祖母生活在一个幸福和谐的家庭。她试图阻止父亲接受兵役命令，因为她担心父亲的健康。为了代替父亲履行义务，花木兰在没有通知家人的情况下离开家去军营。她不仅希望为家庭带来荣耀，而且希望实现个人成就。依靠她的毅力和耐心，克服重重困难，她成为军队的重要成员。然而，她的女性身份后来被大家发现。当她试图通知她的同伴敌人要接近部队的主力时，因为她的身份，他们不愿意相信她。尽管她不被信任，但花木兰还是帮助皇帝与战友们击退了敌人的入侵，拯救了国家。在电影的末尾，花木兰成为国家的英雄，还收获了她的真爱。

2009年，电影《花木兰》在中国上映，由赵薇主演。在中文版中，花木兰成长于一个单亲家庭，由父亲抚养长大。当她十八岁的时候，这个国家被游牧民族严重入侵。考虑到国家遭受的紧急情况，政府在全国大规模招募兵源，并把他们送到前线。花木兰无法忍受她年迈的老父亲再次去打仗，所以她代替父亲，秘密参军。凭借她的智慧和高超的武术，她被一位名叫文泰的副营长敬佩。花木兰在战场上和他并肩作战，他们成了好朋友。由于他们的出色表现，被奖励提拔为将军，并带领他们的部队一次又一次地赢得战争，这期间文泰也发现了花木兰的真实性别，并为她保守了秘密，后来文泰与花木兰坠入爱河。可惜为了维护国家稳定，身为北魏王子的文泰被安排与游牧民族的公主和亲，于是文泰与花木兰的感情结束了。

这两个版本都采用了中国传统故事——《花木兰》和不同的电影团队以风格迥异的方式展示了同一个故事，并且均在票房数据上取得巨大成功，中美的影视改编体现了不同的审美视角和价值观。本章节拟基于霍夫斯泰德文化维度理论和视觉语法理论系统探究该两个版本所体现的跨文化差异，以期为典籍多模态译介提供一定启示。霍夫斯泰德的文化维度理论已被证明可以应用于跨文化影视作品的分析中，如电影❶、电视剧❷和综艺节目❸。

2. 理论框架和方法论

（1）理论框架

霍夫斯泰德的文化维度理论为本研究的基础理论框架，由荷兰心理学家吉尔特·霍夫斯泰德提出。他认为，文化是同一环境中的人共同的思维方式，可以被用来区分不同的人群。他的研究目的是帮助不同地方的人处理思维、情感和行为模式的差异。尽管人们的心理存在一些明显的差异，但存在一定的结构，成为可以遵循并相互理解的基础。除此之外，霍夫斯泰德认为文化差异通常表现在具体的方式上。他把不同的许多形式描述为文化洋葱模型，包括符号、典型人物、仪式和价值观。符号位于表面层上，它表示单词、符号、图片或对象，涉及特定区域性，并且只能被这种区域性理解。中间层是典型的人物和仪式，它们分别象征着具有良好品质的行为模型和具有某种文化社会意义的集体活动，而价值观则是文化的核心，表明了特定情况下的普遍趋势。

1967—1973年，霍夫斯泰德对来自50个国家和3个国际地区的IBM员工进行了大规模的文化价值调查。在此基础上，他在1980年出版的《文化后果》一书中提出了四个文化维度，阐述了民族文化差异的四维模型，包括集

---

❶ 胡楠.霍夫斯泰德文化维度在中美灾难电影中的体现——以《合天》和《超强台风》为例[D].长春工业大学，2014；李日.霍夫斯泰德的文化维度理论试析中美文化差异——以电影《喜福会》为例[J].渭南师范学院学报，2018，33（14）：57-63；巨海宁，秦伟.于霍夫斯泰德维度理论的中美文化冲突和融合分析——以电影《孙子从美国来》为例[J].新西部，2019（21）：120-121，108.

❷ 聂萌萌.跨文化视角下的美印文化冲突——以电视剧《服务外包》为例[J].齐齐哈尔师范高等专科学校学报，2013（6）：90-91，116；范雅贤.《摩登家庭》中美国文化解读[J].青年文学家，2020（11）：161.

❸ 孟雨蒙.电视选秀节目的跨文化差异研究——以文化维度视角[D].广州：暨南大学，2014；程煜琳.霍夫斯泰德文化维度下的中美脱口秀幽默话语分析——以《金星秀》和《艾伦秀》为例[J].海外英语，2017（3）：186-187.

体主义与个人主义、不确定性回避、权力距离和阳刚气质和阴柔气质。后来，一位香港学者为亚洲文化长期取向与短期取向制定了第五维度，得到了霍夫斯泰德的承认。目前，这五个方面在文化差异研究和跨文化实践中发挥了重要作用，并不断得到各国、各领域学者和从业人员的支持。

具体说来，本章节运用权力距离和个体主义与集体主义这两大文化维度。个人主义与集体主义是指社会上人们关注个人利益或集体利益的倾向。从集体主义的角度看，个人期望某一群体的亲属或成员照顾他们，以换取其对集体主义社会的充分忠诚，而从个人主义的角度看，社会上的人宁愿只照顾自己和直系亲属，而忽视了社会的需要。权力距离是指社会上对权力分配不均的接受程度。在高权力距离的社会里，组织或家庭表现出对高权力距离的较高容忍度，这意味着等级秩序、权力的集中化和严格的监督是可以接受的，且特权和地位的象征是普遍的，下级需要听从上级的指示。在反对派中，在权力距离小的社会里，人们努力使权力分配均等，并要求为权力不平等辩护。相比之下，低权力距离社会成员认为，个人在组织内只有不同的分工，没有地位高低。

除了霍夫斯泰德的文化维度的主要理论框架，本章还结合基于社会符号理论的多模态话语分析理论。多模态话语分析的其中一个理论源泉是韩礼德的系统功能语言学。世界著名语言学家韩礼德建立了系统功能语法，为话语分析提供了较为科学的理论框架。语言系统中有三种元功能，即概念功能、人际功能和文本功能，可以用于口头或书面话语分析[1]。除此之外，系统功能语言学还应用于其他媒介，如视觉图像、声音、印刷风格、建筑设计、人体运动、电子媒体和电影。Kress 和 Van Leeuwen[2] 基于系统功能语言学的三个元功能分析了视觉语言，提出了视觉语法的分析框架，该理论将多模态意义分为表征意义、交互意义和组合意义，与系统功能语言学的三个元功能相对应。

---

[1] HALLIDAY M A K. An introduction to functional grammar (2nd edition)[M]. London: Arnold, 1994.

[2] KRESS G, VAN LEEUWEN T. Reading images: The grammar of visual design[M]. New York: Routledge, 2006.

（2）研究方法

本章采用定性文本分析，以霍夫斯泰德的文化维度理论为理论框架，分析了中美文化差异。除此之外，数据是从两部电影——《花木兰》(1998)和《花木兰》(2009)中收集的，其中代表镜头和语言为基于多模态话语理论框架的分析对象，研究的理论框架有两个，其中霍夫斯泰德的文化维度用于研究图像和字幕组合中体现的文化差异，社会符号学的理论框架探讨电影的截图案例和字幕中的符号学意义。

为了确保研究结果具有较高可靠性，本研究拟定了如下分析步骤。首先，从霍夫斯泰德的文化维度理论角度对材料进行分析，具体从集体主义与个人主义和权力距离两个跨文化维度进行。其次，利用社会符号分析的方法，对电影中反映的文化差异进行定性分析。通过描述和分析两部电影和《木兰辞》原著故事的差异，揭示中美文化存在的差异。

3. 基于符号学分析的两部电影中的跨文化差异

（1）权力距离

互动意义，与系统功能语言学的人际功能相对应，是指被描绘者与观众之间的关系，它由模式、接触、态度和社会距离等系统构建。社会距离是通过角色在特写镜头、中景或远景等实现的[1]，呈现了角色与读者之间的不同社会关系。紧密的社会距离是由人物的近距离表现所创造的，而更遥远的社会关系则通过人物的"远景"呈现来表现。换句话说，特写与中景等近距离拍摄，使观众感觉接近角色，而远景使观众感觉远离镜头描绘的对象。态度包括介入和权位。权位用于呈现观众与被描绘者之间的关系，这可以通过不同的视角实现。垂直角度是视觉符号化中力量的实现：观众所期待的具有力量或权威，而根据视觉图像语法，从上往下看的视角往往显示出影片中角色的软弱或脆弱。

---

[1] KRESS G, VAN LEEUWEN T. Reading images: The grammar of visual design[M]. New York: Routledge, 2006: 124.

迪士尼的动画电影，战后皇帝叫木兰来觐见的电影画面中，皇帝奖励木兰在战场上的出色表现，但木兰拒绝了，要求回家照顾她年迈的父亲。图像的交互意义主要由社会距离和权力系统构建。该电影中的皇帝和花木兰主要以半长描写为主，比较"特写"，具有更高的集中程度，皇帝是出现在楼梯顶部的关键人物与两行警卫士兵站在宫殿大厅前的楼梯，通过隐喻促成了观众与人物之间密切的个人关系的形成。相比之下，国内的木兰电影相应场景的画面显示从下到上的远景镜头，这创造了一个宏伟的氛围。通过皇帝和花木兰的远景，观众与人物之间形成了一种距离性的个人关系。尺寸大小也有所不同，观众会觉得迪士尼的皇帝比国内版本中的皇帝更让人亲近。实际上，它意味着在两个版本的电影中，以权力距离为代表的文化意义是非常不同的。在迪士尼拍摄的动画中，花木兰与皇帝交谈，直接站起来面对皇帝，皇帝向花木兰鞠躬，以此感谢她为国家作出的贡献，这在中国古代是从未发生过的。而国内版本中的木兰向皇帝下跪，恳求皇帝允许她回家照顾父亲时，与皇帝没有眼神交流。臣子向皇帝下跪，这是在中国古代的官员必须遵守的礼仪。值得注意的是，这两部电影中皇帝和花木兰的亲密关系大相径庭。然而，缺乏亲密关系导致人物的人际关系的疏远，标志着中国古代典型的君主主体关系。此外，从垂直角度看，观众也需要仰视皇帝，这暗示了观众的软弱姿态和统治者绝对的支配地位。相比之下，迪士尼电影中的视角改编为平视，创造了一个水平角度，使字符和观众之间达到平衡，显示在美国较低的权力距离文化。

组合意义是指图像的整体构造，即富有表现力的和互动的元素相互关联、组合在一起的方式。组合意义可以通过构图、信息价值和显著性实现。显著性是指组成元素吸引观众注意的程度。它可以通过前景或背景的对比、大小和清晰度的差异等来构造。信息值通过放置所描绘的元素（顶部或底部、中心或边距以及左侧或右侧）来表示。与边距构成相比，放置在中心的元素是图像中更重要的部分。两部电影用不同的方式诠释了同一场景，通过信息价值和显著性来表现其构成意义。

迪士尼版本中花木兰不顾指挥官劝阻，抢走火器，瞄准雪山顶，制造雪崩，打败敌人。该场景中的第一个镜头显示了一把木兰手中持有的剑反射出的雪山，传达了木兰想出防御敌人的新想法的重要信息。在第三个镜头里，花木兰的上级试图阻止她的擅自行动。第四个镜头中的火器位于正中央，表示木兰用她自己的方式对付敌人。这三个突出因素吸引了观众的注意，让观众了解当时的情形。第二个镜头是用中心边缘的组合制作的。木兰和她的上司在中心，他们的同伴在边缘。显然，他们的面部表情表明，木兰的所作所为让他们大吃一惊。有了它，观众可以更好地了解为什么上级试图阻止木兰。木兰无视上级的命令，不经任何许可就采取行动，这意味着下属和上级之间的关系在该电影动画中处于低权力距离。

在国内的版本中，花木兰抓住了敌人的总司令，但她却出于同情迟迟不杀死他。然而，她的上级命令她立即杀死他，花木兰不愿意这样做，但她别无选择，只能服从上级的命令。第一个镜头也是用中间边缘组合制作的。在镜头中心，木兰向敌人的将军挥动剑，展现了木兰在战斗中勇敢无畏的形象。紧接着的三个镜头具有显著性特征。第二和第三个镜头中的上级的面部表情是显著的，因为其拍摄手法是近距离抓拍他的脸。两个镜头都显示了他的自信和强硬态度。他命令木兰杀死敌将。在最后一个镜头中，花木兰是显著的人物，她的面部表情表达了她的痛苦。它告诉观众，她不愿意结束人的生命，但她必须这样做，服从上级的军事命令。

以上场景显示了花木兰在战场上的表现。在迪士尼版本中，花木兰没有经过她上级的任何指示，从她的同伴手中抢走了火器，她设法引发雪崩，用雪崩打败敌人。花木兰的上司试图阻止她前进，因为他没下达过任何命令，也未被花木兰告知她的下一步行动。然而，花木兰无视他的劝阻，采取自己的主观计划，这是完全不同的。在国内的电影中，花木兰被命令杀死俘虏的敌人首领，即使她不愿意，但是必须遵守战场上最重要的规则——无条件地服从指挥官的命令。

两部电影中的关于执行命令的对比场景展现了对上级命令的不同态度，即对权力分配不均的可接受性程度不同。在权力距离高的地方，一国的社会群体或组织中权力较低的社会成员不会违反上级的命令或指示。在长期实行封建官僚主义和儒家思想的影响下，社会等级制度在中国社会更容易被接受，权力关系在日常生活、交流和工作中起着至关重要的作用。在不同的文化环境里，人们根据不同的权力距离来调整自己的行为。

（2）集体主义和个人主义

表征意义是指所表征的对象和符号类型的描述方式。它可以通过概念过程或叙事过程实现。叙事过程呈现图像中发生的事件、发展过程和临时的空间安排，可以通过不同的过程类型（动作过程、反应过程、言语和心理过程）、媒介、代表参与者和现象说明。反应过程可以通过眼线作为图像中的矢量实现，即代表参与者凝视的方向❶。反应过程包括两个重要的因素——反应者和现象。反应者是指正在观察或观察图像中发生的情况的具有代表性的参与者，这些现象意味着反应者觉察到什么。言语和心理过程涉及图像中的人物所表达和思考的内容。在迪士尼动画片中，花木兰看着镜里的自己自言自语。在女性身份被发现后，花木兰沉浸在自我怀疑的情感中，因为她的同伴怀疑她在战场上与他们作战的能力。她正在自言自语，承认她有所成就光宗耀祖。她在镜子里的焦虑表情表明，因身份和自我价值问题自己随时会处于危机当中。具体地说，这是由同伴的不信任和她渴望得到认可之间的矛盾造成的。然而，在国内的版本中，花木兰设法潜入公主的房间，向公主讲述了她的想法。花木兰尽力说服公主帮助自己拯救他们的国家，希望公主取代弑君篡位的弟弟，成为新的柔然领袖。国内版本的视觉符号特征是感知过程。木兰正在和公主谈话，直接看着她，由花木兰的眼线形成的矢量指向公主。木兰用平静的面部行为过程和真诚的眼神告诉公主，她因为孝道替父从军，拯救国家于危难之中，而不是为了自己。她用坚定的神态表达了保家卫国的决心。

两部电影中的心理过程和感知过程向观众建构了花木兰的不同的形象，使他们了解了不同文化中花木兰的形象差异。两部电影的花木兰都是孝道爱

---

❶ KRESS G, VAN LEEUWEN T. Reading images: The grammar of visual design [M]. New York: Routledge, 2006: 67.

国的，但对个人价值观的态度是不同的。中国电影中的花木兰表达了她的想法，即她与自我野心没有任何关系，而是她决心捍卫祖国，而美国电影中的花木兰更关心她的自我实现，想做些事情来证明自己。这种差异背后的价值观动因是集体主义与个人主义。迪士尼版本的花木兰追求自我终极的生命意义，体现了美国人更加追求自我价值的实现，希望能够通过证明自己的能力而获得成就感。然而，国内电影中的花木兰愿意付出一切甚至她的生命来保卫她的祖国。她为了实现国家的目标可以牺牲自己的幸福。中国是一个集体主义国家，强调个人对集体和社会的价值，个人自我价值的实现也来自社会的认可。

总体来说，两部电影中李翔/文泰和木兰最后相聚的场景通过信息值的显著性与左右组合来构造构图意义。根据视觉语法，图像左侧的元素与右侧的元素具有不同的信息值。在左侧，有观众已经知道的给定信息，而右侧有新的信息，邀请观众密切参与。

在迪士尼动画中，皇帝鼓励李翔主动追求木兰，李翔和花木兰有一个快乐的结局。该场景的前三个镜头由左右构图制作。在第一个镜头里，皇帝在左边，李翔在右边。花木兰骑马离开后，他们正在互相交谈，向观众展示具体的信息。皇帝是给定的信息，而李翔是新的信息。在迪士尼版本的情节中李翔的出现吸引了观众的注意。皇帝对李翔说，"这么好的女孩可不是每天都有"，暗示李翔要毫不犹豫地向木兰表达感情。第二和第三个镜头也是同一构图结构。花木兰邀请李翔留下来吃饭，另一个声音来自她奶奶，询问他是否想永远留下来，这实际上反映了花木兰对李翔的爱。在最后的拍摄中，祖先在前景的化身是图像中最显著的部分，他欣喜地看着花家族。构图的特点是花木兰和李翔相恋相爱，他们的爱是得到整个家族的祝福的。他们两个都勇敢地去寻找自己的幸福。

国内版本电影的结局是有点令人遗憾的。花木兰和文泰即使彼此相爱也不能在一起，因为文泰被皇帝安排为了政治目的而迎娶柔然公主。在第一个镜头中，皇帝在整个画面的中心，木兰和文泰站在皇帝面前，从垂直角度看，这标志着皇帝是权力中心。当皇帝说出皇子文泰将迎娶柔然公主，意味着花木兰和文泰被迫牺牲自己的爱情，以成全这种政治婚姻。国内版本的第二个镜头是叙述过程的反应过程。花木兰苦恼的面部表情与行为动作显示了她的不情愿。文泰试图说服她离开祖国去追求自己的幸福，但花木兰关心国家的安全，她愿意为国家的和平牺牲自己。第三个镜头是特写镜头，他们互相拥抱，花木兰流泪是最显著的部分。最后一个镜头是用左右组合制作的，其中文泰在左边，木兰为右边背景。木兰在他离开后凝视着，他们渐渐疏远了。他们沮丧的面部表情表明应以国家的边境安全为重，儿女情长在当时的情境下是次要的考虑。

两部电影中花木兰的爱情的不同结局反映了个人权利的不同价值取向。《花木兰》（2009）充分展示了集体主义精神。战后，她放弃了皇帝的奖赏，放弃了对文泰的爱，这是中国传统民族精神：淡泊名利、无私奉献、为国家利益服务的真实写照。国内版本的电影向观众传达，当个人幸福与国家利益发生冲突时，毫不犹豫地选择后者是更高贵和有价值的。相比之下，个人主义在美国电影中是无所不在的。花木兰在迪士尼电影中不断追求自我价值和爱，这更符合美国追逐个人利益的文化倾向。

4. 结语

《木兰辞》是中外典籍多模态翻译热烈追捧的对象，通过对比中美由《木兰辞》改编的影视作品，可以发现，不同的人物和情节设置来源于中美两国基于霍夫斯泰德文化维度的文化差异。通过从集体主义与个人主义、权力距离两个维度切入，分析中美文化，运用社会符号分析，为观众提供了更好的欣赏视角，有助于更深刻理解国学经典的海外译介实践。通过社会符号化分析电影中的文化差异，可以更好地了解中美两国的文化差异，有利于其他典籍作品的阅读，避免一些可能发生的文化冲突，促进文化交流。

本章小结

近现代以来，文化影视对外交流的总体趋势一直是西方流入我国为主，我国流向西方的势头较弱。随着我国综合国力的提升，这种局面有望得到根本性转变,在跨文化影视译介中如何讲好中国故事,做好国学经典的多模态翻译,是值得深思和探讨的。本章通过两个生动的例子表明,国学经典中也存在西方世界喜闻乐见的文化典藏。这些中国传统文化故事在对外传播的过程中,不可避免地面临跨文化壁垒以及如何巧妙地通过多模态翻译去适应和容纳跨文化差异的问题,《西游记》和《花木兰》的案例,是众多例子中成功的典范。

第六章　国学典籍翻译的创造性转化路径探索

> 半亩方塘一鉴开，天光云影共徘徊。
> 问渠那得清如许，为有源头活水来。
>
> ——朱熹《观书有感》

部分单模态文本内嵌多模态元素，广义的典籍多模态翻译应涵盖传统典籍译学理论，因此，本章通过探讨著名翻译家王宏印教授的学术思想，寻求典籍翻译的创造性转化路径，并探索武侠网络文学的典籍翻译新形式，通过挖掘与分析海外读者的反馈，可以找到海外市场对典籍作品接受的切入点，以准确确立典籍多模态翻译日后的发展方向。

第一节　国学典籍翻译思想的源与流：以王宏印翻译学术思想为例

1. 引言

我国国学典籍翻译思想成果颇丰，以许渊冲、汪榕培和王宏印等为代表的一代典籍翻译大师，在实践和理论上为国学典籍翻译作出重大贡献，国学典籍多模态翻译思想研究可以创造性地借鉴传统典籍翻译思想的演化过程逐步展开，本章节拟以王宏印翻译学术思想为例，系统探讨其译学思想。王宏印（1953—2019）生前是南开大学外国语学院教授，博士生导师，翻译研究中心主任，博士后流动站站长，翻译学科带头人，兼任中国文化典籍翻译研究会会长，中国英汉语比较研究会副会长等。王宏印先生既是学者、诗人，又是知名的中外文化典籍翻译专家，著述译作等身，带出了博士23名、博士后3名和一批硕士。据梁高燕统计，王宏印一生潜心于翻译研究与实践，发表论文134篇，出版学术专著、译著、教材、编著及丛书83部，并有原创诗歌、散文、小说和剧作发表，已出版学术研究成果共计2000多万字，未出版学术成果共计90多万字[1]。王宏印长期从事翻译研究与教学，乐育桃李，笔耕不辍，培养出一批民族典籍翻译研究事业的接班人，其事迹载入《中国社会科学家大辞典》（英文版）、《中国教育专家名典》（国际版）和《中国翻译大辞典》等，获得由中国翻译协会授予的"资深翻译家"荣誉称号[2]。王宏印先生虽与世长辞，驾鹤仙游，但他的学术光芒将永耀于世，值得后辈学人传承光大。为缅怀王宏印教授为我国翻译学事业发展所作出的巨大贡献，传承王宏印学术思想，本章节收集知网上王宏印教授所发表的全部与翻译有关的论文、栏目序言、书评和访谈等文章，以可视化综合分析法（synthesis）对其一生的译学探索源流进行全面系统的计量化梳理，以期从一个侧面更加系统深入了解王宏印教授的译学思想。本章节拟回答以下几个问题：

①王宏印教授的译学思想基本特征是什么？
②王宏印教授的研究发展脉络如何？
③王宏印教授的主要学术贡献是什么？

---

[1] 梁高燕. 王宏印先生学术研究成果和文学创作成果目录——深切怀念恩师王宏印教授 [Z]. 2019-12-31.
[2] 蓝芳. "资深翻译家"王宏印：文海漫游 播种真知 [EB/OL]. (2020-01-13)[2020-08-17]. http://news.nankai.edu.cn/ywsd/system/2020/01/13/030037351.shtml.

2. 研究方法

传统的文献综述方法抓大放小，有时"只见森林，不见树木"，而近几年兴起的可视化文献计量方法又只见数据，难以深入洞察文献内容。本研究采取综合分析法（synthesis）❶，避免以上两种方法的缺点。首先，按照一定的标准，穷尽搜索所有文献数据，文献搜索工具为 Note Express。然后，针对文献的基本特征进行标注，并在仔细研读和分析文献内容之后，根据研究特点进一步拟定标注内容。最后，基于文献手动标注分类对文献进行内容分析，总结出整个研究领域的概貌。

本章节拟从知网数据库上能检索到的论文这一侧面去回答研究问题，虽然不够全面，但也是一种可量化分析视角。研究工具是 Excel，全手动标注。截至 2020 年 8 月 17 日，以"王宏印"为关键词搜索作者，在知网上初步收集到 102 篇文章，去除与翻译研究无关的论文，最后得到论文 68 篇。根据"中外文化典籍专家"这一评论，设计了"文本类型""民族""翻译方向""研究主题"四个方面进行标注。其中"文本类型"包括"散文""诗歌"等。"民族"包括"汉族""彝族"等。"翻译方向"包括"英译""汉译"等。"研究主题"根据论文关键词进行归纳。如果论文在这四个方面都没有特殊说明或者特殊的聚焦点，统一标注为"N/A"。

3. 文献基本特征

（1）王宏印翻译研究论文发文量

从图 6.1 可见，王宏印于 1996 年发表第一篇与诗歌翻译有关的论文❷，之后从 2002 年开始笔耕不辍，每年均保持 2 篇以上的发文量。同时，王宏印的

---

❶ XUAN W, CHEN S. A synthesis of research on grammatical metaphor: meta-data and content analysis [J]. Word, 2019, 65（4）: 213-233; XUAN W, CHEN S. Taking stock of accumulated knowledge in projection studies from systemic functional linguistics: A research synthesis [J]. Functional Linguistics, 2020（7）: 1.

❷ 王宏印. 意象、节奏、韵律——兼论诗的可译与不可译 [J]. 外语教学, 1996（2）: 84-87.

翻译研究有一定的周期性，2006年、2012年、2015年和2019年是发文高峰期，达到6篇。

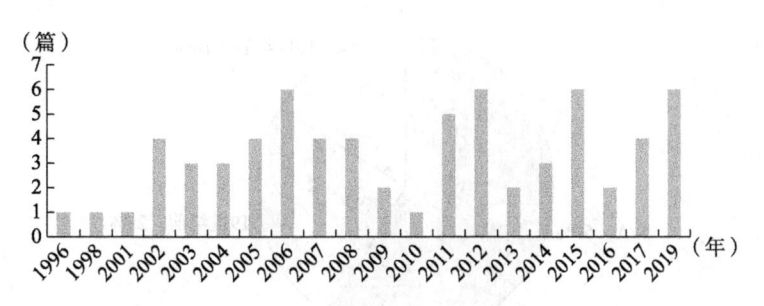

图 6.1　翻译研究论文发文量

(2) 研究文本类型

如图 6.2 所示，46% 的翻译研究没有具体针对文本类型，更多是对普通翻译理论的思考。而在具体文本类型翻译研究中，关注最多的是诗歌翻译（19%），其次是小说（12%）、长诗（9%）、经典著作（7%），戏剧（3%）和散文（3%）也有所关照。王宏印本是诗人，自然对诗文翻译（包括诗歌、民歌、长诗、诗词、史诗等）情有独钟，可谓是典型的诗人翻译家。

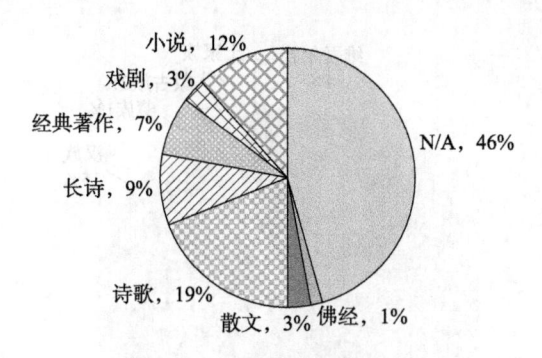

图 6.2　翻译研究的文本类型

(3) 翻译研究对象的文本年代

如图 6.3 所示本部分统计了上述翻译研究文本的写作年代，以 19 世纪为划分点，发现 25% 的文本属于 19 世纪前，16% 的文本属于 19 世纪后。因此，王宏印的翻译研究更加倾向于典籍古本，但是对于当代文本翻译也给予了极大关注，因此说他是"典籍翻译专家"仍然不够全面，他对当代文学翻译的研究也是非常广泛深入的。

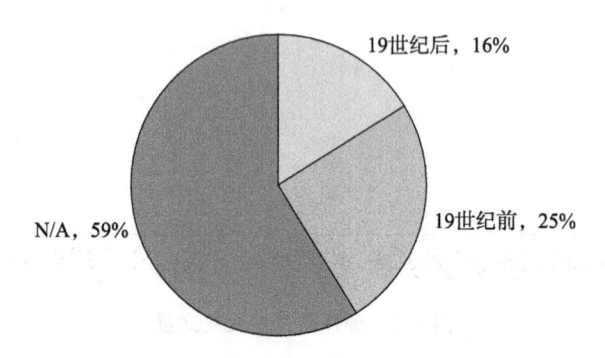

图 6.3　翻译研究对象的文本年代

（4）翻译文本所属民族

图 6.4 为王宏印翻译研究的文本所属民族分布图。如图 6.4 所示，15%的研究关照汉族文本，76%的研究并未具体关注某个特定民族。值得注意的是，王宏印对我国一些少数民族的文学研究有一定的兴趣，包括维吾尔族（4%）、土家族（2%）、蒙古族（2%）和藏族（1%）。可见，王宏印在推动我

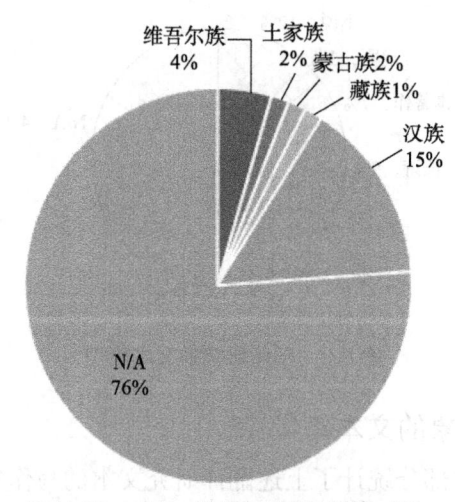

图 6.4　翻译研究的文本所属民族

国多民族翻译事业上作出了杰出贡献,其扛鼎之作是他编著的国家出版基金项目成果——五卷本"中华民族典籍翻译研究"丛书(2016),填补了民族典籍翻译研究领域的空白,这正如王晓农总结的那样,王宏印"继承中国近代学术传统,推进民族典籍翻译研究……民族典籍翻译理论、批评与实践并举,推进学科建设……以人类学翻译学观照民族典籍翻译研究,以引领学科发展"❶。

(5) 翻译方向

如图 6.5 所示,王宏印的翻译研究大多聚焦英译(25%),即重点观照如何助推中华各族文化走出去。另外有 10% 的研究聚焦于汉译。12% 的研究聚焦于多向翻译,多向翻译是指英汉互译、民汉互译、回译、自译等现象。

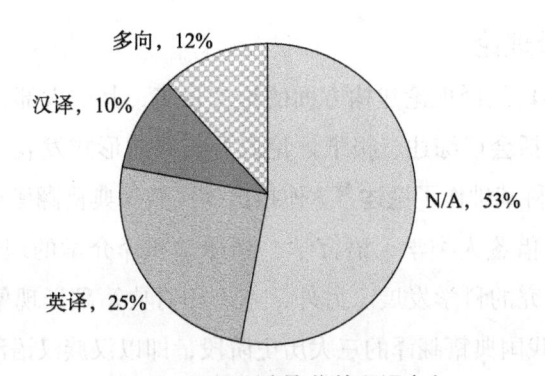

图 6.5　翻译研究聚焦的翻译方向

4. 研究主题

通过对文献的关键词、摘要和具体论述,以下从王宏印的 68 篇翻译研究论文归纳出具有代表性的不包括其他分类的 8 个研究主题,包括:典籍翻译理论、译介研究、翻译批评、翻译策略、传统译论、翻译学科建设、翻译家研究和翻译笔法。其研究分布情况见图 6.6。下面依分布大小排序综述各个研究主题的主要学术贡献。

---

❶ 王晓农. 朝向民族典籍翻译多元共生、色彩斑斓的图景——《中华民族典籍翻译研究概论》述评[J]. 民族翻译,2016(3):85-90.

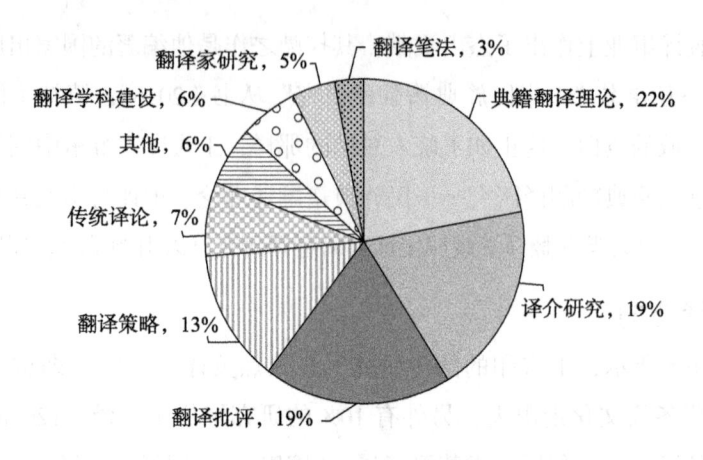

图 6.6　翻译研究 8 大核心议题分布情况

（1）典籍翻译理论

王宏印在典籍翻译理论建构方面的论文最多，其中大部分通过研究论文形式发表，也包括会议综述、报纸评论以及访谈的形式发表。首先，王宏印对典籍翻译的学科基础作了论述❶。他指出（民族）典籍翻译具有跨学科研究特性，至少可以借鉴人类学、语言学、翻译学和译介学的理论和研究方法，推动典籍翻译研究的科学发展。另外，王宏印对典籍翻译现象作了本体论思考❷。他归纳出我国典籍翻译的三大历史阶段，即以汉族汉语汉字和汉文化为基点的奠基时期、以少数民族语言文字和民族文化为特点的扩张时期以及以海外汉学为代表的晚近外传时期。由此形成了我族中心主义、多族共和主义及世界主义三个境界。另外，他也敏锐地指出我国典籍翻译研究需要攻克的四大难题，即时间时代落差、文明文化落差、文本文学落差和翻译传播落差。

---

❶ 王宏印．典籍翻译，任重道远关于中国文化典籍翻译的问题与思考［C］// 中国英汉语比较研究会（China Association for Comparative Studies of English and Chinese（CACSEC））．中国英汉语比较研究会第十次全国学术研讨会暨 2012 英汉语比较与翻译研究国际学术研讨会会议日程和摘要汇编．中国英汉语比较研究会，清华大学翻译与跨学科研究中心，2012：145；王宏印．民族典籍翻译研究的学科基础与发展目标［J］．广西民族大学学报（哲学社会科学版），2014（4）：2-6；王宏印．多元共生，稳定发展，共同繁荣——关于我国民族典籍翻译的学科归属与文化资源的利用［J］．民族翻译，2019（1）：7-15.

❷ 王宏印．中华民族文化典籍与翻译研究——"四大落差"及思考基点（中）[J]．民族翻译，2017（1）：11-19；王宏印．中华民族文化典籍与翻译研究——"四大落差"及思考基点（下）[J]．民族翻译，2017（2）：5-10.

王宏印的典籍翻译理论为后继学者认清典籍翻译的现象本质、学科性质以及研究发展方向奠定了坚实基础。

（2）译介研究

王宏印关心我国各民族经典文化的传播，指导学生从事各民族翻译研究，代表性的研究包括蒙古族的《蒙古秘史》❶，维吾尔族的《福乐智慧》❷以及藏族和蒙古族的《格萨尔》❸。这些研究大多从远古文本的历史发展与传播入手，考察域内外翻译成果，涉及民译与汉译、外译与英译等多种文本和多种翻译，勾勒出传播路径与多译本之间的联系，为后继学者展示了如何打破汉族书面文学翻译传播研究的单一模式，是民族翻译研究的实践范本。王宏印在民族翻译理论和实践上开拓创新，先后编著出版了"民族典籍翻译研究丛书"（2010）和"中华民族典籍翻译研究"（2016）两部开拓性的民族翻译研究系列丛书，是国内民族典籍翻译研究的领军学者。中华民族是一个多元共生的民族大家庭，拥有着数千年的灿烂文化，对外文化的传播需要翻译开路，王宏印的研究对于"一带一路"倡议背景下民族文化的对外传播具有重要意义。

另外，王宏印特别提出"无本回译"这种特殊的译介传播现象❹。"无本回译"是指一些作家用异语创作，又回译为母语的情况（如《京华烟云》《大唐狄公案》）。这种特殊现象为翻译的本质提出新的问题，如创作与翻译的趋同、归化与异化的融合、不可译命题的淡化。"无本回译"为普通翻译学理论建构提供了一个全新的思考方向。

（3）翻译批评

翻译批评研究主要包括两块：翻译批评实践和翻译批评理论建构。王宏

---

❶ 王宏印，邢力.追寻远逝的草原记忆：《蒙古秘史》的复原、转译及传播研究［J］.中国翻译，2006（6）：24-29.

❷ 李宁，王宏印.《福乐智慧》英译本特点评析［J］.民族文学研究，2006（2）：171-176.

❸ 王宏印，王治国.集体记忆的千年传唱：藏蒙史诗《格萨尔》的翻译与传播研究［J］.中国翻译，2011（2）：16-22，95.

❹ 王宏印.从"异语写作"到"无本回译"——关于创作与翻译的理论思考［J］.上海翻译，2015（3）：1-9；王宏印.朝向一种普遍翻译理论的"无本回译"再论——以《大唐狄公案》等为例［J］.上海翻译，2016（1）：1-9，93.

印在诗歌翻译、典籍翻译与散文翻译方面都有扎实的鉴赏能力。其中散文著作的英译汉鉴赏居多，如夏济安译爱默生《论美》赏析❶。王先生的翻译赏析既有文学背景分析、译者分析，也有细致入微的语言转换和处理的点评，还有对文本类型翻译的总体理论观察和感悟，理论和实践功力深厚。

在丰富的翻译批评实践基础之上，王宏印致力于翻译批评理论建构，较早地提出了翻译批评的六条标准❷：

①译文体制是否与原文体制相一致而且合适；
②译文是否像原诗一样具有诗味而且有可读性；
③译文是否具有译入语应当具有的文学语言特色；
④译文是否体现译入语（或译出语）的文化特色而且和谐一致；
⑤译文在思想内容上是否符合原作的创作倾向；
⑥译文的表现风格是否与原作属于同一类型。

他还提出翻译批评需要注意文化态势、互动方式、介入机制等跨文化背景变量❸，拓展了翻译批评的疆域。

（4）翻译策略

王宏印为诗歌、戏曲、小说、经典著作、散文等都提出了切实可行的翻译策略。诗歌方面，先生主要探讨其可译性❹和人称翻译处理问题❺。小说散文翻译方面，王宏印主要探讨艺术与韵味的再现问题❻，对艺术和修辞的再现特别关注。对于诗歌的可译性问题，王宏印指出诗的意象是实用意义和所指意义的结合，无意象则不成诗，因此不可译是指语言内部的意义，而可译是指

---

❶ 王宏印.知识与力量：散文的思辨——刘炳善译德·昆西《知识的文学与力量的文学》（节选）赏析[J].东方翻译，2012（4）：75-85.

❷ 王宏印.参古定法，望今制奇——探询文学翻译批评的评判标准[J].天津外国语学院学报，2002（3）：1-5.

❸ 王宏印.试论文学翻译批评的背景变量[J].中国翻译，2004（2）：36-39.

❹ 王宏印.意象、节奏、韵律——兼论诗的可译与不可译[J].外语教学，1996（2）：84-87.

❺ 王宏印.如将不尽，以古为新——试论《诗品》今译和英译的人称变换[J].四川外语学院学报，2001（6）：79-81.

❻ 王宏印.《红楼梦》回目辞趣两种英译的比较研究[J].外语与外语教学，2002（1）：54-57；王宏印.试论文学翻译批评的背景变量[J].中国翻译，2004（2）：36-39.

译者通过再造想象，绕开不可译的语言，将原诗的视觉意象重新"准确、鲜明、完整地表达出来"。对于散文小说中的艺术，王宏印指出译者应该利用原文和译文本身特点再现艺术效果❶。

（5）传统译论

王宏印注重从中国的传统译论中汲取养分，构建具有中国特色的翻译理论话语体系❷。他始终认为，中国传统翻译理论的发展与出路问题，是关系到中国翻译学建设的根本问题。王宏印鼓励中西译论的融合创新，并提出三条具体的路径。

①以西方现代译学和哲学的框架为参照框架，清理中国传统译论中的相关问题，从中寻找有价值的相关论题，加以理论阐释，使之条理化和明晰化，以便形成和国际译界对话的资格和条件。

②把中国传统译论中最有价值和特色的理论加以整理，进行提炼加工，主要是在原理基础上增加演绎系统和合理的逻辑推演，使其具有现代译论的明晰性特征和生机勃勃的时代精神，或者成为现代译论的一部分。

③从中国传统译论或者文论中吸取可用的概念，对西方现代译论中相关问题进行阐释，发掘其中的隐秘意义，以便形成中西文化资源上的最佳结合。

王宏印把严复的"信达雅"视为基于"中国传统的写作理论"的"小型翻译理论"❸。他在考证分析中总结道："严复的'信达雅'在论述上不限于翻译标准，甚至涉及翻译方法、翻译过程，以及可能的翻译效果，可以算得上一个小小的翻译理论体系……对严复的'信达雅'一概否定还是盲目追随，甚至在理论上还是无限拔高，或不屑一顾，都是极端的观点，在实践上是有害的，在理论上则是幼稚的……'信达雅'是一个整体，有自己的结构方式和完整的意义，并有比较明晰的经验映射层面。说它把一（信）分成三（信达

---

❶ 王宏印.《红楼梦》回目辞趣两种英译的比较研究[J].外语与外语教学，2002（1）：54-57.

❷ 王宏印.融通中西译论，革新中国译学[J].中国外语，2008（6）：33-36；王宏印.中国传统译论研究与翻译学建设十大问题[J].民族翻译，2008（1）：18-27.

❸ 王宏印.中国传统译论经典诠释——从道安到傅雷[M].武汉：湖北教育出版社，2003：25-116.

雅），或者主张把三（信达雅）归为一（信），都是不符合严氏的原义的，也是违反科学研究方法的。"这一总结论断客观公允，符合整体论观点，说服力强。

（6）翻译学科建设

对于翻译学科建设，如何培养翻译研究人才，王宏印也做了许多重要思考❶。作为资深翻译家，王宏印特别注重翻译理论和实际的结合，认为"从翻译实践到翻译评论到翻译理论是一个连续的不断升华的过程，其中具有阶段性和层次性，但不能完全割断"❷。无论是翻译评论、翻译实践还是翻译理论建设，应看到理论的较低层面和理论的较高层面的反思，反思是否合理规范，关涉到翻译学建设的科学化和学科化两个问题。另外，王宏印强调翻译研究人才的培养要注重规范性和创新性，而学术创新应建立在学术规范的基础之上❸。

（7）翻译家研究与翻译笔法

王宏印除了是翻译家之外，还是诗人和作家，其艺术造诣深厚，对诗人创作型的译者情有独钟，他为著名诗人翻译家查良铮（笔名穆旦）专门写了纪念文章，介绍他的艺术观点和翻译理论❹；另外，王宏印还专门发表文章纪念当代典籍翻译大家、著名翻译理论家和教育家汪榕培❺，由此可见他对理论与实践并重之大家的尊崇，并身体力行，矢志笃行，的确是我们后辈学者译者的学习楷模。

值得注意的是，出于对译者主体性、译者风格的关注，王宏印创新性地提出了"翻译笔法"的概念❻。他认为书法、绘画、写作都有笔法，那么翻译

---

❶ 王宏印．探索典籍翻译及其翻译理论的教学与研究规律［J］．中国翻译，2003（3）：48-49；王宏印．学术规范内的发现创新——翻译专业博士生培养的主导理念与规范做法［J］．中国外语，2007（3）：24-27．

❷ 王宏印．翻译学建设中理论与实践的关系之我见［J］．上海科技翻译，2003（1）：9．

❸ 王宏印．学术规范内的发现创新——翻译专业博士生培养的主导理念与规范做法［J］．中国外语，2007（3）：24-27．

❹ 王宏印．不屈的诗魂，不朽的译笔——纪念诗人翻译家查良铮逝世三十周年［J］．中国翻译，2007（4）：32-36，94．

❺ 王宏印．典籍翻译与学问师承［J］．沈阳师范大学学报（社会科学版），2019（2）：20-27．

❻ 王宏印，邢力．追寻远逝的草原记忆：《蒙古秘史》的复原、转译及传播研究［J］．中国翻译，2006（6）：24-29．

理应也有笔法。翻译笔法是超越所谓直译或者意译翻译技巧的东西，是译者背后深层次的稳固的习惯性的东西。从翻译笔法这一概念出发，王宏印提出翻译笔法来源于写作/创作笔法、翻译笔法和写作笔法具有同源异用关系、翻译笔法的理论基础可以是文学语言学等观点，这些观点对翻译的理论和实践、翻译教学等都具有重要启示意义。

5. 讨论

（1）理论与实践结合的治学思想

本章节对王宏印的研究主题做历时发展分析，追踪其研究发展脉络，发现其主要的研究主题由传统译论、翻译策略研究、翻译学科建设向译介研究、民族典籍翻译理论建构发展（见图6.7）。王宏印在谈论翻译学建设的理论与实践关系时指出，理论思考和评论鉴赏、实践操作是一个连续体，是由形而上到形而下的落实过程。理论与实践互为条件互相依存，不是舍此可以求彼或顾此必然失彼的问题❶。从王宏印学术研究脉络中可以看到这一个思想的贯穿。早期的翻译策略研究以及翻译批评研究都是一种鉴赏和对翻译实践的反思，翻译批评的理论与实践紧密联系。后期的研究也是在对大量民族翻译的译介传播研究基础上，逐渐形成典籍翻译理论以及普通翻译理论。

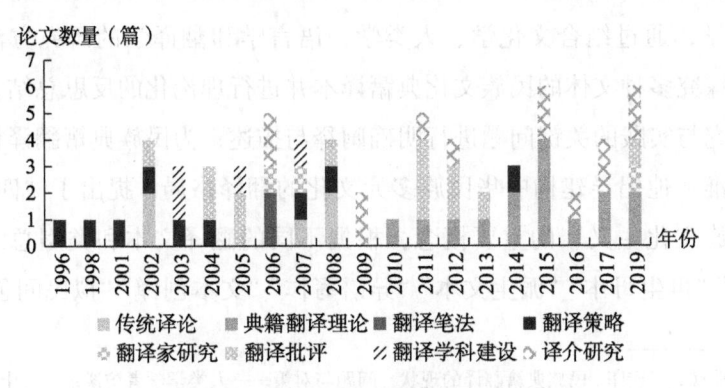

图6.7 译学研究主题历时发文分布

---

❶ 王宏印.翻译学建设中理论与实践的关系之我见［J］.上海科技翻译，2003（1）：9.

（2）中西融合的创新思维

王宏印论说译学的创新之处在于注重"中学为体，西学为用"，从不盲从照搬西方的译学理论，以中国的传统译学为基础，对西方翻译理论进行批评反思。他所提出的许多独特的理论视角能够极大地加深和丰富我们对翻译现象本质的认识。例如，他提出的"翻译笔法"概念，实际上是对译者的主观性和客观性的有机统一，脱离了西方对译者的主体性研究范式。"无本回译"概念更是颠覆了西方译论的"归化""异化""多元系统论"里面的一些基本假设，对翻译的译本和文学归属问题提出了新的思考，也有力地推动了译介学的发展。他对民族翻译的学科定位眼光也是非常宏大的，以一种世界多元文化融合、文化人类学的格局去看待我国各个民族的典籍翻译。因此说王宏印是一位"文化人类学者"实至名归[1]。

（3）民族典籍译介研究的多维探索

王宏印在民族典籍译介的理论、评论和实践方面大胆探索，观照多民族的传统文学，特别是在诗歌的翻译方法与策略上不断总结创新，将中华民族诗学上升为"人类学诗学"中不可分割的一部分，为中国传统文化走向世界作出了不可磨灭的贡献。王宏印倡导品古、传古，主张"参古定法，望今制奇"[2]，通过确立译介研究的前提、标准和原则探索中华民族典籍中的文化瑰宝，并传于世人，走向国际。王宏印在学术研究生涯中以民族典籍译介革新中国译学，通过结合文化学、人类学、语言学和翻译学的研究方法，从多个维度探究多种文体的民族文化典籍译本并进行理论化的反思总结，对诸多翻译研究与实践的关键问题进行明确阐释与描述，为民族典籍翻译树立了典范和标准。他倡导建构中华民族多元文化的翻译格局，提出了"四大落差"和"民族文化主义"的重要概念，根据不同的翻译文本和类型总结了"古本复原""再生母本""派生文本""异语写作""文本创译""拟民间创作""无

---

[1] 张媛，王宏印.民族典籍翻译的现状、问题与对策——人类学学者访谈录之七十一[J].广西民族大学学报（哲学社会科学版），2014（4）：23-26.

[2] 王宏印.参古定法，望今制奇——探询文学翻译批评的评判标准[J].天津外国语学院学报，2002（3）：1-5.

本（根）回译""有根回译""有源回译""有条件回译"等多个民族典籍翻译理论和类型❶，阐明了国学典籍翻译的重要意义、特殊属性和独特方法，消解了创作与翻译的界限，为我国文化典籍翻译的学科发展铺垫了丰实的理论基础。

6. 结语

通过对王宏印在知网上收录发表的 68 篇论文进行可视化计量与内容分析，从一个侧面系统梳理国学典籍翻译思想创造性转化的源与流。总的来说，王宏印注重打通文史哲的界限，出入于学科之间，其译学思想来源于其深厚的艺术功底和对中西方译论的融会贯通，从早期的诗歌翻译实践、批评和批评理论的研究到后来观照各种体裁的（民族）典籍翻译译介与理论建构，充分体现其"实践出真知""中学为体、西学为用"的治学思想。如果说他的"译笔法"来源于他的"创作笔法"，那么可以说，他的"译学研究笔法"则深深植根于他的"翻译笔法"。从本章节所梳理的文献中，可以总结出王宏印一生的几个身份："诗词歌赋艺术家""资深翻译家""翻译理论家""文化人类学者"。王宏印的译学理论对国学典籍多模态译介也颇有启示，其翻译研究中不乏对多模态符号翻译的观点，因此传统译学和多模态翻译之间并非存在鸿沟巨壑，而是可以跨越和结合的，国学典籍多模态研究也应基于前辈翻译家的理论基础进行纵深发展，才能厘清国内翻译学术界的理论脉络，构建中国特色的翻译理论体系。

---

❶ 王宏印. 中华民族文化典籍与翻译研究——"四大落差"及思考基点（下）[J]. 民族翻译，2017（2）：5-10.

第二节　小说的创造性转化：中国武侠小说的海外接受研究

1. 引言

近年来中国网络文学与文化在全球范围普及，成为贯彻执行"两创"方针、传播中华文化的重要途经。Wuxiaworld.com，Goodsread.com 和亚马逊的 kindle 电子书等网络平台迅速崛起，成为中国武侠小说传播的主要门户网站。在这些网站上，中国网络武侠文学被翻译成英文，从金庸、古龙到新晋年经作家（如"火星引力""厌笔萧生"等），吸引了大批外国粉丝和跟随者，很多年轻读者把阅读网络武侠小说当成"放松紧张焦虑的一种很好的途径"❶，以网络武侠小说为代表的网络文学让新时代读者"在自己的梦想与希望中快乐的存在"❷。在此背景之下，本章节拟从读者接受的角度对中国武侠小说的海外接受进行研究，探讨其成功要素和传播机制。本研究运用 Python 数据挖掘技术，对 Wuxiaworld.com 流行榜上前十名的中国网络武侠小说的读者评论进行数据收集，分析其情感倾向，以期为未来更多优秀的中国网络武侠小说作品的海外译介提供一定启示。本研究的分析工具为 Python 的数据挖掘技术和情感分析技术，拟回答以下几个研究问题：

①中国武侠小说英译的海外接受情况如何？
②海外读者对中国武侠小说主要关注点是什么？
③海外读者对中国武侠小说的正负面评论的具体情况有哪些？

为了更加客观地回答上述研究问题，本章节以 Python 的情感分析技术对数据进行情感倾向分析（Sentiment Analysis），以量化统计辅助人工的质性分析。

---

❶ 周志雄. 兴盛的网络武侠玄幻小说［J］.小说评论，2016（3）：116–122.
❷ 李玉萍. 试析中国网络文学网站内容设置的现状与影响［J］.小说评论，2010（S2）：177–181.

2. 中国武侠小说海外接受分析现状

中国武侠小说在海外的传播引起越来越多的学者注意，许多学者对中国网络小说的传播趋势作出较为宏观的观察。例如郑剑委指出，中国网络小说的海外传播主要以新派武侠、仙侠和玄幻题材的武侠小说为主[1]，已经成为不可逆转的趋势[2]。王青则从"构建网络空间命运共同体"的角度分析中国文化海外传播热的深层动因，认为网络小说是践行习近平总书记提出的"构建网络空间命运共同体"的有效途径[3]。也有学者从文学网站读者的身份特征对网络小说传播进行研究，例如曾繁亭认为，文学网站用户身兼读者和在线批评主体多重角色，打破了批评维度的界限[4]。部分学者对海外读者的接受情况进行量化分析。例如郑剑委综合运用多种研究方法，统计了译介、读者和英文原创等三类数据说明海外的整体接受情况[5]。张璐通过 Python 情感分析研究了《三体》英译本的接受与评价，发现对小说叙述角度的情感评分最高，情节和人物次之，并认为坚持中国本土文学的世界性和民族性才能赢得海外读者的广泛接受[6]。前人在网络小说的海外传播与接受方面做了宏观和微观的研究，但是基于 Python 的读者接受分析仅限于个案研究，仍无法全面地揭示网络小说的总体优缺点和海外读者接受情况。鉴于此，本章节拟以 Python 为数据挖掘和自然语言情感倾向分析工具，结合质化分析，调查 Wuxiaworld.com 的读者接受情况，以期为中国网络文学走出去路径提供一些启示。

---

[1] 郑剑委.中国网络文学的海外接受与网络翻译模式[J].华文文学，2018（5）：119-125.
[2] 林玲.从译介学理论看中国网络文学的海外输出——以"盘龙"的海外走红为例[J].三峡大学学报（人文社会科学版），2018，40（2）：94-97.
[3] 王青.网络文学海外传播的四重境界[J].中国文学批评，2019（2）：109-115，160.
[4] 曾繁亭.网络文学批评主体的衍变[J].小说评论，2016（5）：54-58.
[5] 郑剑委.中国网络文学的海外接受与网络翻译模式[J].华文文学，2018（5）：119-125.
[6] 张璐.从 Python 情感分析看海外读者对中国译介文学的接受和评价：以《三体》英译本为例[J].外语研究，2019，36（4）：80-86.

3. 研究设计

（1）数据来源

根据 2020 年 10 月 Alexa 世界网站排名统计，Wuxiaworld.com 的全球网络访问量排名 2075 位，日均停留时间 19 分 17 秒，主要来自美国（30.8%）、韩国（16%）和德国（11.1%），其中美国访客数量位列美国网站 2015 位。根据 thebiem.com 的统计，Wuxiaworld.com 位于英译中国轻小说推荐榜所列的八个网站榜首，其读者评价具有非常高的代表性。因此，本研究通过 Python 数据挖掘技术在 2020 年 6 月 3 日 18 时爬取 Wuxiaworld.com 流行榜上前十名的中国网络武侠小说英译本（*Against the God*，*Emperors' Domination*，*Martial God Asura*，*Martial World*，*Nine Star Hegemon Body Art*，*Invincible*，*Talisman Emperor*，*Tales of Demons & Gods*，*A Record of a Mortal's Journey to Immortality*，*Sage Monarch*）全部读者评论，爬取条数分别为 168 条、116 条、228 条、63 条、102 条、34 条、43 条、74 条、45 条和 65 条，共计 938 条。

（2）研究工具

本研究采用 Python 的数据挖掘技术对研究数据进行爬取后，进一步利用 Python 的情感分析技术对数据进行筛选。对自然语言进行情感分析是自然语言处理（Natural Language Processing）的一个重要方式，可以帮助研究者挖掘文本数据。自然语言情感分析可以为不同单位的文本（句子、段落甚至整本书）进行情感倾向赋值[1]，从而判定其表达的情感为正面或负面，该技术已被成功应用于文学翻译读者反馈的收集和分析[2]。

本研究的自然语言情感分析基于 Vader 词典算法得出情感倾向具体数据。目前情感分析主要依靠机器学习和情感词典两种技术手段来实现。Vader（Valence Aware Dictionary and Sentiment Reasoner）算法是一个基于字典和规则

---

[1] MONTEJO-RáEZ A, et al. Crowd explicit sentiment analysis[J]. Knowledge-Based Systems, 2014（69）:134-139.

[2] CAMBRIA E, WHITE B. Jumping NLP curves: A review of natural language processing research[J]. IEEE Computational Intelligence Magazine, 2014, 9（2）: 48-57.

的专门用于分析社交媒体中的情感机型的情感分析工具。Vader 算法基于含有情感倾向词汇组成的词单，词汇本身被赋予积极或消极的情感赋值。Vader 已被成功运用于社交媒体、新闻、电影评论和产品反馈等文本的分析，其分析结果不仅可以反映文本的情感极性，同时也可以计算出所分析文本的情感极性的具体数值。Vader 的代码是开源的，详细的计算过程可以在 Github 的相应页面（https：//github.com/cjhutto/vaderSENTIMENT）找到。

基于 Vader 字典的自然语言情感分析结果包含正向（positive）、中性（neutral）、负向（negative）和综合（compound）的四个情感指标，可以基于综合的赋值对文本的情感倾向作判断。该算法将所有评价视为主观评价，每条评论产生正向（positive）评价值、中性评价值（neutral）和负向（negative）评价值，三项之和为 1，综合评价值（compound）为正数、零或者负数。当正向评价/情感倾向值大于负向评价/情感倾向值时，该评论被认为是正向评价/情感为主，此时综合值大于 0；当负向评价/情感倾向值大于正向评价/情感倾向值时，该评论被认为是负向评价/情感为主，此时综合值小于 0。当正向评价值和负向评价值相等时，评价/情感为中性（neutral），即综合值为 0。

（3）研究方法

本研究使用 Python 的情感分析技术对所有读者评论进行量化统计后排序，筛选得出正负面评价各 100 条（具体标注和筛选过程详见附录二和附录三）。通过基于 Vader 字典的自然语言情感分析得出，前 100 条正向评价的正向值（positive）≥ 0.273，前 100 条负向评价的负向值（negative）≥ 0.165。然后，笔者对前 100 条的正向和负向评价作逐条内容分析，进行关键词提取并归类，总结出读者评论中正面和负面要点。

4. 结果和讨论

（1）前 100 正向评价讨论

前 100 正向评价中，读者的集中关注点有：①人物建构、②情节、③翻译、④作者、⑤启发性和⑥世界建构（见图 6.8）。

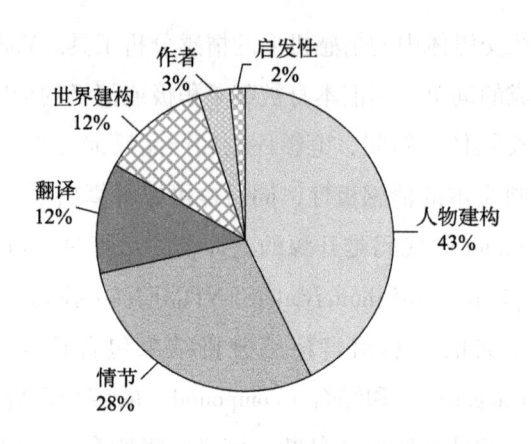

图 6.8　前 100 正向评价讨论主题分布

如图上数据所示，人物建构和情节是读者正向评价中最关注的两个方面，分别占比 43% 和 28%，对于启发性的关注比例最小，仅为 2%。共有 76 位读者关注武侠小说中人物建构，他们在乎这些角色是否具有富有魅力的品质，如浪漫、力量、勇气、爱心、聪明、坚定等，主角是否能够随着情节的推进实现自我提升以及配角是否多元化并且提供足够的支持。例如，Lonewarrior[1]认为 Martial World 中的主角具有明确的奋斗目标，比如成为武林至尊（peak of martial arts），配角的存在能够辅助主角的成长；Param Rekhi 则评论其喜欢 Nine-star-hegemon 的原因是该武侠小说中的女性角色并不只是毫无作用的装饰（useless decorations），她们和其他角色一样能够成长（level up）；Dracius21 的读者又觉得主角不应仅仅赢得每一场战争（wins every fight），而应该是能够面对困难（adversity）顽强不屈的勇士，武打的场面不需要总是出现，但一旦出现了，情景需要是壮观而令人震撼的和值得期待的（explosive and worth the wait）。

武侠小说的情节设置也很被看重，给出正向评价中的 51 位读者认为武侠小说的情节不应该简单重复，而应该具有意想不到的一波三折的效果，其中 10 位认为好的开头是吸引他们继续把小说读下去的重要原因，甚至有些读者会因此反复回看去体会小说情节构建的精妙之处，回味无穷。但一些读者对

---

[1] 此部分出现的英文名字均为 Wuxia.com 上网络读者的网名，下同。

于情节的要求还是比较高的，例如，ayham 认为 *Sage-monarch* 中的情节推进没有漏洞（loop holes）；DaoShi 评论 *Emperors-domination* 中的情节胜在充满曲折（goosebumps），但多数关于情节的评论较笼统，仅强调情节必须有趣，并带有特色鲜明的主角光环（plot armor）。

翻译因为其本身工作过程中需要的勤勉和付出，也受到了 21 位读者的正向评价。翻译的质量主要表现在译文是否增加武侠小说的可读性、文化阐释和娱乐性三个方面。在可读性方面，读者普遍认为可读性是吸引他们继续阅读中国武侠小说的主要原因之一，Maximiliang 表示"没有冗杂的句式和语法"（no weird syntax or grammar which disturb the reading flow）能够给读者带来迫不及待想要阅读的感觉（You can set your watch by him），Writ of Karma 则称译文的可读性强让他"享受整个阅读过程"（I enjoy every single chapter of it）。在文化阐释方面，跨文化的语言表达往往成为首要的关注对象。Crit Flare 关注原著表达的跨文化内容（cultural references）有没有得到充分的解释，认为成语（idioms）、俗语（puns）和神话（myths）有没有转换成可以理解的表达，注释的生动性和可想象性也是很重要的，herroyung 高度地肯定了译者的阐释力，认为其所加注的内容是富于乐趣和启发性的（enjoyable and enlightening）。在娱乐性方面，Cheshire Phoenix 发表评论表示其也看重译文是否能够以一种幽默的口吻表现出来，最好能够准确翻译带有喜剧的语言成分（Especially when it involves elements of comedy, as those almost never translate from language to language），而 Lil 则表示翻译的趣味性和哲学色彩能够使译文看起来更加的"高大上和引人入胜"（grand and captivating），因而能运用比喻和改编元素的译文是新鲜而富有创意的（The style of writing is fresh and brings something a little novel to a genre that can often be filled with tropes and rehashing）。

正向评论小说世界建构（world building）共有 21 位，其中 6 位读者的评论涉及养成系统（cultivation system）。djonta93 认为 *Martial World* 中养成系统设计，包括各种修炼方法、规则、体系和险境的设定（The detailed descripshion [sic] of levels of cultivations, laws, daos, fights and thoughtful adventure story of GG.），构建了一个真实而可延伸（true and extendable）的武侠世界。

共有 6 位读者提及作者写作的态度也是影响他们的阅读体验的重要因素，读者会在意写作效率，他们通常认为每月只更新一次速度有点慢。例如，Vinsmokesanji4 提及作者的热情（the enthusiasm and the passion of the writer）如果足够，甚至可以弥补在写作质量上的缺陷（the quality itself may not be that great）。

有趣的是，3 位读者谈到他们会在武侠小说中寻找生命的真谛，认为武侠小说与生俱来的神秘感能够带给他们一些思考和启示。ExpandableLion 感悟到 Emperors-domination 中的主角的个性、习惯和求道之心让天赋成了一种神话（myths），需要有决心和意志才能得以彰显（emphasize the importance of "Dao Heart" more than anything else（esp. talent））。

（2）前 100 负向评价讨论

通过分析负向情感值最高的 100 条评论发现，外国读者对中国网络小说在六方面感到不满意：①情节；②人物建构；③语言风格；④世界建构；⑤写作效率；⑥翻译。如图 6.9 所示，读者对情节和人物建构的负向评论最多（分别占 55% 和 33%），对翻译的负向评价较少（占 3%）。由此可见，网络小说的翻译质量控制得较为出色。

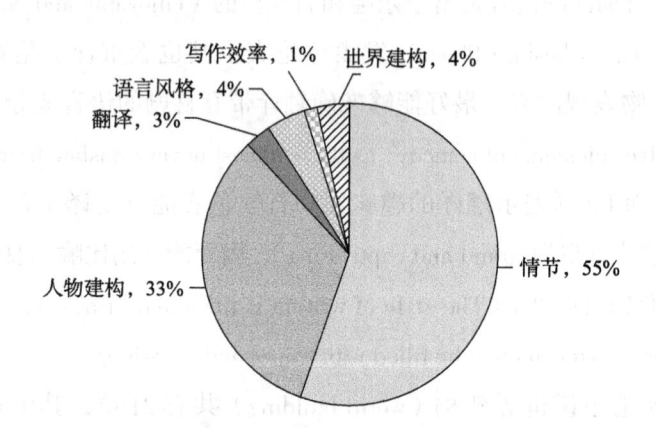

图 6.9　前 100 负向评价讨论主题分布

下面汇报读者在前六个方面的负向评价具体情况。

在情节方面，笔者共发现 78 条负向评价。首先，其中对情节过度重复的抱怨最多，达 47 条。读者的评价关键词有无聊（boring）、重复（repetitive）、凑字数（word count exercise）等，甚至会攻击作者无创作激情（not a passionate author）。例如 Animeotakuagar 用一连串的"Raped and Sex"抨击 Against the Gods 情节不断重复强暴和性爱。thedeadapostle 批评 Martial God Asura 每一章的叙事弧（arc）就是上一章的复制。

其次，读者对小说情节的合理性提出质疑，这方面的评论有 12 条。读者对主角通过性爱提升能力的情节设置感到不满，也有对情节漏洞（loop-holes）提出批评。有读者对主角的做事动机感到不理解，例如 Fallen divine 认为 Martial God Asura 为了所谓的面子（face）而招惹敌人。

有 8 条评论提到了主角光环（plot armor）问题，主角永远受到保护，降低了小说的故事性。例如，Kibou 评论 Lord of All Realms 中的主角无论多危险总能逃脱，并且坏人最终也只能被主角打败，这种情节设置过于简单。

有 2 条评论对打斗情节提出负向评价。Zekuro 认为 Sage Monarch 小说里面的人为了任何小事都可以厮杀，非常不合理。dylangdry 也认为，该小说的打斗情节是一大败笔，主角不是不战而胜，就是差太远直接临阵逃脱，基本没有真正的打斗。也有读者关注对话的设计，认为对话应该帮助建构人物性格。Irenicus 认为 Sage Monarch 的对话太过单一（one dimensional），无法体现人物性格。

在人物建构方面，笔者收录到 46 条评论。总的看来，人物建构有两大问题：性格缺陷和人物过多。首先，很多读者会对主角的性格提出批评，其中关键词有愚蠢（stupid）、白痴（idiot）、傲慢（arrogant）等。也有读者关注女性角色性格，如 idrzjabbar 批评 Lord of All Realms 中所有女性角色都是特别讨人厌（irritating）的，但实际生活中根本不存在这样的女性。其次，有读者认为人物过多也是个问题。例如 ardipahlawan88 指出，Against the Gods 里面太多多余的角色（unnecessary character）。daisyears 提到，Martial God Asura 里面很多配角（supporting character）让人心烦（a distraction），只想快速跳过往下读。读者 Dao of Dreams 指出人物过多也会造成读者混乱，混淆各种人物。

在世界建构方面，有 5 条评论提出了负向看法，其中包含两方面。一方面的评论认为世界背景的描绘过多，而在每个章节过后与前面的世界背景无法建立关联。例如 spirits84 认为 *Emperors Domination* 对一些世界描述太过详细（elaborate）而无意义（meaningless）。另一方面的批评集中在人物的养成系统（cultivation system），即人物能力提升的路径设置。读者普遍对通过继承（inheritance）和性爱（sex）获得能力的路径表达不满。

在语言风格方面，共有 6 条评论涉及，语言风格与情节的重复密切相关，由于情节重复性太强，语言也会重复，因而读者会用"bad writing""lazy writing""cliché（陈词滥调）"等关键词评述。也有读者提出有建设性的意见，例如认为每个章节应该写总结（conclusion），方便读者回顾情节，承上启下。Karukinus 指出，如果故事留下太多悬念或者问题未解决，在后面要及时总结，简单的一句"everyone thinks he is dead but he is not and he will come back to faceroll everyone"太过生硬（a hard reset）。

此外，有少部分读者对翻译和写作效率进行批评。翻译的批评大多集中在文化阐释方面，其中有 2 条评论提到小说的解释太多（too much technical explanation），有 1 条评论批评对养成系统的解释不清楚。有 2 条评论批评作者的写作效率太低。网络小说的一大特色就是读者很注重小说的更新速度，因此作者的写作效率和翻译团队的效率都会影响读者对小说的评价。

5. 结语

中国网络文学受到国外读者的热烈吹捧，成为中国文化走出去的新途径和一大奇观❶。网络时代的兴起要求在线读者以全新的方式参与作者与读者的互动关系之中❷。中国武侠文学是中国网络文学走出去的主要形式，已然成为"世界四大文化奇观"之一❸，唤起甚至引领着海外读者对中华文化的关注和认知，可视为坚定民族文化自信、支持中国文化走出去的创新路径，而中国网

---

❶ 邓婷婷.在中国网络文学外译中感受在场的身体——以"武侠世界"捐助更翻为例［J］.武夷学院学报，2018，37（10）：57-60.

❷ ALLINGTON D, PIHLAJA S. Reading in the age of the internet［J］. Language and Literature, 2016, 25（3）: 201-210.

❸ 陈彦旭."雅到俗"抑或"俗到雅"？——论"中国文化走出去"的另类传播路径［J］.西安外国语大学学报，2018，26（3）：91-96.

络武侠文学可以作为中外语言文化间的桥梁，在原汁原味的传统武侠文学世界中跨越跨文化差异，赢得海外读者的认可，让"一种世界性的中国网络文学""值得期许"❶。网络读者通过在网站留言反馈的方式与译者进行互动，可以创造性的基于 Python 数据挖掘与情感分析，可视化批量量化结果，对关于海外读者评论的正负向值作出直观统计，系统确切地反映海外接受的倾向和趋势，为中国译介理论和实践提供样本和可参照可推广的新途径，使中华民族的优秀传统文化最终能以经典文学译介的形式走出国门，走向世界。本研究表明，以 Wuxiaworld.com 上的用户为代表的读者群体对中国武侠小说中的关注点趋于一致，在正负向的评论中对于情节和人物建构的关注占主导，翻译与世界建构更容易引发读者的正面印象，但在负向评价中亦略有提及，给出正向评价的读者认为作者态度很重要，而给出负向评价的读者将相似问题描述为写作效率；最后，正向评价中读者能够受中国武侠小说启发而悟出生命之道，相比之下，负向评价中却对语言风格较为诟病。

本章小结

创造性转化覆盖更广义的多模态翻译传播实践，可以不拘一格地传播令西方读者更加喜闻乐见的文化内容，国学经典多模态翻译应植根于传统典籍翻译理论，形成中国特色的多模态翻译理论体系，本章中对于网络武侠文学的译介实践介绍，可视为中国特色多模态翻译理论的研究范例，但总体来说目前的深度和广度仍存在提升空间，未来国学典籍多模态译介的研究前景广阔，应当引起传统译学学者和语言学研究学者的共同重视，以在国际范围内形成中国特色文化话语体系。

---

❶ 吉云飞."起点国际"模式与"Wuxiaworld"模式——中国网络文学海外传播的两条道路[J].中国文学批评，2019（2）：102-108，159.

结 语

　　中国传统文化典籍推广的实践总是充满艰辛和坎坷的，但在中华民族文化自信日益增强的今天，国学典籍多模态翻译研究前景广阔，多模态翻译为国学典籍的海外译介提供新的方法和思路，并在传播过程中受到越来越多的学者和普通观众及读者的认可。本书尝试通过从主题融通、意义传递和概念隐喻三个层面建立典籍多模态翻译的研究框架，分析著名的国学典籍作品的庞杂多模态符号，为该领域的翻译实践提供一定的理论指导，以期抛砖引玉，催生更多的国学典籍多模态翻译作品。更具体地说，在通过定性或定量的研究方法研究各个典籍的过程中，本书的主要发现、不足和进一步研究的空间可以归纳如下。

　　国学漫画改编是国学典籍多模态的重要路径，是中国传统文化继承和发展的重要途径。研究一般典籍漫画中的图文转换关系及语录体或对话体语篇中投射系统建构的机制，可以指导多模态翻译中的符际转换过程，图文之间的关系是系统性的，多元的。对于《论语》漫画的研究表明，国学典籍中的语录体或者对话体语篇可以基于多模态翻译机制，从系统功能语言学的三种元功能展开，在概念功能上再现文化符号和叙事逻辑，在人际功能上引导对于行为的鉴赏，可以通过耦合动作过程和环境成分实现，在语篇功能上主要通过事件间和环境间关系展开原著章节中隐含的故事情节或情境。《西游记》漫画改编是重现国学典籍的重要多模态翻译路径，基于社会符号学的三种元功能的理论框架，即概念功能、人际功能和语篇功能，可以重构该古典文学经典中的时代语境。通过符号功能的巧妙转换，蔡志忠在《西游记》漫画中推进故事情节的发展，将隐喻可视化并构建了生动活泼的人物形象，融入了世界多元文化并显化了一些具有时代性的社会问题。

概念隐喻理论作为认知语言学的研究热点，是一种广泛适用的理论，在过去几十年中引起了学者们的广泛关注而得到了蓬勃发展。实践证明，《论语》作为众所周知的儒家经典，已通过多模态的形式在西方广为流传。在《论语》多模态译介的进程中，概念隐喻可以显化抽象概念的文化内涵，深入浅出地形象化中华文化的核心概念，以《论语》漫画中的"仁"的图文隐喻为例，通过分析礼仪之"仁"、助人成"仁"、平静而"仁"和学习为"仁"，可以总结归纳出区分跨文化语境、拟定映射机制和选定源域三个跨文化教育类典籍漫画图像概念隐喻建构的典型步骤，为国学典籍中的隐喻表征方式抛砖引玉。研究表明，由新加坡亚太漫画团队出版的《论语》漫画可以很好地照顾海外读者的接受偏好，通过系统化、逻辑化和空间结构化的路径夯实共同的认知基础，在具有世界普适性的文化观中构建人类命运共同体，推广和弘扬中华民族的优秀传统美德。本书中关于宋词漫画的研究表明，尽管存在某些文化差异，但宋词文本话语中的悲伤隐喻总体上支持概念隐喻理论的早期结论，这些隐喻的图像部分也以符合皮尔斯符号学的图像系统展现，并在漫画格中故事情节的推进上遵循图形叙事的逻辑。

主题与主题倾向在国学典籍多模态翻译中的应用并非个例，该理论层面可以构建典籍翻译过程中的主题逻辑链，在典籍的不同模态的翻译语篇中形成多元互动的联合整体，微观语词的言内言外含义协同视觉符号的主题一致性，必将显著增强中华典籍传递的传统文化魅力，使古文神韵焕发新姿，而更加贴近原文的主旨意义，在忠实原著的前提下传播中国特色文化。

影视多模态译介已经成为国学典籍对外传播的重要路径之一，有助于中国传统文化实现"创造性转化和创新性发展"，推动中国文化的对外传播。但是，结合多模态分析框架和跨文化维度的分析并不常见。应用O'Halloran（2006）提出的多模态影视系统符号分析框架，研究了1986年在中国拍摄的《西游记》以及2018年在澳大利亚拍摄的《新猴王传奇》的第一季，总结了人物形象建构和主要情节设计中体现的跨文化差异。《木兰辞》的海外传播之路亦呈风发泉涌之势，2020年更有由刘亦菲主演的新版木兰电影，但各方评价一般。因此，本章选取的是更为成功的两个电影版本，通过对比中美的《木兰辞》改编的电影和动画可以发现，两部作品的截图和相应的字幕都能从符号学视角看出，制片方增加了跨文化适应性的调整。通过跨文化理论框架研究影视多模态翻译作品，有助于更深刻理解国学经典的海外译介实践，弱化中外文化差异，使国学经典中的中华文化要义流传于世界，促进世界文化交流。

除了多模态翻译路径，近年来也涌现了其他国学典籍翻译的创造性转化路径。本书第六章先从翻译界前辈——王宏印教授展开研究，通过综述其一生中的译著和研究成果，窥视国学典籍翻译思想的源与流。研究发现，国学典籍的多模态翻译理论应借鉴前辈翻译家的理论成果，有助于更全面地总结出翻译规律和原则，构建中国特色的多模态翻译理论体系。作为国学典籍的新形式，中国武侠文学已然成为中国网络文学走出去的重要窗口和载体，武侠文学中的文化元素横贯中西，当原汁原味的传统武侠文学世界借助无国界的网络平台传播，可以跨越时间空间的局限，以崭新的姿态腾飞于世界文化之林。网络读者通过在网站留言反馈的方式与译者进行互动，是平台收集读者反馈数据的重要方式，利用人工智能技术Python自然语言情感分析，可以快速分析和定位读者需求，让中国文化典籍真正走进海外读者心里。

然而，应注意本书的一些局限性和进一步的研究空间。首先，在研究多模态翻译的意义转化过程中存在一定的主观理解，例如，在定性和定量分析中判定一个符号元素是否为现代化元素时可能存在一些两可的选择。对于意义的研究可以结合不同文化背景的读者反馈进行，例如，研究漫画如何被来自西方文化的个人读者以不同的方式理解。运用概念隐喻在分析多模态翻译语篇的符号选择时，在讨论中限于语料的单一和隐喻认定的主观性，可能存在一定的偏差，日后的研究可以通过更加广泛的调查，甚至结合不同文化读者的访谈，更加具体地确认跨文化隐喻系统在漫画图像符号建构过程中发挥的作用。在研究古诗词的隐喻机制时有必要对中国古代文学进行更广泛的调查，才能对如何映射悲伤隐喻得出更广泛的适用结论。此外，虽然本书在量化研究的过程中已努力使标记过程标准化，但一些标记指标的解读可以是主观的，并因个人的理解和经验而会有不同的解读结果。主题与主题倾向的统摄力是建立于微观认知视角的，但其应用不应仅仅限于本书所提到的古汉诗，今后的研究可以尝试多维切入其他典籍语篇，例如戏剧，可以从不同场景的切换构建主题逻辑链，从主题与主题倾向论证多模态翻译符号的选择和呈现方式。由于选取的样本数量的局限性，本书中的符号学分析不可避免地具有一定的主观性，例如在比较不同出版社的唐诗插图和不同的传媒公司的影视作品时，并未充分考虑出版/拍摄意图和作品本身的主题以及具体词句等因素，后续的研究随着网络和数字技术的进一步发展，可基于同一出版社的相同诗歌或者同一传媒公司的影视作品，在收集了足够的样本之后进行比较，可以得出更有说服力的结论。在译介作品的读者接受方面，今后的研究可以采用本文的研究方法，将视野扩大到更多的中华文化译介作品中，通过分析海外读者接受数据，更好地定位中国文化"走出去""走上去""走进去"的具体路径。

　　总的来说，典籍多模态翻译研究前景广阔，国内无论是在研究还是实践上均处于起步阶段，本书所提出的典籍多模态翻译理论框架构建是一个尝试性的解释理论，可从多层面、多维度和多方位对典籍多模态翻译进行深入研究，从典籍多模态翻译机制的内涵间关系和融合策略入手，对典籍多模态翻译作品层层解剖，基于单个或者多个符号系统进行探析。事实上，每一个内涵间关系和融合策略都可以作为一个单独的点进一步深挖展开，以点带面，而对不同系列的多模态翻译作品进行分析对比，每一个融合策略也都是一种理论间和系统间结合的过程，可以找到更多的跨理论和跨学科的结合点为国学典籍多模态翻译实践提供指引，但这些是以后的研究内容，本书在研究切入点上尽量保证不重复，是为了体现所提出的典籍多模态翻译机制的丰富性和充实性，但这并不意味着每一个单独的子理论板块不可以面向多种多模态语篇，例如广告、手势、绘本、漫画和影视等。在科学技术日益发达的今天，在人类命运共同体逐步形成的当代，中华传统文化在国内的传承和在国际的传播必将更多借助多模态的形式，无论是直接的还是间接的，我们都需要让世界更加认可我们中华文明的起源和强大，正所谓"有心栽花花不开，无心插柳柳成荫"。典籍多模态翻译的继承和译介不应局限于某种单一的方式而故步自封，而应放在一个创造性和开放性的平台，鼓励理论和实践的创新，这也算是本书成书的一种初衷吧。

中西方由于历史和地理位置等原因形成了在一定程度上风格迥异的文化环境，并在经济和科技等因素的共同作用下，长期以来中国文化更易受到西方文化的影响，而不是反过来。文化是一个国家的软实力，这种"软实力赤字"的现象，应该随着当今我国综合国力不断增强而得到有力改善，在这样的大背景下，推动国学典籍"走出去""走上去""走进去"势在必行。"走出去"是指国学典籍必须通过多模态翻译走向世界；"走上去"是指国学典籍的多模态翻译成果要流通于西方精英阶层，在国际权威出版社出版；"走进去"是指国学典籍的文化内涵要能够走进西方读者心里，真正成为让国际市场接受的文化经典。真正的文化作品应该没有国界，通过多模态翻译转换成全人类可以共同感知的符号，用最通用的方式感染全人类，源于语言而又超越语言。在全球文化融合的过程中，也应该提倡多边主义，即多种文化共存的世界文化共同体，而这种格局的最终实现，是需要一代又一代的译学界和符号学界的学者和实践者们不断努力才能达到的。文化之流，海纳百川，生生不息，延绵不绝。应该相信，国学典籍多模态翻译必会使国际文化长河中有更多的中华传统文化的身影，而赋予多种内涵的跨文化、跨时代和跨形式的文化输出，将为中国文化镶上新的印记，而成就新的历史，成为新时代民族文化自信和国学文化开创发展的终极见证。开展国学典籍多模态翻译研究顺应当下信息数字技术发展的时代潮流，也符合构建新时代中国特色社会主义话语体系的总体政治方向，能够创造并迸发更多包括但不限于在传媒界、出版界和教育界的商业机遇，在可预见的未来，应该作为新时代中国特色国际战略的重要部署。

参考文献

一、中文文献

[1] 安娜.语内、语际、符际翻译视角下——蔡志忠《论语》漫画（中英版）研究[J].新疆职业大学学报，2018，26（1）：59-64.

[2] 毕磊，朱鸿军.要用大气度培养动漫大师——访台湾著名漫画家蔡志忠[J].传媒，2011（4）：12-14.

[3] 蔡志忠.唐诗说——悲欢的歌者[M].北京：生活·读书·新知三联书店，1990.

[4] 蔡志忠.论语：儒者的诤言[M].济南：山东人民出版社，2013.

[5] 蔡志忠.蔡志忠漫画中国经典《唐诗三百首》[M].济南：山东人民出版社，2014.

[6] 蔡志忠.蔡志忠漫画中国经典《宋词》[M].济南：山东人民出版社，2014.

[7] 蔡志忠，布莱恩·布雅.孔子说·孙子说[M].北京：现代出版社，2013.

[8] 蔡志忠，丛阿兰.西游记：汉英对照[M].北京：现代出版社，2019.

[9] 陈明星，袁曦临.文化基因的传承和期待视野的变化：经典名著诠释与改编的双重驱动[J].图书馆建设，2016（3）：96-100.

[10] 陈松菁.舞台叙事的多模态语篇研究——基于对一次英语朗诵比赛的舞台语言使用分析[J].外语与外语教学，2016（4）：70-78，149.

[11] 陈树坤.多媒体课堂教学中的多模态隐喻设计[J].河北工程大学学报（社会科学版），2015，32（4）：104-106.

[12] 陈树坤.投射语义辖域视角下附加语功能句法分析[J].外语研究，2015（3）：

36-41.

[13] 陈树坤. 级转移与复合介词：汉语投射介词短语的功能语法辨析[J]. 西安外国语大学学报, 2018, 26(2): 46-51.

[14] 陈树坤, 刘萱. 内容介词短语的功能语法分析：悉尼模式与加的夫模式对比视角[J]. 北京科技大学学报（社会科学版）, 2020, 36(4): 7-15.

[15] 陈昕. 从《西游记》的电影改编谈起——当代审美下国产超级英雄的人物塑造[J]. 北京电影学院学报, 2016(4): 58-63.

[16] 陈曦子. 古典小说《三国演义》漫画的再创作现状剖析——以日本"三国"故事漫画发展为着眼点[J]. 明清小说研究, 2016(4): 191-203.

[17] 程琪龙认知语言学概论——语言的神经认知基础[M]. 北京：外语教学与研究出版社, 2001.

[18] 程煜琳. 霍夫斯泰德文化维度下的中美脱口秀幽默话语分析——以《金星秀》和《艾伦秀》为例[J]. 海外英语, 2017(3): 186-187.

[19] 陈小霞. 轻松看漫画趣味学国学——如何打造给小学生看的"蔡志忠漫画国学经典"[J]. 出版参考, 2018(11): 60-61.

[20] 崔向伟. 京剧唱词英译初探——从《中国京剧百部经典英译系列：大登殿》谈起[J]. 中国翻译, 2015(2): 86-89.

[21] 陈彦旭. "雅到俗"抑或"俗到雅"？——论"中国文化走出去"的另类传播路径[J]. 西安外国语大学学报, 2018, 26(3): 91-96.

[22] 陈泳琳. 从《西游记》改编电影看中澳社会文化差异[D]. 广州：广东金融学院, 2019.

[23] 陈妤菁. 新世纪华语"西游"题材电影研究[D]. 兰州：兰州大学, 2018.

[24] 陈瑜敏, 黄国文. 话语多声互动的多模态构建方式解析——以语言教材话语为例[J]. 外语电化教学, 2009(6): 35-41.

[25] 陈瑜敏. 情态分析在多模态外语教材研究中的应用探析[J]. 外语教学, 2010, 31(1): 69-72.

[26] 陈忠华. 知识与语篇理解——话语分析认知科学方法论[M]. 北京：外语教学与研究出版社, 2004.

[27]邓乔彬.有声画与无声诗[M].上海：上海社会科学院出版社，1993.

[28]邓淑峥.中西文化视野下的美国动画电影《木兰》[J].电影评介，2012（5）：65–68.

[29]邓婷婷.在中国网络文学外译中感受在场的身体——以"武侠世界"捐助更翻为例[J].武夷学院学报，2018，37（10）：57–60.

[30]丁怀超.诗无达诂——中国诗学诠释学传统的回顾[J].学术界，2014（1）：112–119，309.

[31]丁建新.英语小句复合体投射系统之研究[J].现代外语，2000（1）：45–57.

[32]杜英丽，顾建华.从《天净沙·秋思》三英译本看社会符号学意义的翻译[J].海外英语，2012（23）：133–134，147.

[33]范雅贤.《摩登家庭》中美国文化解读[J].青年文学家，2020（11）：161.

[34]方长安.中国诗教传统的现代转化及其当代传承[J].中国社会科学，2019（6）：167–184，208.

[35]冯德正，邢春燕.空间隐喻与多模态意义建构——以汽车广告为例[J].外国语（上海外国语大学学报），2011，34（3）：56–61.

[36]冯庆华.实用翻译教程[M].上海：上海外语教育出版社，1997.

[37]符冰.从神到人：《西游记》影视改编中的经典重构[J].电影评介，2017（6）：77–79.

[38]范敏.《论语》的文化维度与翻译策略[J].天津外国语大学学报，2015，22（5）：34–39.

[39]范敏.新时代《论语》翻译策略及其传播路径创新[J].西安外国语大学学报，2019，27（3）：94–98.

[40]高洁.无字漫画叙事及其诸问题初探[J].苏州工艺美术职业技术学院学报，2018（1）：25–28.

[41]高静.以悲为美——论唐宋词中的伤感意绪[J].科教文汇（上旬刊），2009（1）：194–195.

[42]高生文.语域分析与《论语》翻译研究[J].北京科技大学学报（社会科学

版），2012，28（3）：34-43.

[43] 葛瑞应. 论《西游记》的影视改编 [D]. 海口：海南大学，2017.

[44] 辜鸿铭. 中国人的精神 [M]. 北京：外语与教学研究出版社，1998.

[45] 桂诗春. 新编心理语言学 [M]. 上海：上海外语教学出版社，2000.

[46] 杭勇. 论张九龄诗的审美风格 [J]. 黑龙江社会科学，2008（5）：107-110.

[47] 郝兴刚，李怀娟. 英语硬新闻中小句复合体投射系统研究 [J]. 江苏外语教学研究，2015（1）：60-64.

[48] 黄国文. 英语语言问题研究 [M]. 广州：中山大学出版社，1999.

[49] 黄国文. 从《天净沙·秋思》的英译文看"形式对等"的重要性 [J]. 中国翻译，2003（2）：21-23.

[50] 黄国文. 论翻译研究中的概念功能对等 [C] // 清华大学翻译与跨学科研究中心、江西财经大学. 中国英汉语比较研究会第八次全国学术研讨会论文摘要汇编，2008：84.

[51] 黄国文. 典籍翻译：从语内翻译到语际翻译——以《论语》英译为例 [J]. 中国外语，2012，9（6）：64-71.

[52] 黄国文，陈莹. 从变异看《论语》的英语翻译 [J]. 外语与外语教学，2014（3）：61-65.

[53] 黄国文. 功能语用分析与《论语》的英译研究 [J]. 北京科技大学学报（社会科学版），2015，31（2）：1-7.

[54] 黄国文，刘衍. 语言复杂性的功能语言学研究——《爱丽丝漫游奇遇记》原著与简写本难易程度比较 [J]. 外语教学，2015，36（2）：1-7.

[55] 黄广哲，朱琳. 以蔡志忠典籍漫画《孔子说》在美国的译介谈符际翻译 [J]. 上海翻译，2018（1）：84-89，95.

[56] 黄艳芳. 中美花木兰改编电影比较研究 [D]. 广州：广东金融学院，2020.

[57] 黄永武. 中国诗学·思想篇 [M]. 北京：新世界出版社，2012.

[58] 黄中习. 布洛陀史诗文化的多模态、多媒体译介初探 [J]. 桂林师范高等专科学校学报，2019，33（4）：49-53.

[59] 候菊茹. 论中国电影中的孙悟空形象 [D]. 济南：山东艺术学院，2017.

［60］胡陈尧，刘云虹.译与变：关于《西游记》海外传播路径的思考［J］.小说评论，2019（1）：144-152.

［61］胡楠.霍夫斯泰德文化维度在中美灾难电影中的体现——以《后天》和《超强台风》为例［D］.长春：长春工业大学，2014.

［62］胡天恩.社会符号学视角的诗歌译者主体性［J］.华东理工大学学报（社会科学版），2010，25（1）：101-105.

［63］胡壮麟，董佳.意义的多模态构建——对一次PPT演示竞赛的语篇分析［J］.外语电化教学，2006（3）：3-12.

［64］胡壮麟.社会符号学研究中的多模态化［J］.语言教学与研究，2007（1）：1-10.

［65］金曍泰，高在锡.中日韩动画版《西游记》比较分析［J］.外国文学研究，2016，38（3）：145-151.

［66］吉云飞."起点国际"模式与"Wuxiaworld"模式——中国网络文学海外传播的两条道路［J］.中国文学批评，2019（2）：102-108，159.

［67］贾佳，龚晓斌.多模态话语分析视阈下题画诗《画鹰》的英译研究［J］.语文学刊（外语教育教学），2015（10）：50-52.

［68］巨海宁，秦伟.于霍夫斯泰德维度理论的中美文化冲突和融合分析——以电影《孙子从美国来》为例［J］.新西部，2019（21）：120-121，108.

［69］举人."白日依山尽"［J］.南京理工大学学报（社会科学版），2002（1）：75.

［70］况玲玉.基于中西文化的美国迪斯尼动画电影《木兰》研究分析［J］.科技资讯，2019，17（17）：224-225.

［71］蓝芳."资深翻译家"王宏印：文海漫游播种真知［EB/OL］.（2020-01-13）[2020-08-17].见网页：http://news.nankai.edu.cn/ywsd/system/2020/01/13/030037351.shtml.

［72］郎绍君.中国当代美术理论家文丛现代中国画论集［M］.南宁：广西美术出版社，1995.

［73］梁高燕.王宏印先生学术研究成果和文学创作成果目录——深切怀念恩师王宏印教授［Z］.2019-12-31.

［74］林玲.从译介学理论看中国网络文学的海外输出——以"盘龙"的海外走红为例［J］.三峡大学学报（人文社会科学版），2018，40（2）：94-97.

［75］林雅琴.A brief analysis of the themes of the journey to the West［J］.海外英语，2011（11）：280-281.

［76］凌霄.基于多模态话语分析的平面商业广告英汉翻译研究［D］.广州：广东外语外贸大学，2015.

［77］李华兵.多模态研究方法和研究领域［J］.西安外国语大学学报，2013，21（3）：21-25.

［78］李日.霍夫斯泰德的文化维度理论试析中美文化差异——以电影《喜福会》为例［J］.渭南师范学院学报，2018，33（14）：57-63.

［79］李宁，王宏印.《福乐智慧》英译本特点评析［J］.民族文学研究，2006（2）：171-176.

［80］李萍.中国古典文化海外影像传播的特点分析——以《西游记》为实证［J］.社会科学家，2012（1）：123-126.

［81］李蕊芹，许勇强.近三十年"西游故事"传播研究述评［J］.明清小说研究，2010（3）：104-114.

［82］李天辰.《论语》英译体会点滴［J］.外语教学，1999（2）：39-41.

［83］李桔元.投射与经验识解［J］.中国外语，2007（1）：36-41.

［84］李丹.新时期《西游记》影视改编的社会心理解读［D］.太原：山西大学，2017.

［85］李静.21世纪以来的《西游记》电影改编研究［D］.西安：西北大学，2017.

［86］李兴忠.电影中的"愤怒"隐喻多模态表征［J］.广东外语外贸大学学报，2017，28（3）：46-51.

［87］刘成纪.中国传统诗教如何达至公共阐释［J］.社会科学战线，2019（2）：124-132.

［88］刘晶晶，邵华.中美电影中花木兰形象的审美维度比较［J］.安徽文学（下半月），2018（9）：75-76，91.

[89] 刘君.文化寄生：一种跨文化传播的变异范式——《西游记》跨境传播的视觉重构与异域想象[J].东南学术,2010（6）:163-171.

[90] 李婉.穿比基尼的"花木兰"——从叙事学角度看迪斯尼影片《木兰》对中国《木兰诗》的改编[J].重庆交通大学学报（社会科学版）,2007（4）:64-67.

[91] 刘雁南.霍夫斯泰德文化维度理论视角下的中美文化冲突分析——《以华女阿五》为例[D].南昌：南昌航空大学,2018.

[92] 李培裕.诗情画意：中国古典诗词意蕴与花鸟画意境的契合[M].北京：人民出版社,2015.

[93] 李希泌.盛唐诗人王之涣家世与事迹考[J].晋阳学刊,1988（3）:97-103.

[94] 李玉萍.试析中国网络文学网站内容设置的现状与影响[J].小说评论,2010（S2）:177-181.

[95] 林语堂.中国人[M].上海：学林出版社,1994.

[96] 刘勰,周振甫注.文心雕龙注释[M].北京：人民文学出版社,1981.

[97] 李玉宏.论张九龄诗的艺术特色[J].韶关师专学报,1984（1）:54-58.

[98] 李战子.多模式话语的社会符号学分析[J].外语研究,2003（5）:1-8,80.

[99] 李战子,陆丹云.多模态符号学：理论基础、研究途径与发展前景[J].外语研究,2012（2）:1-8.

[100] 梁红艳.投射"意义发生"机制及其系统[J].山西大学学报（哲学社会科学版）,2015,38（4）:51-56.

[101] 凌霄.基于多模态语境参数论的平面广告语篇整体意义构建[J].淮南师范学院学报,2020,22（2）:71-73,79.

[102] 吕洁.多模态语境参数视阈下字幕翻译的语义生成机制——以电影《血与骨》为例[J].外国语文,2016,32（6）:128-135.

[103] 卢德平.人与符号的时代共奏[G].社会科学报,2019-07-04（5）.

[104] 卢植.认知与语言[M].上海：上海外语教育出版社,2006.

[105] 龙迪勇.图像叙事与文字叙事——故事画中的图像与文本[J].江西社会科学,2008（3）:28-43.

[106] 吕健,吴文智.多模态话语分析视角下影片《金陵十三钗》的字幕翻译研究[J].上海翻译,2012(4):36-38.

[107] 罗良功.从社会符号学角度解读兰斯顿—休斯的诗歌形式[J].辽宁大学学报(哲学社会科学版),1999(5):101-104.

[108] 梁鲁晋.投射系统中的现象[J].外语学刊,2004(4):55-58.

[109] 马海燕.论古汉语诗词翻译的"阈限"性——从主题与主题倾向看译者主体艺术性的发挥[J].外语与外语教学,2009(7):48-51.

[110] 孟雨蒙.电视选秀节目的跨文化差异研究——以文化维度视角[D].广州:暨南大学,2014.

[111] 聂萌萌.跨文化视角下的美印文化冲突——以电视剧《服务外包》为例[J].齐齐哈尔师范高等专科学校学报,2013(6):90-91,116.

[112] 彭定求.全唐诗[Z].海口:海南国际新闻出版中心,1995.

[113] 彭利芝.新旧版四大名著改编电视剧的文化走势[J].现代传播(中国传媒大学学报),2017,39(9):100-102.

[114] 潘艳艳.政治漫画中的多模态隐喻及身份构建[J].外语研究,2011(1):11-15.

[115] 权立峰.美国动画片《花木兰》与中国《木兰诗》中所蕴含的女性意识[J].陕西青年职业学院学报,2010(1):77-80.

[116] 强晓.海外《论语》漫画英译评鉴[J].上海翻译,2014(2):48-53.

[117] 齐学东.《西游记》动画传播的美学思考[J].求是学刊,2013,40(5):142-148.

[118] 裘燕萍.部分投射及其在新闻语类中的评价功能[J].外国语(上海外国语大学学报),2007(3):32-38.

[119] 孙大雨.英译唐诗选:汉英对照[M].上海:上海外语教育出版社,2007.

[120] 石力月.影视作品的IP化及其基于交换价值的生产——以西游题材电影为例[J].上海师范大学学报(哲学社会科学版),2018,47(6):128-134,152.

[121] 苏轼.苏轼文集[M].北京:中华书局.1986.

[122] 唐蔚,李延林.从社会符号学视角谈源语言内意义与修辞在译文中的再现——

以《长恨歌》许译本为例[J].长沙铁道学院学报（社会科学版），2011，12（1）：197-198.

[123] 汤文华.符际翻译视角下蔡志忠《论语》漫画研究[J].济宁学院学报，2014，35（6）：115-118.

[124] 司显柱.系统功能语言学路向翻译研究述评[J].外语研究，2007（4）：85-89.

[125] 田星."中国故事"的跨文化之旅：动画电影、"民族性"和古典文学改编[J].艺术百家，2018，34（2）：157-162，239.

[126] 唐一鹤.英译唐诗三百首[M].天津：天津人民出版社，2005.

[127] 田子馥.中国诗学思维[M].北京：人民出版社，2010.

[128] 伍蠡甫.中国画论研究[M].北京：北京大学出版社，1983.

[129] 伍彩芬.多模态诗画话语的图文意义建构——以南宋马远题画诗《山径春行图》为例[J].湛江师范学院学报，2014，35（4）：111-116.

[130] 伍彩芬.暗香浮动诗画中，留得清气满乾坤——多模态视域下中国题画诗《墨梅图》的语篇意义解读[J].宁夏大学学报（人文社会科学版），2016，38（3）：173-178.

[131] 文非.景入理势意韵高远——重读王之涣《登鹳雀楼》[J].名作欣赏，2000（1）：40-41.

[132] 王国维.人间词话[M].北京：新世界出版社，2012.

[133] 王昊.中国域外题材小说研究[D].苏州：苏州大学，2009.

[134] 王宏印.意象、节奏、韵律——兼论诗的可译与不可译[J].外语教学，1996（2）：84-87.

[135] 王宏印.如将不尽，以古为新——试论《诗品》今译和英译的人称变换[J].四川外语学院学报，2001（6）：79-81.

[136] 王宏印.参古定法，望今制奇——探询文学翻译批评的评判标准[J].天津外国语学院学报，2002（3）：1-5.

[137] 王宏印.《红楼梦》回目辞趣两种英译的比较研究[J].外语与外语教学，2002（1）：54-57.

[138]王宏印.翻译学建设中理论与实践的关系之我见[J].上海科技翻译,2003(1):9.

[139]王宏印.探索典籍翻译及其翻译理论的教学与研究规律[J].中国翻译,2003(3):48-49.

[140]王宏印.中国传统译论经典诠释——从道安到傅雷[M].武汉:湖北教育出版社,2003.

[141]王宏印.试论文学翻译批评的背景变量[J].中国翻译,2004(2):36-39.

[142]王宏印.翻译笔法的本体论阐释与现象学描述[C]//中国英汉语比较研究会.中国英汉语比较研究会第7次全国学术研讨会论文集.中国英汉语比较研究会,2006:348-360.

[143]王宏印,邢力.追寻远逝的草原记忆:《蒙古秘史》的复原、转译及传播研究[J].中国翻译,2006(6):24-29.

[144]王宏印.不屈的诗魂,不朽的译笔——纪念诗人翻译家查良铮逝世三十周年[J].中国翻译,2007(4):32-36,94.

[145]王宏印.学术规范内的发现创新——翻译专业博士生培养的主导理念与规范做法[J].中国外语,2007(3):24-27.

[146]王宏印.融通中西译论,革新中国译学[J].中国外语,2008(6):33-36.

[147]王宏印.中国传统译论研究与翻译学建设十大问题[J].民族翻译,2008(1):18-27.

[148]王宏印,王治国.集体记忆的千年传唱:藏蒙史诗《格萨尔》的翻译与传播研究[J].中国翻译,2011(2):16-22,95.

[149]王宏印.典籍翻译,任重道远关于中国文化典籍翻译的问题与思考[C]//中国英汉语比较研究会.中国英汉语比较研究会第十次全国学术研讨会暨2012英汉语比较与翻译研究国际学术研讨会会议日程和摘要汇编.中国英汉语比较研究会:清华大学翻译与跨学科研究中心,2012:145.

[150]王宏印.知识与力量:散文的思辨——刘炳善译德·昆西《知识的文学与力量的文学》(节选)赏析[J].东方翻译,2012(4):75-85.

[151]王宏印.民族典籍翻译研究的学科基础与发展目标[J].广西民族大学学报

（哲学社会科学版），2014（4）：2-6.

[152] 王宏印. 从"异语写作"到"无本回译"——关于创作与翻译的理论思考[J]. 上海翻译，2015（3）：1-9.

[153] 王宏印. 朝向一种普遍翻译理论的"无本回译"再论——以《大唐狄公案》等为例[J]. 上海翻译，2016（1）：1-9，93.

[154] 王宏印. 中华民族文化典籍与翻译研究——"四大落差"及思考基点（上）[J]. 民族翻译，2016（4）：5-13.

[155] 王宏印. 中华民族文化典籍与翻译研究——"四大落差"及思考基点（中）[J]. 民族翻译，2017（1）：11-19.

[156] 王宏印. 中华民族文化典籍与翻译研究——"四大落差"及思考基点（下）[J]. 民族翻译，2017（2）：5-10.

[157] 王宏印. 典籍翻译与学问师承[J]. 沈阳师范大学学报（社会科学版），2019（2）：20-27.

[158] 王宏印. 多元共生，稳定发展，共同繁荣——关于我国民族典籍翻译的学科归属与文化资源的利用[J]. 民族翻译，2019（1）：7-15.

[159] 王宏印. 走出秦地，走向世界——试论陕西当代小说的对外翻译[J]. 燕山大学学报（哲学社会科学版），2019（1）：1-11.

[160] 王梦婉. 漫画多模态话语的再现功能分析——以一幅《PHD漫画》为例[J]. 北京科技大学学报（社会科学版），2014，30（5）：28-33.

[161] 吴启明. 历代名画诗画对读集[M]. 苏州：苏州大学出版社，2005.

[162] 王青. 网络文学海外传播的四重境界[J]. 中国文学批评，2019（2）：109-115，160.

[163] 汪榕培. 比较与翻译[M]. 上海：上海外语教育出版社，1997.

[164] 吴圣燮. 杨闽斋《新镌全像西游记传》版本研考（上）[J]. 明清小说研究，2004（4）：15-23，135.

[165] 吴圣燮. 杨闽斋《新镌全像西游记传》版本研考（下）[J]. 明清小说研究，2005（4）：93-107.

[166] 王树娟. 中西文化的冲撞与融合：迪斯尼动画花木兰女性主义形象解读[D].

济南：山东大学，2012.

[167] 王莹莹."现代"对"传统"的"曲解"——从《木兰诗》到电影《花木兰》[J].太原师范学院学报（社会科学版），2013，12（5）：128-130.

[168] 王文新.文学作品绘画改编中的语—图互文研究——以丰子恺《漫画阿Q正传》为例[J].文艺研究，2016（1）：129-138.

[169] 万潇.析迪斯尼动画电影中"花木兰"形象的流变[A]//2019年广西写作学会教学研究专业委员会第一期座谈会资料汇编.广西写作学会教学研究专业委员会，2019：4.

[170] 王晓农.朝向民族典籍翻译多元共生、色彩斑斓的图景——《中华民族典籍翻译研究概论》述评[J].民族翻译，2016（3）：85-90.

[171] 王莹，辛斌.多模态图文语篇的互文性分析——以德国《明镜》周刊的封面语篇为例[J].外语教学，2016，37（6）：7-11.

[172] 吴迎.从梅兰芳到梅葆玖[M].北京：中国青年出版社，2011.

[173] 王正，张德禄.基于语料库的多模态语类研究——以期刊封面语类为例[J].外语教学，2016，37（5）：15-20.

[174] 魏望东.刘殿爵的《论语》翻译策略[J].当代外语研究，2013（6）：50-55.

[175] 肖雅.中国电影"超级IP"产业模式初探——以"西游记"IP电影系列为例[J].传媒，2018（13）：87-89.

[176] 许波.论古代文学名著改编影视作品的审美特征与适度原则[J].当代电视，2018（9）：46-47.

[177] 徐振东.试论《西游记》改编电影对传统的步步分解[J].浙江科技学院学报，2018，30（4）：317-321.

[178] 夏日光，龚艺.以张九龄《感遇》一诗为例看诗歌的意象衔接手段[J].湖南科技学院学报，2013（2）：47-49.

[179] 夏征农.辞海[Z].上海：上海辞书出版社，2010.

[180] 萧净宇.俄语投射小句复合体研究[J].中国俄语教学，2001（2）：21-26.

[181] 辛志英，黄国文.元话语的评价赋值功能[J].外语教学，2010，31（6）：1-5.

[182] 许雷，屠国元，曹剑.后现代语境下跨文化传播的"图像转向"——蔡志忠漫画中英文版《论语》的启示［J］.贵州大学学报（社会科学版），2010，28（2）：132-135.

[183] 许勉君.中国多模态翻译研究述评［J］.广东外语外贸大学学报，2017，28（2）：40-46.

[184] 许渊冲.中诗英韵探胜［M］.北京：北京大学出版社，2010.

[185] 徐珺，肖海燕.《论语》英译的改写与顺应研究［J］.外语学刊，2018（4）：95-101.

[186] 杨国萍.漫画语义建构中的优化整合［J］.安阳师范学院学报，2018（4）：108-112.

[187] 杨国文.汉语句段的主从投射和嵌入投射［J］.当代语言学，2017，19（2）：207-221.

[188] 杨向荣，黄培.图像叙事中的语图互文——基于蔡志忠漫画艺术的图文关系探究［J］.百家评论，2014（4）：83-90.

[189] 杨贵章.从主题与主题倾向关联理论看古汉诗视觉意象之英译——以"床"之语义变迁及其英译为例［J］.文史博览（理论），2010（5）：19-21，45.

[190] 杨贵章.古汉诗"啼"之英译阐释视角——主题与主题倾向关联性融合的统摄性［J］.暨南学报（哲学社会科学版），2012（8）：128-133.

[191] 杨平.《论语》核心概念"仁"的英译分析［J］.外语与外语教学，2008（2）：61-63.

[192] 杨平.哲学诠释学视域下的《论语》翻译［J］.中国外语，2012，9（3）：101-109.

[193] 杨汝福.系统功能语言学观照下的共向互文性模式研究［J］.外国语（上海外国语大学学报），2010，33（2）：12-19.

[194] 央视网.蔡志忠国学系列漫画将被引入中小学国学实验课本［EB/OL］.（2013-07-09）[2021-2-10] http://arts.cntv.cn/20130709/104736.shtml.

[195] 一行.论诗教［M］.北京：北京师范大学出版社，2010.

[196] 儒风.《论语》的文化翻译策略研究［J］.中国翻译，2008，29（5）：50-54，96.

[197] 袁翠."阈限"规约下的苏轼《江城子》互文性解读及英译策略剖析［J］.山

东外语教学 2012（2）：104-108.

[198] 袁行霈. 新编千家诗［M］. 许渊冲（英译）. 北京：中华书局，2006.

[199] 俞燕明. 新闻漫画多模态隐喻表征方式研究——模态配置的类型、特点及理据［J］. 外语研究，2013（1）：1-9，112.

[200] 甄春亮. 里雅各翻译的《论语》［J］. 天津外国语学院学报，2001（2）：5-8.

[201] 张德福. 试议翻译研究论文写作方法和规范——以《论语》英译研究为例［J］. 翻译论坛，2016（1）：36-40.

[202] 张德禄，郭恩华. 多模态话语分析的双重视角——社会符号观与概念隐喻观的连接与互补［J］. 外国语（上海外国语大学学报），2013，36（3）：20-28.

[203] 张德禄，李玉香. 多模态课堂话语的模态配合研究［J］. 外语与外语教学，2012（1）：39-43.

[204] 张法. 如何理解中国传统文化中的"诗"［J］. 学术月刊，2013（12）：111-119.

[205] 曾繁亭. 网络文学批评主体的衍变［J］. 小说评论，2016（5）：54-58.

[206] 张光明. 认知隐喻翻译研究［M］. 北京：国防工业出版社，2010.

[207] 朱光潜. 诗论［M］. 上海：上海古籍出版社，2001.

[208] 周惠，刘永兵. 英汉学术书评中投射结构的评价研究［J］. 当代外语研究，2015（2）：18-23，77.

[209] 张晶晶. 社会符号学视阈下宋词《青玉案·元夕》英译对比分析——以许渊冲、徐忠杰译本为例［J］. 安徽文学（下半月），2018（1）：29-32.

[210] 曾景初. 中国诗画［M］. 北京：国际文化出版社，1994.

[211] 郑锦怀，吴永昇. 《西游记》百年英译的描述性研究［J］. 广西社会科学，2012（10）：148-153.

[212] 张敬源，贾培培. 新闻语篇中投射模式的研究［J］. 现代外语，2014，37（2）：179-188，291-292.

[213] 郑剑委. 中国网络文学的海外接受与网络翻译模式［J］. 华文文学，2018（5）：119-125.

[214] 张璐. 从Python情感分析看海外读者对中国译介文学的接受和评价：以《三体》英译本为例［J］. 外语研究，2019，36（4）：80-86.

[215] 周俐.儿童绘本中的图、文、音——基于系统功能多模态语篇研究及社会符号学理论的分析[J].外国语文,2014,30(3):106-112.

[216] 张玲.关于《汤显祖戏剧全集》的英译[J].外语与翻译,2018,25(2):33-37.

[217] 朱玲.昆剧翻译的多模态视角探索——以《牡丹亭》英译为例[D].苏州大学,2015.

[218] 曾麟.《西游记》海外影视改编与传播研究[J].当代电视,2019(6):56-59.

[219] 曾蕾.英汉"投射"小句复合体的功能与语义分析[J].现代外语,2000(2):164-173,163.

[220] 曾蕾,于晖."投射符号"的人际意义及其等级模式之构建[J].外语教学,2005(6):25-29.

[221] 曾蕾.投射信息中语码转换的人际与语篇意义构建[J].天津外国语学院学报,2006(6):53-58.

[222] 曾蕾.从语法隐喻视角看学术语篇中的"投射"[J].外语学刊,2007(3):46-49.

[223] 曾蕾,胡红辉.《论语》及其英译本中投射语言结构的功能语篇对等研究[J].外语与外语教学,2015(6):75-79,86.

[224] 曾蕾,杨慕文.图文语篇中的投射分析框架构建探讨[J].西安外国语大学学报,2016,24(4):35-38.

[225] 曾蕾.从投射小句复合体到投射语段——以《论语》原文与译文的对等分析为例[J].现代外语,2016,39(1):42-51,146.

[226] 曾蕾,杨慕文.学术漫画的投射系统研究[J].现代外语,2019,42(5):610-622.

[227] 曾蕾,梁红艳."事实"定位及其投射系统[J].现代外语,2012,35(1):23-29,108.

[228] 曾蕾,朱薪羽.国学经典漫画中投射概念意义的多模态再现机制探讨[J].北京科技大学学报(社会科学版),2020,36(6):1-9.

[229] 曾利沙. 关于翻译操作的"多度视域"研究——兼论译学系统理论研究的范畴化与概念化 [J]. 四川外语学院学报, 2002 (4): 99-102.

[230] 曾利沙. 论"操作视域"与"参数因子"——兼论翻译学理论范畴文本特征论的研究 [J]. 现代外语, 2002 (2): 154-164, 153.

[231] 曾利沙. 主题关联性社会文化语境与择义的理据性——TEM8 英译汉应试教学谈 [J]. 中国翻译, 2005 (4): 36-40.

[232] 曾利沙. 古典诗词互文性解读的"阈限"问题——兼论文本(翻译)阐释的主题与主题倾向关联性语境融合 [J]. 修辞学习, 2006 (1): 65-67.

[233] 曾利沙. 主题与主题倾向关联下的概念语义生成机制——也谈语篇翻译意识与 TEM8 语段翻译教学 [J]. 外语教学, 2007 (3): 83-87.

[234] 曾利沙. 论语篇翻译的概念语境化意义生成的认知机制 [J]. 英语研究, 2007 (1): 31-35.

[235] 曾利沙. 论古汉语诗词英译批评本体论意义阐释框架——社会文化语境关联下的主题与主题倾向性融合 [J]. 外语教学, 2010 (2): 89-92.

[236] 曾利沙. 基于语境参数观的概念语义嬗变认知机制研究——兼论商务英语时文教学理论与方法 [J]. 外语教学, 2011 (6): 6-10.

[237] 曾利沙, 李燕娜. 从语境参数论看范畴概念"活动"英译的实与虚——兼论应用翻译研究的经验模块与理论模块的建构 [J]. 上海翻译, 2011 (2): 1-6.

[238] 曾利沙. 论应用翻译学理论范畴体系整合与拓展的逻辑基础 [J]. 上海翻译, 2012 (4): 1-6.

[239] 张爱妮.《木兰诗》电影改编中的空间叙事分析 [J]. 咸宁学院学报, 2011, 31 (7): 115-117.

[240] 郑恩玉. 从《木兰诗》到"木兰戏"——木兰故事演变系统研究 [J]. 戏剧艺术, 2013 (4): 87-96.

[241] 赵连元. 中西审美差异之比较 [J]. 陕西师范大学学报, 1998 (4): 1-56.

[242] 张美芳, 黄国文. 语篇语言学与翻译研究 [J]. 中国翻译, 2002 (3): 5-9.

[243] 张美芳. 从语篇分析的角度看翻译中的对等 [J]. 现代外语, 2001 (1): 78-84.

[244] 钟明国. 辜鸿铭《论语》翻译的自我东方化倾向及其对翻译目的的消解 [J].

外国语文，2009，25（2）：135-139.

[245] 朱明胜，徐芹.《西游记》的跨媒介传播研究［J］.西安电子科技大学学报（社会科学版），2016，26（6）：170-175.

[246] 朱明胜.《西游记》域外经典化的过程［N］.中国社会科学报，2016-11-14（5）.

[247] 左娜，郭锦龙."花木兰"系列动画电影研究［J］.电影文学，2016（22）：113-115.

[248] 赵文超.介入性投射与对话空间建构——一项基于两种学术书评语料的对比研究［J］.西华大学学报（哲学社会科学版），2014，33（6）：89-93.

[249] 赵秀红.《西游记》题材中唐僧人物形象流变的文化意蕴［J］.文艺评论，2016（4）：77-83.

[250] 张媛，王宏印.民族典籍翻译的现状、问题与对策——人类学学者访谈录之七十一［J］.广西民族大学学报（哲学社会科学版），2014（4）：23-26.

[251] 朱永生，严世清.系统功能语言学多维思考［M］.上海：上海外语教育出版社，2001.

[252] 钟泽楠.从语篇分析角度看古汉诗中景观意象的英译——以"白日依山尽"的译法为例［J］.科技信息，2012（20）：207-208.

[253] 钟泽楠，杜艳红，杨贵章.主题关联视角下的张九龄诗歌之英译［M］//翻译教学与研究.第二辑，重庆：重庆出版社，2017：115-123.

[254] 张宗伟.20世纪90年代以来《西游记》的电影改编［J］.当代电影，2016（10）：98，147-150.

[255] 周志雄.兴盛的网络武侠玄幻小说［J］.小说评论，2016（3）：116-122.

二、外文文献

[1] ABBOTT M, FORCEVILLE C. Visual representation of emotion in manga: Loss of control is loss of hands in Azumanga Daioh volume 4［J］. Language and Literature，2011（20）：112-191.

[2] ADAB B, CRISTINA V. Key debates in the translation of advertising material. Special issue of the translator 10（2）［M］. Manchester：St Jerome，2004.

[3] ALLINGTON D, PIHLAJA S. Reading in the age of the internet [J]. Language and Literature, 2016, 25 (3): 201-210.

[4] ALBER J. Cinematic carcerality: Prison metaphors in film [J]. The Journal of Popular Culture, 2011, 44 (2): 217-232.

[5] ANDREW D. Concepts in film theory [M]. Oxford/New York/Toronto/Melbourne: Oxford University Press, 1984.

[6] ASIMAKOULAS D. Aristophanes in comic books: Adaptation as metabase [J]. Meta: Translators' Journal, 2016, 61 (3): 553-577.

[7] BAKER M. In other words [M]. London: Routledge, 1992.

[8] BAKLOUTI A S. Projecting others' speech: Linguistic strategies [J]. Academic Research, 2012 (10): 205-234.

[9] BANFIELD A. Narrative style and the grammar of direct and indirect speech [J]. Foundations of Language 1973, 10 (1): 1-39.

[10] BANFIELD A. Unspeakable sentences: Narration and representation in the language of fiction [M]. Boston: Routledge & Kegan Paul, 1982.

[11] BANFIELD A. Unspeakable sentences (routledge revivals): Narration and representation in the language of fiction [M]. London and New York: Routledge, 2014.

[12] BASIL H. Communication across cultures: Translation theory and contrastive text linguistics [M]. Exeter: University of Exeter Press, 2001.

[13] BATEMAN J A, VELOSO F O D. The semiotic resources of comics in movie adaptation: Ang Lee's Hulk (2003) as a case study [J]. Studies in Comics, 2013, 4 (1): 135-157.

[14] BATEMAN J A. Addressing methodological challenges in brand communications research: A comparison of structuralist, peircean, and social semiotic readings of advertising [M]//ROSSOLATOS G. Handbook of brand semiotics. Kassel: Kassel University Press, 2015: 237-279.

[15] BATEMAN J A. et al. An open multilevel classification scheme for the visual layout

of comics and graphic novels: Motivation and design[J]. Digital Scholarship in the Humanities, 2017, 32(3): 476-510.

[16] BEINEKE C. Towards a theory of adaptation[D/OL]. University of Nebraska-Lincoln, 2011.https: //digitalcommons.unl.edu/cgi/viewcontent.cgi?article=1055&context=englishdiss.

[17] BEDNAREK M, Martin J R. New discourse on language: Functional perspectives on multimodality, identity, and affiliation[M]. London: Continuum, 2009.

[18] BEDNAREK M, CAPLE H. The discourse of news values: How news organisations create newsworthiness[M]. New York: Oxford University Press, 2017.

[19] BELL R T. Translation and translating: Theory and practice[M]. London/Newmark: Longman, 1991.

[20] BORKENT M. Mediated characters: Multimodal viewpoint construction in comics[J]. Cognitive Linguistics, 2017(28): 539-563.

[21] BORODO M. Multimodality, translation and comics[J]. Perspectives, 2015, 23(1): 22-41.

[22] BOUNEGRU L, FORCEVILLE C. Metaphors in editorial cartoons representing the global financial crisis[J]. Visual Communication, 2011(10): 209-229.

[23] CAI Z. Journey to the West[M]. Translated by Alan Chong. Beijing: Modern Press, 2006.

[24] CALLON M. Actor-Network theory: The market test(Draft)[Z]. "Actor network and after" workshop, centre for social theory and technology(CSTT).UK: Keele University, 1997: 1-9.

[25] CAMBRIA E, WHITE B. Jumping NLP curves: A review of natural language processing research[J]. IEEE Computational Intelligence Magazine, 2014, 9(2): 48-57.

[26] CAPLE H. Photojournalism: A social semiotic approach[M].Basingstoke/New York: Palgrave Macmillan, 2013.

[27] CATFORD J C. A linguistic theory of translation[M]. London: Prentice Hall, 1965.

[28] CELOTTI N. The translator of comics as a semiotic investigator [M] //ZENETIIN F. Comics in translation. London: Rouledge, 2008: 42-58.

[29] CHALL J S. Stages of reading development [M]. Chicago: R. R. Donnelley and Sons, Inc., 1983.

[30] CHANG C. Modelling translation as Re-instantiation [J]. Perspectives, 2018, 26 (2): 166-179.

[31] CHEN L. Engaging Tang Xianzu and Shakespeare in the quest for self [J]. Asian Theatre Journal, 2019, 36 (2): 327-346.

[32] CHEN X. Representing cultures through language and image: a multimodal approach to translations of the Chinese classic Mulan [J]. Perspectives, 2018 (26): 214-231.

[33] CHEN Y. A study of multimodal engagement resources and voice interaction in pedagogic discourse [M] // WEBSTER J, PENG X. Applying systemic functional linguistics: The state of the art in China today. London: Bloomsbury Academic, 2016: 237.

[34] CHEN Y M. The semiotic construal of attitudinal curriculum goals: Evidence from EFL textbooks in China [J]. Linguistics and Education, 2010, 21 (1): 60-74.

[35] CHEN Y. Reconstructing classical Chinese fables through modern adaptations: a functional comparative study [J]. Social Semiotics, 2017, 27 (2): 145-157.

[36] CHENG W, HO J. A corpus study of bank financial analyst reports: semantic fields and metaphors [J]. International Journal of Business Communication, 2017 (54): 258-282.

[37] CHUEASUAI P. Translation shifts in multimodal text: a case of the Thai version of cosmopolitan [J]. The Journal of Specialized Translation, 2013 (20): 107-121.

[38] CIENKI A J. Image schemas and mimetic schema in cognitive linguistics and gesture studies [J]. Review of Cognitive Linguistics, 2013, 11 (2): 417-432.

[39] COHN N. The limits of time and transitions: challenges to theories of sequential image comprehension [J]. Studies in Comics, 2010, 1 (1): 127-147.

[40] COHN N. Navigating comics: An empirical and theoretical approach to strategies of reading comic page layouts [J]. Frontier in Psychology, 2013 (4): 186.

[41] COHN N. The visual language of comics: Introduction to the structure and cognition of sequential images[M]. London: Bloomsbury, 2013.

[42] COHN N. Visual narrative structure[J]. Cognitive Science, 2013 (37): 413-452.

[43] COHN N, JACKENDOFF R, HOLCOMB P J, et al. The grammar of visual narrative: neural evidence for constituent structure in sequential image comprehension[J]. Neuropsychologia, 2014 (64): 63-70.

[44] COHN N. The architecture of visual narrative comprehension: The interaction of narrative structure and page layout in understanding comics[J]. Front Psychol, 2017, 1 (5): 680.

[45] COHN N, PACZYNSKI M, KUTAS M. Not so secret agents: Event-related potentials to semantic roles in visual event comprehension[J]. Brain and Cognition, 2017 (119): 1-9.

[46] COHN N, BENDER P. Drawing the line between constituent structure and coherence relations in visual narratives[J]. JEXP Psychol Learn Mem Cogn, 2017, 43 (2): 289-301.

[47] COHN N. Being explicit about the implicit: inference generating techniques in visual narrative[J]. Language and Cognition, 2019 (11): 1-32.

[48] COULSON S, MATLOCK T. Metaphor and the space structuring model[J]. Metaphor and Symbol, 2001, 16 (3): 295-316.

[49] CSILLAG A. Metaphors of sadness in quotations[J]. Romanian Journal of English Studies, 2017 (14): 56-63.

[50] DE OLIVEIRA J M, PAGANO A S. The research article and the science popularization article: A probabilistic functional grammar perspective on direct discourse representation [J]. Discourse Studies, 2006, 8(5): 627-646.

[51] DICERTO S. Multimodal pragmatics and translation: A new model for source text analysis[M]. London: Palgrave Macmillan, 2018.

[52] DIAZ-VERA J E. Emotions in the household: Emotion words and metaphors in domesday book personal names[J]. Names, 2014 (62): 165-176.

[53] ECONOMOU D. Photos in the news: Appraisal analysis of visual semiosis and verbal-visual intersemiosis [D]. University of Sydney, 2009.

[54] EERDEN B. Anger in Asterix: The metaphorical representation of anger in comics and animated films [M] // FORCEVILLE C, URIOS-APARISI E. Multimodal metaphor. Berlin, Boston: De Gruyter Mouton, 2009: 243-264.

[55] EL REFAIE E. Understanding visual metaphor: The example of newspaper cartoons [J]. Visual Communication, 2003 (2): 75-95.

[56] EL REFAIE E. Metaphor in political cartoons: Exploring audience responses [M] // FORCEVILLE C, URIOS-APARISI E. Multimodal metaphor. Berlin: Mouton de Gruyter, 2009: 173-196.

[57] FAYE T. Narrative (De) constructions and the persistence of the text: Images of the cid between epic performance and comics [M] //MITAINE B, ROCHE D, SCHMITT-PITIOT I. Comics and adaptation. Mississippi: University Press of Mississippi, 2018: 47-65.

[58] FLUDERNIK M. An introduction to narratology [M]. New York: Routledge, 2009.

[59] FORCEVILLE C. Pictorial metaphor in advertising [M]. London: Routledge, 1996.

[60] FORCEVILLE C. The identification of target and source in pictorial metaphors [J]. Journal of Pragmatics, 2002, 34 (1): 1-14.

[61] FORCEVILLE C. Visual representations of the idealized cognitive model of anger in the Asterix album La Zizanie [J]. Journal of Pragmatics, 2005, 37 (1): 69-88.

[62] FORCEVILLE C, URIOS-APARISI E. Multimodal metaphor [M]. Berlin: Mouton de Gruyter, 2009.

[63] FOREY G. Projecting clauses: Interpersonal realisation of control and power in workplace texts [M] //FOREY G, THOMPSON G. Text type and texture: In honour of Flo Davies. Sheffield: Equinox, 2009: 151-174.

[64] FUSINI L. Looking for common ground: A thematic comparison between Tang Xianzu's and Shakespeare's dramatic imagination [J]. Asian Theatre Journal, 2019, 36 (2): 302-326.

[65] GELLY C. Nestor burma, from Léo Malet to Jacques Tardi, via Jacques-Daniel Norman: 120, rue de la Gare and its adaptations in "There Will Come Soft Rains" [M] //MITAINE B, ROCHE D, SCHMITT-PITIOT I. Comics and adaptation. Mississippi: University Press of Mississippi, 2018: 84.

[66] GIBBS R W. The poetics of mind: Figurative thought, language, and understanding [M]. New York: Cambridge University Press, 1994.

[67] GIBBS R W, STEEN J G. Metaphor in cognitive linguistics [M]. Amsterdam: John Benjamins Publishing Company, 1999.

[68] GLENBERG A, et al. Grounding language in bodily states: The case for emotion [M] // DIANE P. Grounding cognition: The role of perception and action in memory, language, and thinking. Cambridge University Press, 2005: 115-128.

[69] GOGGIN J, HASSLER-FOREST D. The rise and reason of comics and graphic literature: Critical essays on the form [M]. Jefferson NC, US: McFarland, 2010.

[70] GOLDSTEIN L. Graphic/Narrative/History defining the essential experience (s) of 9/11 [M] //BARBIC A. A comics as history, comics as literature. Lanham: Fairleign Dickinson University Press, 2014: 128.

[71] GOTTLIEB H. Subtitles, translation and idioms [M]. Copenhagen, Denmark: University of Copenhagen, 1997.

[72] GROENSTEEN T. The system of comics [M]. Mississipi: University Press of Mississippi, 2007.

[73] GUIJARRO J M, SANZ M J P. Compositional, interpersonal and representational meanings in a children's narrative: a multimodal discourse analysis [J]. Journal of Pragmatics, 2008, 40 (9): 1601-1619.

[74] GUJORRO A J. A multimodal analysis of picture books for children: A systemic functional approach [M]. Sheffield: Equinox, 2014.

[75] GUO L. Multimodality in a biology textbook [M] //O' HALLORANK. Multimodal discourse analysis: Systemic functional perspectives. London/New York: Continuum, 2004: 196-219.

[76] HALLIDAY M A K, et al. The linguistic sciences and language teaching [M]. London: Longmans(Longmans' Linguistics Library), 1964.

[77] HALLIDAY M A K. Language as social semiotic: The social interpretation of language and meaning[M]. London: Hodder Arnold, 1978.

[78] HALLIDAY M A K. An introduction to functional grammar [M]. London: Arnold, 1985.

[79] HALLIDAY M A K. An introduction to functional grammar (2nd edition)[M]. London: Arnold, 1994.

[80] HALLIDAY M A K, MATTHIESSEN C. Construing experience through meaning: A language-based approach to cognition [M]. London and New York: Continuum, 2006.

[81] HALLIDAY M A K, MATTHIESSEN C. An introduction to functional grammar [M]. London and New York: Routledge, 2014.

[82] HAMILTON E R. Picture this: Multimodal representations of prospective teachers' metaphors about teachers and teaching [J]. Teaching and Teacher Education, 2016 (55): 33-44.

[83] HANSSON H, NORBERG C. Storms of tears: Emotion metaphors and the construction of gender in east lynne[J]. Orbis Litterarum, 2012, 67 (2): 154-170.

[84] HART J. Storycraft: The complete guide to writing narrative nonfiction[M]. Chicago: University of Chicago Press, 2012.

[85] HATIM B, MANSON I. Discourse and the translator [M], London: Longman, 1991.

[86] HATIM B. Communication across cultures: Translation theory and contrastive text linguistics[M]. Exeter: University of Exeter Press, 2001.

[87] HATIM B. Text politeness: A semiotic regime for a more interactive pragmatics [M]// HICKEY L. The pragmatics of translation. Clevedon and Philadelphia: Multilingual Matter, 1998: 72-102.

[88] HINTON D. Classical Chinese poetry: An anthology[M]. Farrar, Straus and Giroux,

2014.

[89] HITA J A. A contrastive description of projection in English and Spanish across ranks: From the clause nexus to the group [M]//SELLAMI-BAKLOUTI A, FONTAINE L.Perspectives from systemic functional linguistics.Abingdon: Routledge, 2018: 163-181.

[90] HITA J A, et al. Quoting and reporting across languages: A systembasedand text-based typology[J]. Word, 2018, 64 (2): 69-102.

[91] HO J. When bank stocks are hobbled by worries: A metaphor study of emotions in the financial news reports[J]. Text & Talk, 2016 (36): 295-317.

[92] HOEY M. On the surface of discourse [M]. London: George Allen & Unwin, 1983.

[93] HOFSTEDE G. Cultures and organizations: Software of the mind [M]. London: McGraw-Hill, 1991.

[94] HOFSTEDE G. Culture's consequences: International differences in work-related values[M]. Beverly Hills, 1980.

[95] HOLSTING A. Projecting clause complexes and the subjunctive mood as means of projection in German [M]// NORGAARD N. Systemic functional linguistics in use. Odense Working Papers in Language and Communication, 29. Demark, Odense: Syddansk Universitet, 2008: 381-399.

[96] HOOD S. Appraising research: Evaluation in academic writing[M]. Berlin: Springer, 2010.

[97] HOUSE J. A model for translation quality assessment [M]. Tübringen: Narr, 1977.

[98] HOUSE J. Universality versus culture specificity in translation [M] // RICCARDI A. Translation studies: Perspectives on an emerging discipline. Cambridge: Cambridge University Press, 2000: 92-110.

[99] HUANG G H, CHEN Y A. Functional linguistic approach to the study of simplified versions of Alice's adventures in wonderland [J]. Linguistics and the Human Sciences, 2015, 11 (2-3): 236-249.

[100] HUTCHEON L. A theory of adaptation [M]. New Yok/London: Routledge, 2006.

[101] IGNATIEVA N. Verbal processes in student academic writing in Spanish from a systemic functional perspective[J].Lenguaje, 2011, 39(2): 447-467.

[102] IGNATIEVA N, RODRIGUEZ-VERGARA D. Verbal processes in academic language in Spanish: Exploring discourse genres within the systemic functional framework[J]. Functional Linguistics, 2015, 2(1): 1-14.

[103] JAKOBSONR. On linguistic aspects of translation [M]//BROWER R A. On translation.Cambridge: Cambridge UniversityPress, 1959.

[104] JESPERSEN O. The philosophy of grammar [M]. London: George Allen & Unwin Ltd, 1924.

[105] JEWITT C, BEZEMER J, O'HALLORAN K. Introducing multimodality [M]. London/New York Routledge, 2016.

[106] JOHNSON M. The body in the mind: The bodily basis of meaning, imagination, and reason[M]. Chicago: The University of Chicago Press, 1987.

[107] JONES B. W. Classics illustrated and the evolving art of comic-book literary adaptation [M]// LEITCH T. The Oxford handbook of adaptation studies. New York: Oxford, 2017.

[108] KAINDL K. Thump, whizz, poom: A framework for the study of comics under translation[J].Target, 1999, 11(2): 263-288.

[109] KAINDL K.Multimodality in the translation of humour in comics [M]// VENTOLA E, CHARLES C, KALTENBACHER M. Perspectives on multimodality. Amsterdam: John Benjamins, 2004: 173-192.

[110] KHAJEH Z, IMRAN-HO A, TAN K H. Emotional temperament in food-related metaphors: A cross-cultural account of the conceptualisations of anger [J]. The Southeast Asian Journal of English Language Studies, 2014, 20 (1): 33-48.

[111] KöVECSES Z. Emotion concepts[M]. New York: Springer-Verlag, 1990.

[112] KöVECSES Z. Metaphor and the folk understanding of anger [M]//RUSSELL J A, et

al. Everyday conceptions of emotion. Dordrecht: Kluwer, 1995: 49-71.

[113] KöVECSES Z. Metaphor and emotion [M]. New York and Cambridge: Cambridge University Press, 2000.

[114] KöVECSES Z. Metaphor in culture: Universality and variation [M]. Cambridge: Cambridge University Press, 2005.

[115] KöVECSES Z. Conceptual metaphor theory [M] //ELENA S, ZSOFIA D. The routledge handbook of metaphor and language. Abingdon: Routledge, 2017: 13-27.

[116] KOWALEWSKI H. Heart is for love: Cognitive salience and visual metonymies in comics [J]. The Comics Grid: Journal of Comics Scholarship, 2018 (8): 10.

[117] KRESS G, VAN LEEUWEN T. Reading images: The grammar of visual design [M]. New York: Routledge, 2006.

[118] LABARRE N. Absent humanity: Personification and spatialization in "There Will Come Soft Rains" [M] //MITAINE B, ROCHE D, SCHMITT-PITIOT I. Comics and adaptation.Mississippi: University Press of Mississippi, 2018: 66.

[119] LANGACKER R. Foundations of cognitive grammar: Theoretical prerequisites (Vol. 1) [M]. Stanford: Stanford University Press, 1987.

[120] LANGACKER R. Foundations of cognitive grammar: Practical applications (Vol. 2) [M]. Stanford: Stanford University Press, 1991.

[121] LAKOFF G, JOHNSON M. Metaphors we live by [M]. Chicago: University of Chicago Press, 1980.

[122] LAKOFF G, KöVECSES Z. The cognitive model of anger inherent in American English [M] //HOLLAND D, QUINN N. Cultural models in language and thought. New York: Cambridge University Press, 1987: 195-221.

[123] LAKOFF G, TURNER M. More than cool reason: A field guide to poetic metaphor [M].Chicago: The University of Chicago Press, 1989.

[124] LAURANTO Y. The projected directive construction and object case marking in Finnish [J]. Journal of Estonian and Finno-Ugric Linguistics, 2017, 8(2): 155-

190.

[125] LEDOUX J. The emotional brain[M]. New York: Simon and Schuster, 1996.

[126] LEE J, KONG Y, LUO M. Syntactic patterns in classical Chinese poems: A quantitative study[J]. Digital Scholarship in the Humanities, 2018 (33): 82-95.

[127] LEECH G, SHORT M. Style in fiction: A linguistic introduction to English fictional prose[M]. London: Longman, 1981.

[128] LEITCH T M. The Oxford handbook of adaptation studies[M]. New York: Oxford University Press, 2017.

[129] LI C, XIAO H. A contrastive study of conceptual metaphor in chinese and american courtroom discourse[J]. Theory and Practice in Language Studies, 2017 (7): 1065-1074.

[130] LIU X, QU D. Exploring the multimodality of EFL textbooks for Chinese college students: A comparative study [J]. RELC Journal, 2014, 45 (2): 135-150.

[131] LIU H. Shakespeare and Tang Xianzu: their significance to the formation of world drama [J]. Neohelicon, 2019, 46 (1): 21-36.

[132] LUO L. Conceptualization of sadness metaphor in English[J]. Studies in Literature and Language, 2016 (13): 20-26.

[133] MACHIN D, NIBLOCK S. News production: Theory and practice [M]. London/New York: Routledge, 2006.

[134] MAESTRE-BROTONS A. From amnesia to fable: historical memory, pulp fiction and political consensus [J]. Journal of Spanish Cultural Studies, 2016, 17 (1): 27-43.

[135] MANZAR B, ARAVIND A. Reflections on the emerging trend in comics culture: Adaptation of sholay into a comic book[J]. Journal of English Studies, 2016, 11 (1): 53-57.

[136] MARTIN J R. Mourning: How we get aligned[J]. Discourse & Society, 2004, 15 (2-3): 321-344.

[137] MARTIN J R, PETER R R. White. The language of evaluation: Appraisal in English

［M］. London: Palgrave, 2005.

［138］MARTIN J R.Semantic variation: Modelling realisation, instantiation and individuation in social semiosis［M］//BEDNAREK M, MARTIN J R. New discourse on language: Functional perspectives on multimodality, identity, and affiliation. London and New York: Continuum, 2010: 1-34.

［139］MARTINEC R. Cohesion in action［J］. Semiotica, 1998, 120（1-2）: 161-180.

［140］MATTHIESSEN C. Lexicogrammatical cartography: English systems［M］. Tokyo: International Language Sciences Publishers, 1995.

［141］MCCLOUD S. Understanding comics: the invisible art［M］. New York: Harper Perennial, 1994.

［142］MITAINE B, ROCHE D, SCHMITT-PITIOT I. Comics and adaptation.［M］. Mississippi: University Press of Mississippi, 2018.

［143］MONTEJO-RáEZ A, et al. Crowd explicit sentiment analysis［J］. Knowledge-Based Systems, 2014（69）:134-139.

［144］MOORE T. Knowledge and agency: A study of "metaphenomenal discourse" in textbooks from three disciplines［J］. English for Specific Purposes, 2002（21）: 347-366.

［145］MUNDAY J. Introducing translation studies: Theories and applications［M］. London and New York: Routledge, 2001.

［146］NEWELL K. Imagining the unimaginable: Illustration as gateway［M］// NEWELL K. Expanding adaptation networks.London: Palgrave Macmillan, 2017: 63-98.

［147］NGUYEN N L. The EMOTION-IS-LIQUID metaphor in English and Vietnamese: A contrastive analysis［J］. Procedia – Social and Behavioral Sciences, 2013（95）: 363-371.

［148］OCHI A. The reporter's voice in hard news reports in English and Japanese: Views from context, semantics, and lexicogrammar［C］//LEILA B, BERBER T.Proceedings of the 33rd international systemic functional congress. São Paulo, Brazil, 2006: 763-

774.

[149] OCHI A. Ideational projection in Japanese news reporting: Construing reporter's experience above clause rank [M] //NORGAARD N. Systemic functional linguistics in use. Odense Working Papers in Language and Communication. Demark, Odense: Syddansk Universitet, 2008: 601-620.

[150] O'HALLORAN K. Towards a systemic functional analysis of multisemiotic mathematics texts [J]. Semiotica, 1999, 124 (1/2): 1-29.

[151] O'HALLORAN K. Multimodal discourse analysis: Systemic functional perspectives [M]. London/New York: Continuum, 2004.

[152] OWEN S. Traditional Chinese poetry and poetics: Omen of the world [M]. Madison: University of Wisconsin Press, 1985.

[153] PAINTER C, MARTIN J R, UNSWORTH L. Reading visual narratives [M]. London: Equinox, 2013.

[154] PATPON P. Ideational projection and interpersonal projection in Thai [C] // YAN FANG. Proceedings of the 36th international systemic functional congress. Beijing, China, 2009: 401-408.

[155] PARTEE B H. The syntax and semantics of quotation [M] // ANDERSON S, KIPARSKY P. A festschrift for Morris Halle. New York: Holt, Rinehart and Winston, 1973: 410-418.

[156] PATOWARI J. A comparative analysis of emotion conceptual metaphor in English and Bangla [J]. Language in India, 2015, 15(11): 264-274.

[157] PEREZ-GONZALEZ L, BAKER M, SALDANHA G. Audiovisual translation [M] // BAKER M, SALDANHA G. The routledge encyclopedia of translation studies (2nd ed.). London: Routledge, 2009: 13-20.

[158] PEREZ-GONZALEZ L. Audiovisual translation: theories, methods and issues [M]. London: Routledge, 2014.

[159] PERRET M. Not just condensation: how comic books interpret Shakespeare [J]. College Literature, 2004, 31 (4): 72-93.

[160] PRAGGLEJAZ GROUP. MIP: A method for identifying metaphorically used words in discourse [J]. Metaphor and Symbol, 2007, 22 (1): 1–39.

[161] QUIRK R, et al. A comprehensive grammar of the English language [M]. London/New York: Longman, 1985.

[162] REISS K. Text types, translation types and translation assessment [M]// CHESTERMAN A. Readings in translation theory. Helsinki: Oy Finn Lectura Ab, 1977: 105–115.

[163] RICHARD I A. The philosophy of rhetoric [M]. New York: Oxford University Press, 1936.

[164] ROYCE T D. Synergy on the page: exploring intersemiotic complementarity in pagebased multimodal text [J]. JASFL Occasional Papers 1, 1998: 25–50.

[165] SABETI S. The "Strange Alteration" of Hamlet: Comic books, adaptation and constructions of adolescent literacy [J]. Changing English, 2014, 21 (2): 182–197.

[166] SCHILPEROORD J, MAES A. Visual metaphoric conceptualization in editorial cartoons [M]//FORCEVILLE C, URIOS-APARISI E. Multimodal metaphor. Berlin: Mouton de Gruyter, 2009: 213–240.

[167] SCHLENSAG S. On three comics adaptations of Philip K. Dick [M]//DUNSTA, et al. The world according to Philip K. Dick. London: Macmillan Publishers Limited, 2015: 158.

[168] SEMINO E, SHORT M. Corpus stylistics: Speech, writing and thought presentation in a corpus of English writing [M]. London: Routledge, 2004.

[169] SHINOHARA K, MATSUNAKA Y. Pictorial metaphors of emotion in Japanese comics [M]//FORCEVILLE C, URIOS-APARISI E. Multimodal metaphor. Berlin: Mouton de Gruyter, 2009: 265–293.

[170] SIAHAAN S, SINAR T S. The translation process of projection from batak toba language into English [J]. IOSR Journal of Humanities and Social Science, 2013 (11): 8–18.

[171] SOBRINO P P. Multimodal metaphor and metonymy in advertising (Vol. 2) [M].

Amsterdam: John Benjamins Publishing Company, 2017.

[172] STAM R. Beyond fidelity: The dialogics of adaptation [M] //NAREMORE J. Film adaptation. London: Athlone Press, 2000: 62.

[173] STENGLIN M K. Space odyssey: Towards a social semiotic model of three dimensional space [J]. Visual Communication, 2003, 8 (1): 35-64.

[174] SUN H. Transforming monkey [M]. Washington: The University of Washington Press, 2018.

[175] SWEETSER E. From etymology to semantics [M]. Cambridge: Cambridge University Press, 1990.

[176] TAN, et al. 1616: Shakespeare and Tang Xianzu's China [M]. London: Bloomsbury Arden Shakespeare, 2016.

[177] TAN K. Imagining communities: A multifunctional approach to identity management [M] //BEDENARKEK M, MARTIN J R. New discourse on language. London: Continuum, 2010: 167.

[178] TANG Y F. Translating across cultures: Yi Jing and understanding chinese poetry [J]. Intercultural Communication Studies, 2014, 23 (1): 187-202.

[179] TAN K. The language of identity discourse: Introducing a systemic functional framework for iconography [J]. Linguistics & the Human Sciences 2013, 8 (3): 361-391.

[180] TIAN P. Playing with "femininity": An intermodal analysis of the bilingual picture book: The ballad of Mulan [M] //BEDENAREK M, MARTIN J R. New discourse on language. London: Continuum, 2010: 134.

[181] TAYLOR M, et al. Digital storytelling and visual metaphor in lectures: a study of student engagement [J]. Accounting Education, 2018, 27 (6): 552-569.

[182] TERUYA K. Projection in Japanese: Ideational and interpersonal manifestations [C] // FANG YAN. Proceedings of the 36th international systemic functional congress. Beijing, China, 2009: 367-370.

[183] THOMPSON G, YE Y. Evaluation in the reporting verbs used in academic papers [J].

Applied Linguistics, 1991, 12(4): 365-382.

[184] THOMPSON G. But me some buts: A multidimensional view of conjunction[J]. Text, 2005, 25(6): 763-791.

[185] TURKER E. A corpus-based approach to emotion metaphors in Korean: A case study of anger, happiness, and sadness[J]. Review of Cognitive Linguistics, 2013(11): 73-144.

[186] UNSWORTH L. E-literacy for the language arts teacher, E-literature for children: Enhancing digital literacy learning[M]. Abingdon and New York: Routledge, 2006.

[187] UNSWORTH L. Persuasive narratives: Evaluative images in picture books and animated movies[J]. Visual Communication, 2015, 14(1): 73-96.

[188] VANDELANOTTE L, DAVIDSE K. The emergence and structure of be like and related quotatives: a constructional account[J]. Cognitive Linguistics, 2009, 20(4): 777-807.

[189] VANDERBEKE D. It was the best of two worlds, it was the worst of two worlds[M]// GOGGIN J, HASSLER-FOREST D. The rise and reason of comics and graphic literature. Jefferson: Macfarland, 2010: 117.

[190] VAN DIJK A T. Macrostructure—An interdisciplinary study of global structure in discourse, interaction, and cognition[M]. Hillside, New Jersey: Lawrence Erlbaum Associates Publishers, 1980.

[191] VAN LEEUWEN T. Speech, music, sound[M]. London: Macmillan, 1999.

[192] VELOSO F, BATEMAN J. The multimodal construction of acceptability: Marvel's Civil War comic books and the PATRIOT Act[J]. Critical Discourse Studies, 2013, 10(4): 427-443.

[193] VELOSO F. Comic books as cultural archeology: Gender representation in Captain America during WWII[J]. Linguistics and the Human Sciences, 2015, 11(2-3): 284-299.

[194] WANG Z. Cultural "Authenticity" as a conflict-ridden hypotext: Mulan(1998), Mulan Joins the Army(1939), and a Millennium-Long intertextual metamorphosis

[J]. The Artist and Journal of Home Culture, 2020, 9(3): 78.

[195] WAGNER G. The novel and the cinema rutherford [M]. NJ: Fairleigh Dickinson University Press, 1975.

[196] WILSON A A, LANDON-HAYS M. A social semiotic analysis of instructional images across academic disciplines [J]. Visual Communication, 2016, 15(1): 3-31.

[197] WRIGHT T. A new black pantheon: Kwezi as an epic of African postmodernity [J]. Journal of African Cultural Studies, 2018, 30(2): 208-226.

[198] WU C, MATTHIESSEN C, HERKE M. Proceedings of ISFC 35: Voices around the world [C]. Sydney: 35th ISFC Organizing Committee, 2008.

[199] XUAN W, CHEN S. A synthesis of research on grammatical metaphor: meta-data and content analysis [J]. Word, 2019, 65(4): 213-233.

[200] XUAN W, CHEN S. Taking stock of accumulated knowledge in projection studies from systemic functional linguistics: A research synthesis [J]. Functional Linguistics, 2020(7): 1.

[201] YANG Q. Mulan in China and America: From premodern to modern [J]. Comparative Literature: East & West, 2018, 2(1): 45-59.

[202] YANG X, WEBSTER J. To be continued: meaning-making in serialized manga as functional-multimodal narrative [J]. Semiotica, 2015(207): 583-606.

[203] YOU C. Aesthetic dilemmas of adaption and the politics of subjectivity: Animating the Chinese classic journey to the west [J]. International Research in Children's Literature, 2019, 12(1): 34-46.

[204] YU H. One page, two stories: intersemiotic dissonance in a comic adaptation of Journey to the West [J/OL]. Social Semiotics, 2019: 1-21 [2021-06-23]. http://doi.org/10.1080/10350330.2019.1645986.

[205] YU N. The contemporary theory of metaphor: A perspective from Chinese [M]. Amsterdam: John Benjamins Publishing Company, 1998.

[206] YU N. The Chinese HEART in a cognitive perspective [M]. Berlin, Boston: De Gruyter Mouton, 2009.

[207] YUS F. Visual metaphor versus verbal metaphor: A unified account [M] // FORCEVILLE C, URIOS-APARISI E. Multimodal metaphor, 2009: 147-172.

[208] ZATLIN P. Theatrical translation and film adaptation: A practitioner's view [M]. Bristol: Multilingual Matters, 2005.

[209] ZENETIIN F. Comics in translation [M]. London: Routledge, 2008.

[210] ZENG L, YANG M. Constructing an analytical framework for projection in image-text discourse [J]. Journal of Xi'an International Studies University, 2016, 24 (4): 35-38.

[211] ZHANG H. Analysis of the characteristics of the four main figures in journey to the west from the perspective of freudian [J]. Theory of Human Psyche, 2015, 3 (4): 21, 159-163.

[212] ZHONG Z, CHEN S, XUAN WW. Recontextualizing literary classics with modernity: A social semiotic analysis of a comic Adaptation of journey to the west [J/OL]. SAGE Open, 2021, 11 (2) [2021-06-23]. https: //journals. sagepud.com/doi/10.1177/21582440211019730.

附录一 西游记漫画标注过程

页码	漫画格位序	参与者	过程（动作）	环境成分 地点	环境成分 方式	言语
2	1	1		1		1
2	2	1		1		2
3	1	2				
3	2	1				
6	2	2	1			
7	2			1		1
9	1	1				
10	2					2
11	1				1	
13	1	3		1		
14	2	3	1	1		
15	1	2	2			
16	2	2	1	1		1
17	1	1	1			1
21	2		1	1		2
30	1	1				
37	2	1	1			1
38	2	1	1			
41	2	1	1			

续表

页码	漫画格位序	参与者	过程（动作）	环境成分 地点	环境成分 方式	言语
42	2	2		1		1
45	2	2				1
46	2	1	1			1
47	1	1				
48	1					1
48	2	2			1	1
50	1	1	1			1
50	2	1	1	1		
51	2				1	
52	2	1	1			
53	2	1	1			
54	1	1				2
54	2	1				
55	2	4	2	2		2
58	1	1	1			1
58	2	1	1			
60	2	1			1	2
61	1	1	1			
61	2					1
62	1	2	1			
62	2	1				
64	1	1				1
65	2	1				1
66	2					2
67	1					
68	1	1	1	1		2
68	2	1				

续表

页码	漫画格位序	参与者	过程（动作）	环境成分 地点	环境成分 方式	言语
70	1					1
72	2	3			1	
73	1	1			1	2
73	2	2				1
74	1	4			3	1
76	1	1	1			1
77	2	1				1
78	1	1				2
78	2					1
80	1	1	1	1		1
80	2					1
81	1					1
83	2					1
84	1	1	1			2
84	2					1
85	1					1
87	1					1
87	2				1	2
88	1	1				1
88	2	1				1
89	1	1				1
89	2	1		1		1
90	1		1			1
90	2				1	1
91	1	1			1	1
91	2	1	1	1		2
92	1	1	1			
93	1					2

续表

页码	漫画格位序	参与者	过程（动作）	环境成分 地点	环境成分 方式	言语
93	2					1
94	2					1
95	1	1		1	1	2
96	2					1
97	1					1
97	2					1
98	2	1		1		
99	1	1	1	1		1
99	2	1			1	
101	2	1				1
102	1	2		1	1	
102	2	1	1	1		
103	1		1	1		1
103	2	2	2			1
104	1					1
105	1					1
105	2					1
106	2	1			1	
107	2	1			1	1
108	1	1		1		1
108	2					2
109	2					1
111	1					2
111	2	1				2
112	1	1				1
112	2	1				
113	1	1		1		

续表

页码	漫画格位序	参与者	过程（动作）	环境成分 地点	环境成分 方式	言语
113	2	1			1	1
114	1					1
117	1	1				1
117	2					1
118	1	1				1
120	1	1				1
122	1				1	
123	2	2				1
125	1	1		1		2
125	2	1			1	
126	2					1
127	1	1				1
127	2	1	1			1
128	1					
128	2					1
129	1	1				1
129	2	1			1	
132	2	1			1	1
133	1	2	1			
133	2	1		1	1	
134	1	1				2
134	2					2
135	1	2				1
136	1					1
139	2	1				1
140	2					1
141	2					3

附录一 西游记漫画标注过程 201

续表

页码	漫画格位序	参与者	过程（动作）	环境成分 地点	环境成分 方式	言语
142	1	1				1
143	1	1				1
144	1	1				1
145	1					1
146	2	1				1
147	2	1				1
148	1	1				1
151	1					1
152	1	1				1
153	1	1				1
153	2					1
154	2					1
155	1					2
155	2					1
156	1	1	1			1
158	1					1
158	2					1
159	1			1		1
159	2			1		1
160	1			1		1
160	2			1		1
161	1				1	1
161	2	1				1
162	1					1
162	2					3
164	2	1			1	1
165	1	1			1	1

续表

页码	漫画格位序	参与者	过程（动作）	环境成分 地点	环境成分 方式	言语
166	1				1	
167	2	1				1
168	1	1				1
168	2					1
169	1	1	1			
171	1	1			1	
171	2	1		1		1
172	2				1	1
177	2	2				1
178	1					1
178	2	1				1
179	1					1
179	2	1				1
180	1	1		1		1
182	1	1				1
182	2	1				1
183	1	1				1
184	1	1				1
184	2					1
185	1	1				1
186	1	1				1
186	2	1				2
188	1					1
188	2	1				1
189	2					1
191	2					1
193	1					1

附录一 西游记漫画标注过程

续表

页码	漫画格位序	参与者	过程（动作）	环境成分 地点	环境成分 方式	言语
194	2					1
195	2					1
199	1			1		
199	2	2				1
200	2			1		1
203	2	1			1	1
206	2					1
207	1	1		1		1
208	1	2	1			1
209	1	2	1			
209	2	2	1			
210	1	1				
210	2	2	1			1
211	1	1	1			
211	2	1				2
213	2					1
218	1	1			1	1
218	2					2
219	1	1				
222	2	1				1
225	1	1	1			1
225	2	1				1
227	1					1
229	1				1	
230	2	1	1			1
231	1	2	1			1
232	1	1	1			

续表

页码	漫画格位序	参与者	过程（动作）	环境成分 地点	环境成分 方式	言语
233	1	1				1
233	2	1			1	1
236	1	1		1		1
236	2	2			1	
237	1					1
237	2	1		1		
238	1	3		1		1
240	1					1
241	1					1
242	1					1
242	2			1		
243	1					1
244	1					1
245	2	1		1		1
248	2	3				1
251	1	1				
251	2	1		1	1	1
252	1	1			1	1
252	2	1				
253	1	1				1
254	2					1
255	1	1				
255	2	1				
257	1	1			1	
257	2					1
258	1	1				1
258	2	1		1		1
259	1	1				1

附录一　西游记漫画标注过程　　205

续表

页码	漫画格位序	参与者	过程（动作）	环境成分 地点	环境成分 方式	言语
259	2	1				
260	2					1
261	1	1	1			2
263	1	1				1
263	2	1				1
267	1	1				
267	2	1	1		1	
270	2	1				
271	1	1				1
271	2	1				1
272	1	1				
272	2	1				
273	1	1				1
273	2	2			1	1
274	1	2				1
274	2	1			1	1
275	1	1				
275	2					1
276	1	1				
277	1	1				2
279	1	1		1		1
279	2					1
280	1					1
281	1	1			1	
281	2	2				1
285	1	1				1
286	1	1				1
287	1					1

续表

页码	漫画格位序	参与者	过程（动作）	环境成分 地点	环境成分 方式	言语
287	2					1
288	1	1				1
288	2	2	1			1
290	1	2				
291	1					1
291	2	1				
293	1	1				1
293	2	1				1
294	1					1
294	2	1				1
295	1	3				1
296	2	1				1
297	1	1				1
298	2	1				
299	2			1		1
300	2			1		1
301	1	1				1
302	1	1				
303	1	1				
305	1	1				
306	1		1			1
306	2					2
307	2	1				1
308	2	1				1
311	2				1	1
312	2	1				1
313	1	1				1
313	2					1

续表

页码	漫画格位序	参与者	过程（动作）	环境成分 地点	环境成分 方式	言语
314	1					1
314	2	1				
315	1					1
315	2					1
316	1					1
316	2	2		1	1	1
总计		241	51	45	43	264
占比		37.42%	7.92%	6.99%	6.68%	40.99%

附录二 中国武侠小说海外接受数据正向评价汇总

负向指数	中性指数	正向指数	综合指数	类别1	类别2	类别3	类别4	类别5	类别6	类别7
0	0.314	0.686	0.9984	总体						
0	0.316	0.684	0.9989	总体						
0	0.357	0.643	0.9992	总体						
0	0.445	0.555	0.9984	总体						
0.045	0.544	0.411	0.9957		情节	人物建构				
0	0.589	0.411	0.9901	总体						
0.049	0.555	0.396	0.9937		情节					作者
0	0.607	0.393	0.9953							
0	0.609	0.391	0.9976		情节	人物建构				
0.037	0.589	0.373	0.9913			人物建构				
0.081	0.55	0.369	0.9932		情节	人物建构				
0.042	0.599	0.358	0.9937		情节	人物建构				
0.034	0.609	0.357	0.9972				翻译			
0.023	0.624	0.353	0.9915		情节	人物建构			世界建构	
0.019	0.638	0.344	0.9922		情节				世界建构	
0	0.657	0.343	0.9927		情节					
0.022	0.638	0.34	0.9908		情节	人物建构		启发性		
0.057	0.604	0.34	0.9952	总体	情节	人物建构				

附录二　中国武侠小说海外接受数据正向评价汇总　209

续表

负向指数	中性指数	正向指数	综合指数	类别1	类别2	类别3	类别4	类别5	类别6	类别7
0.017	0.646	0.337	0.9979		情节					
0.111	0.554	0.335	0.9899	总体	情节	人物建构		启发性		
0.069	0.596	0.335	0.9906		情节					
0.075	0.59	0.335	0.993	总体						
0.115	0.553	0.332	0.9889	总体	情节	人物建构			世界建构	
0.071	0.6	0.329	0.9915			人物建构				
0.021	0.649	0.329	0.9904		情节	人物建构			世界建构	
0.033	0.639	0.328	0.9903	总体	情节					
0.105	0.567	0.328	0.9931		情节	人物建构				
0	0.672	0.328	0.9906	总体	情节	人物建构			世界建构	
0.025	0.651	0.325	0.9962		情节	人物建构			世界建构	
0.02	0.658	0.323	0.9899	总体						
0	0.679	0.321	0.9909			人物建构			世界建构	
0.038	0.641	0.321	0.9868		情节	人物建构				
0.125	0.555	0.32	0.9843	总体	情节	人物建构	翻译			
0.084	0.596	0.32	0.9874		情节				世界建构	
0.036	0.645	0.319	0.9915		情节	人物建构	翻译			
0.147	0.534	0.319	0.9548		情节	人物建构	翻译			
0.053	0.631	0.317	0.9927		情节	人物建构	翻译		世界建构	
0	0.684	0.316	0.9892	总体		人物建构	翻译		世界建构	
0.125	0.558	0.316	0.9885			人物建构				
0.106	0.58	0.314	0.9837	总体						
0.012	0.674	0.314	0.9935	总体		人物建构				
0.22	0.467	0.313	0.951		情节	人物建构	翻译			
0.013	0.677	0.311	0.9861		情节		翻译			
0.068	0.623	0.31	0.9974			人物建构			世界建构	
0	0.69	0.31	0.9916			人物建构				
0.047	0.643	0.31	0.9912		情节	人物建构			世界建构	

续表

负向指数	中性指数	正向指数	综合指数	类别1	类别2	类别3	类别4	类别5	类别6	类别7
0.107	0.584	0.309	0.9858		情节	人物建构			世界建构	
0.022	0.67	0.308	0.9895		情节	人物建构				
0.025	0.666	0.308	0.9857	总体		人物建构			世界建构	
0.079	0.614	0.308	0.987		情节	人物建构				
0.026	0.667	0.307	0.9875	总体			翻译			
0.043	0.65	0.307	0.9986			人物建构				
0.044	0.649	0.307	0.99		情节	人物建构				
0.061	0.633	0.306	0.9873			人物建构	翻译			
0	0.694	0.306	0.9959		情节	人物建构				
0.093	0.604	0.304	0.9905		情节	人物建构				
0.055	0.641	0.304	0.9915		情节					
0	0.698	0.302	0.9862	总体		人物建构			世界建构	
0.034	0.666	0.3	0.9921			人物建构				
0	0.7	0.3	0.9888	总体						作者
0.088	0.613	0.299	0.9856			人物建构				
0.02	0.681	0.299	0.9933			人物建构				
0.024	0.679	0.297	0.9896	总体		人物建构				
0.051	0.653	0.296	0.9939		情节	人物建构				作者
0.055	0.65	0.295	0.9993	总体	情节	人物建构			世界建构	
0	0.705	0.295	0.9896		情节	人物建构	翻译		世界建构	
0.015	0.691	0.294	0.9825		情节	人物建构	翻译			
0.135	0.571	0.294	0.9766	总体		人物建构				
0	0.706	0.294	0.9885			人物建构				
0.148	0.558	0.293	0.9645			人物建构				作者
0.038	0.669	0.293	0.9913	总体		人物建构				
0.038	0.672	0.29	0.978	总体	情节	人物建构				
0.012	0.699	0.29	0.9872		情节	人物建构			世界建构	
0.07	0.64	0.29	0.9869	总体		人物建构	翻译			

续表

负向指数	中性指数	正向指数	综合指数	类别1	类别2	类别3	类别4	类别5	类别6	类别7
0.016	0.695	0.289	0.9903	总体		人物建构	翻译			
0.057	0.653	0.289	0.9842			人物建构				
0.081	0.632	0.288	0.9939	总体		人物建构	翻译			
0.078	0.634	0.288	0.9935			人物建构				
0.029	0.685	0.287	0.9853	总体		人物建构				
0.072	0.64	0.287	0.9893		情节				世界建构	
0.102	0.611	0.287	0.9869			人物建构	翻译			
0.04	0.676	0.284	0.9883	总体	情节					
0.144	0.573	0.283	0.9693	总体		人物建构			世界建构	
0.082	0.636	0.282	0.9823	总体	情节	人物建构				
0.069	0.651	0.281	0.9817	总体		人物建构				
0.084	0.635	0.28	0.9898	总体			翻译			
0.019	0.702	0.279	0.9879	总体	情节	人物建构				
0.068	0.655	0.277	0.9838		情节	人物建构				作者
0.097	0.627	0.277	0.9762		情节	人物建构				
0.031	0.692	0.277	0.9869			人物建构				
0.006	0.718	0.275	0.9939	总体		人物建构	翻译			
0.1	0.626	0.275	0.9799	总体		人物建构				
0.014	0.711	0.275	0.9785	总体		人物建构				
0.012	0.713	0.274	0.9863	总体	情节	人物建构	翻译			
0.075	0.651	0.274	0.9898			人物建构				
0.051	0.675	0.274	0.9787			人物建构	翻译			
0.093	0.633	0.274	0.9747	总体	情节	人物建构		启发性		作者
0.088	0.639	0.273	0.9774			人物建构				
0.078	0.649	0.273	0.9853		情节		翻译		世界建构	
0	0.727	0.273	0.9883	总体		人物建构				
0.057	0.672	0.272	0.9946							
0.018	0.71	0.272	0.9841							

续表

负向指数	中性指数	正向指数	综合指数	类别1	类别2	类别3	类别4	类别5	类别6	类别7
0.023	0.706	0.271	0.9844							
0.045	0.685	0.271	0.9807							
0.027	0.704	0.27	0.9945							
0.014	0.717	0.269	0.9873							
0.058	0.674	0.269	0.9885							
0.066	0.666	0.268	0.9862							
0.129	0.604	0.266	0.9755							
0.065	0.668	0.266	0.996							
0.192	0.544	0.264	0.9657							
0.038	0.698	0.264	0.982							
0.03	0.706	0.264	0.9931							
0.048	0.689	0.263	0.9962							
0.065	0.673	0.263	0.9651							
0.042	0.697	0.262	0.998							
0.119	0.618	0.262	0.985							
0.094	0.644	0.262	0.998							
0.1	0.637	0.262	0.9921							
0.019	0.72	0.261	0.9842							
0.084	0.656	0.26	0.9758							
0.07	0.67	0.26	0.9778							
0.028	0.713	0.26	0.9775							
0.017	0.724	0.259	0.9911							
0.092	0.649	0.259	0.9892							
0.055	0.686	0.259	0.9911							
0.096	0.646	0.259	0.9764							
0.044	0.698	0.258	0.9821							
0.047	0.696	0.257	0.9699							
0.032	0.711	0.257	0.9797							

续表

负向指数	中性指数	正向指数	综合指数	类别1	类别2	类别3	类别4	类别5	类别6	类别7
0.058	0.685	0.257	0.9958							
0.214	0.529	0.257	0.5581							
0.088	0.657	0.255	0.9721							
0.041	0.704	0.255	0.9795							
0.046	0.7	0.254	0.9963							
0.012	0.734	0.254	0.984							
0	0.747	0.253	0.9826							
0.04	0.706	0.253	0.9857							
0.089	0.658	0.252	0.9764							
0.066	0.683	0.251	0.9896							
0.019	0.731	0.25	0.9793							
0	0.75	0.25	0.9843							
0.048	0.702	0.25	0.9799							
0.112	0.639	0.249	0.9747							
0.112	0.639	0.249	0.9747							
0.016	0.736	0.248	0.9925							
0.133	0.62	0.248	0.9757							
0.084	0.667	0.248	0.98							
0.048	0.704	0.247	0.9904							
0.04	0.713	0.247	0.9835							
0.044	0.709	0.247	0.9886							
0.018	0.735	0.247	0.9819							
0.033	0.721	0.246	0.9666							
0.057	0.697	0.246	0.9771							
0	0.755	0.245	0.9788							
0.006	0.749	0.245	0.9963							
0.009	0.747	0.244	0.986							
0.065	0.691	0.244	0.9773							

续表

负向指数	中性指数	正向指数	综合指数	类别1	类别2	类别3	类别4	类别5	类别6	类别7
0.074	0.682	0.244	0.9767							
0.066	0.691	0.244	0.9743							
0.011	0.745	0.244	0.9879							
0.043	0.715	0.243	0.9958							
0.078	0.68	0.243	0.9823							
0.039	0.718	0.243	0.9818							
0.159	0.599	0.242	0.9707							
0.036	0.722	0.242	0.9945							
0.059	0.699	0.242	0.976							
0.043	0.716	0.241	0.9964							
0.067	0.691	0.241	0.9512							
0.063	0.696	0.241	0.9736							
0.021	0.739	0.24	0.9866							
0.011	0.749	0.24	0.9878							
0.161	0.598	0.24	0.9257							
0.185	0.576	0.239	0.5948							
0.077	0.685	0.238	0.9961							
0.028	0.734	0.238	0.9761							
0.083	0.68	0.237	0.9862							
0.04	0.723	0.237	0.9802							
0.076	0.687	0.237	0.987							
0.172	0.592	0.236	0.6849							
0.133	0.631	0.236	0.9672							
0.126	0.638	0.236	0.9221							
0.043	0.721	0.236	0.9916							
0.046	0.718	0.236	0.9736							
0.039	0.725	0.235	0.9789							
0.186	0.579	0.235	0.7461							

附录二　中国武侠小说海外接受数据正向评价汇总　215

续表

负向指数	中性指数	正向指数	综合指数	类别1	类别2	类别3	类别4	类别5	类别6	类别7
0.024	0.743	0.234	0.9825							
0.068	0.698	0.234	0.9942							
0.018	0.748	0.234	0.982							
0.031	0.736	0.233	0.9894							
0.016	0.751	0.233	0.9794							
0.022	0.745	0.233	0.9843							
0.105	0.663	0.232	0.9864							
0.069	0.699	0.232	0.9861							
0.143	0.625	0.232	0.9118							
0.129	0.64	0.231	0.9485							
0	0.769	0.231	0.9828							
0.034	0.735	0.231	0.9798							
0.061	0.707	0.231	0.9793							
0.048	0.722	0.23	0.9946							
0.033	0.737	0.23	0.9922							
0.047	0.724	0.229	0.9689							
0.166	0.605	0.229	0.944							
0.096	0.675	0.229	0.9728							
0.034	0.737	0.229	0.9949							
0	0.772	0.228	0.9801							
0.031	0.741	0.228	0.9878							
0.068	0.704	0.228	0.9713							
0.13	0.643	0.227	0.9503							
0.084	0.689	0.227	0.975							
0.136	0.637	0.227	0.9013							
0.078	0.695	0.227	0.9809							
0.021	0.753	0.226	0.9831							
0.161	0.613	0.226	0.9442							

续表

负向指数	中性指数	正向指数	综合指数	类别1	类别2	类别3	类别4	类别5	类别6	类别7
0.101	0.673	0.226	0.9659							
0.112	0.662	0.226	0.9518							
0.045	0.729	0.226	0.9835							
0.03	0.744	0.226	0.9793							
0.09	0.684	0.226	0.9469							
0.133	0.642	0.225	0.9225							
0.053	0.722	0.225	0.9906							
0.054	0.721	0.225	0.9674							
0.026	0.751	0.224	0.9779							
0.07	0.707	0.223	0.9889							
0.052	0.725	0.223	0.9694							
0.138	0.64	0.223	0.9558							
0.052	0.725	0.223	0.9725							
0.092	0.685	0.223	0.9696							
0.109	0.668	0.222	0.968							
0.065	0.714	0.221	0.9825							
0.074	0.706	0.221	0.9628							
0.149	0.63	0.221	0.8967							
0.099	0.68	0.221	0.9641							
0.028	0.751	0.221	0.9978							
0.116	0.663	0.221	0.9892							
0.068	0.712	0.22	0.9872							
0.096	0.685	0.22	0.9074							
0.106	0.673	0.22	0.9406							
0.059	0.72	0.22	0.9864							
0.037	0.744	0.219	0.9938							
0.094	0.688	0.219	0.9633							
0.099	0.683	0.218	0.9453							

附录二　中国武侠小说海外接受数据正向评价汇总　217

续表

负向指数	中性指数	正向指数	综合指数	类别1	类别2	类别3	类别4	类别5	类别6	类别7
0.13	0.652	0.218	−0.5106							
0.031	0.752	0.217	0.9788							
0.094	0.689	0.217	0.9394							
0	0.783	0.217	0.9699							
0.053	0.73	0.217	0.9859							
0.038	0.745	0.217	0.9825							
0.243	0.542	0.216	−0.7577							
0.072	0.711	0.216	0.9727							
0.061	0.724	0.216	0.9708							
0.063	0.721	0.216	0.9967							
0.094	0.69	0.215	0.9558							
0.042	0.743	0.215	0.9865							
0.097	0.688	0.215	0.9766							
0.191	0.594	0.215	0.3394							
0.076	0.709	0.215	0.9705							
0.039	0.746	0.215	0.9928							
0.169	0.617	0.214	0.7814							
0.161	0.624	0.214	0.747							
0.115	0.671	0.214	0.9697							
0.041	0.746	0.213	0.9837							
0.111	0.676	0.213	0.9798							
0.087	0.701	0.213	0.9855							
0.086	0.702	0.212	0.9912							
0.092	0.697	0.212	0.9766							
0.045	0.743	0.212	0.9866							
0.029	0.759	0.212	0.9877							
0.099	0.689	0.211	0.9946							
0.077	0.712	0.211	0.9603							

续表

负向指数	中性指数	正向指数	综合指数	类别1	类别2	类别3	类别4	类别5	类别6	类别7
0.035	0.755	0.211	0.9751							
0.016	0.774	0.211	0.971							
0.058	0.73	0.211	0.9887							
0.022	0.767	0.211	0.984							
0.104	0.685	0.211	0.9572							
0	0.79	0.21	0.9805							
0.069	0.721	0.21	0.9594							
0.026	0.764	0.21	0.9723							
0.053	0.737	0.21	0.9763							
0.087	0.703	0.21	0.9449							
0.055	0.737	0.209	0.9486							
0.221	0.57	0.209	−0.3875							
0.021	0.77	0.209	0.9707							
0.066	0.725	0.209	0.9951							
0.07	0.721	0.209	0.9855							
0.07	0.723	0.208	0.9591							
0.01	0.782	0.208	0.9722							
0.029	0.763	0.208	0.9726							
0.144	0.648	0.208	0.8408							
0.121	0.671	0.207	0.9914							
0.073	0.72	0.207	0.9781							
0	0.793	0.207	0.9678							
0.102	0.691	0.207	0.8687							
0.055	0.739	0.206	0.9916							
0.128	0.666	0.206	0.8533							
0.05	0.744	0.206	0.9731							
0.19	0.605	0.205	0.3175							
0.048	0.746	0.205	0.9793							

续表

负向指数	中性指数	正向指数	综合指数	类别1	类别2	类别3	类别4	类别5	类别6	类别7
0.035	0.759	0.205	0.9878							
0.038	0.757	0.205	0.9638							
0.163	0.632	0.205	0.6778							
0.057	0.738	0.205	0.9628							
0	0.795	0.205	0.971							
0.037	0.757	0.205	0.9784							
0	0.795	0.205	0.9702							
0.023	0.773	0.204	0.9691							
0	0.797	0.203	0.9682							
0.057	0.74	0.203	0.9709							
0.105	0.693	0.203	0.7206							
0.05	0.747	0.203	0.9562							
0.033	0.764	0.203	0.9733							
0.149	0.648	0.203	0.9271							
0	0.798	0.202	0.9584							
0.041	0.757	0.202	0.9674							
0.044	0.754	0.202	0.9764							
0.127	0.671	0.202	0.8901							
0.074	0.724	0.202	0.9942							
0.091	0.707	0.202	0.9396							
0.053	0.745	0.202	0.9827							
0.146	0.653	0.201	0.8286							
0.055	0.744	0.201	0.9266							
0.067	0.733	0.2	0.9424							
0.068	0.732	0.2	0.9739							
0.171	0.629	0.2	0.848							
0.035	0.765	0.2	0.9633							
0.096	0.705	0.199	0.993							

续表

负向指数	中性指数	正向指数	综合指数	类别1	类别2	类别3	类别4	类别5	类别6	类别7
0.055	0.746	0.199	0.9554							
0.129	0.672	0.199	0.7756							
0.092	0.709	0.199	0.9176							
0.14	0.661	0.199	0.8519							
0.035	0.767	0.199	0.9933							
0.026	0.775	0.199	0.978							
0.146	0.655	0.199	0.9594							
0.035	0.766	0.199	0.9733							
0.098	0.702	0.199	0.9241							
0.05	0.751	0.199	0.9351							
0.132	0.67	0.198	0.9989							
0.13	0.672	0.198	0.9504							
0.106	0.696	0.198	0.9128							
0.155	0.646	0.198	0.5566							
0.03	0.772	0.197	0.9553							
0	0.803	0.197	0.9666							
0.057	0.747	0.197	0.9877							
0.053	0.75	0.197	0.9906							
0.108	0.695	0.197	0.9585							
0.098	0.704	0.197	0.9485							
0.16	0.644	0.196	0.4453							
0.142	0.662	0.196	0.8217							
0.085	0.719	0.196	0.9365							
0.044	0.761	0.195	0.9722							
0.203	0.602	0.195	−0.5803							
0.107	0.697	0.195	0.9405							
0.062	0.743	0.195	0.9757							
0.069	0.736	0.195	0.9599							

续表

负向指数	中性指数	正向指数	综合指数	类别1	类别2	类别3	类别4	类别5	类别6	类别7
0.088	0.717	0.195	0.9129							
0.074	0.731	0.195	0.939							
0.042	0.763	0.195	0.9593							
0.092	0.714	0.194	0.9066							
0.091	0.715	0.194	0.9668							
0.019	0.786	0.194	0.9787							
0.03	0.777	0.194	0.98							
0.03	0.777	0.194	0.98							
0.09	0.718	0.193	0.9593							
0.048	0.759	0.193	0.9567							
0.065	0.743	0.192	0.9468							
0.034	0.774	0.192	0.9906							
0.11	0.698	0.192	0.8612							
0.139	0.668	0.192	0.7864							
0.134	0.673	0.192	0.8478							
0.049	0.759	0.192	0.9976							
0.018	0.79	0.192	0.9673							
0.117	0.691	0.192	0.9876							
0.033	0.775	0.192	0.9899							
0.103	0.706	0.191	0.9893							
0.091	0.718	0.191	0.9544							
0.127	0.682	0.191	0.9244							
0.076	0.734	0.191	0.9467							
0.052	0.759	0.19	0.969							
0.042	0.768	0.19	0.9635							
0.089	0.721	0.19	0.9524							
0.038	0.772	0.19	0.9727							
0.079	0.732	0.189	0.9929							

续表

负向指数	中性指数	正向指数	综合指数	类别1	类别2	类别3	类别4	类别5	类别6	类别7
0.127	0.684	0.189	0.9748							
0.061	0.752	0.187	0.9803							
0.095	0.717	0.187	0.9377							
0.107	0.706	0.187	0.885							
0.092	0.722	0.186	0.9456							
0.111	0.704	0.186	0.8757							
0.125	0.689	0.186	0.8419							
0.053	0.761	0.186	0.9412							
0.145	0.669	0.186	0.9627							
0.022	0.793	0.185	0.968							
0.049	0.766	0.185	0.9623							
0.116	0.699	0.185	0.9902							
0.054	0.762	0.185	0.9752							
0.054	0.761	0.185	0.9555							
0.084	0.733	0.184	0.8777							
0.192	0.624	0.184	−0.2626							
0.061	0.755	0.184	0.9743							
0.072	0.744	0.184	0.8373							
0.106	0.71	0.184	0.9318							
0.098	0.718	0.184	0.9814							
0.052	0.764	0.184	0.9792							
0.081	0.735	0.184	0.97							
0.03	0.787	0.183	0.9787							
0.055	0.762	0.183	0.9739							
0.024	0.793	0.183	0.9615							
0.104	0.713	0.183	0.9962							
0.047	0.771	0.183	0.9163							
0.05	0.768	0.182	0.9495							

附录二　中国武侠小说海外接受数据正向评价汇总

续表

负向指数	中性指数	正向指数	综合指数	类别1	类别2	类别3	类别4	类别5	类别6	类别7
0.104	0.714	0.182	0.932							
0.12	0.699	0.182	0.9575							
0.126	0.692	0.182	0.8294							
0.052	0.766	0.182	0.9417							
0.024	0.795	0.181	0.9837							
0.168	0.651	0.181	0.0275							
0.097	0.722	0.181	0.9544							
0.06	0.759	0.181	0.9729							
0.069	0.75	0.181	0.9807							
0.096	0.722	0.181	0.8282							
0.09	0.728	0.181	0.8788							
0.053	0.767	0.18	0.9495							
0.044	0.776	0.18	0.9778							
0.125	0.695	0.18	0.9251							
0.061	0.759	0.18	0.9609							
0.043	0.779	0.179	0.984							
0.103	0.718	0.179	0.9317							
0.196	0.625	0.179	−0.2534							
0.119	0.702	0.179	0.893							
0.124	0.697	0.179	0.8364							
0.064	0.757	0.179	0.9298							
0.177	0.645	0.178	−0.5763							
0	0.822	0.178	0.9682							
0.102	0.72	0.178	0.8399							
0.035	0.787	0.178	0.9696							
0.148	0.675	0.177	0.9198							
0.033	0.79	0.177	0.9654							
0.154	0.669	0.177	0.8548							

续表

负向指数	中性指数	正向指数	综合指数	类别1	类别2	类别3	类别4	类别5	类别6	类别7
0.113	0.712	0.175	0.851							
0.135	0.69	0.175	0.3668							
0.045	0.78	0.175	0.9294							
0.159	0.666	0.175	0.3624							
0.075	0.751	0.175	0.9314							
0.083	0.742	0.175	0.8745							
0.136	0.688	0.175	0.8516							
0	0.825	0.175	0.9622							
0.117	0.709	0.175	0.9384							
0.046	0.78	0.174	0.9405							
0.121	0.706	0.174	0.6987							
0.094	0.731	0.174	0.8967							
0.199	0.627	0.174	−0.7763							
0.069	0.758	0.174	0.8526							
0.047	0.779	0.174	0.9809							
0.045	0.781	0.174	0.9777							
0.025	0.802	0.173	0.9555							
0.103	0.724	0.173	0.9112							
0.133	0.694	0.173	0.7878							
0.105	0.723	0.173	0.886							
0.091	0.736	0.173	0.7963							
0.091	0.737	0.172	0.9709							
0.084	0.744	0.172	0.857							
0.138	0.69	0.172	0.9628							
0.04	0.788	0.172	0.9625							
0.111	0.718	0.172	0.9284							
0.092	0.736	0.172	0.9818							
0.079	0.75	0.171	0.8826							

续表

负向指数	中性指数	正向指数	综合指数	类别1	类别2	类别3	类别4	类别5	类别6	类别7
0.055	0.774	0.171	0.9351							
0.058	0.771	0.171	0.9428							
0.168	0.661	0.171	−0.3981							
0.043	0.787	0.171	0.9254							
0.046	0.783	0.171	0.9229							
0.048	0.781	0.171	0.9251							
0.132	0.698	0.17	0.886							
0.041	0.789	0.17	0.9699							
0.081	0.749	0.17	0.9781							
0.054	0.776	0.17	0.9403							
0.048	0.784	0.169	0.974							
0.11	0.721	0.169	0.97							
0.033	0.797	0.169	0.933							
0.053	0.778	0.169	0.9203							
0.055	0.777	0.168	0.9535							
0.104	0.727	0.168	0.8776							
0.127	0.705	0.168	0.8477							
0.165	0.667	0.168	−0.4711							
0.113	0.718	0.168	0.7845							
0.046	0.786	0.168	0.9847							
0.119	0.713	0.168	0.8992							
0.075	0.757	0.168	0.8946							
0.103	0.729	0.167	0.7952							
0.083	0.75	0.167	0.9263							
0	0.833	0.167	0.9392							
0.099	0.733	0.167	0.9622							
0.013	0.82	0.167	0.9464							
0.131	0.704	0.166	0.8138							

续表

负向指数	中性指数	正向指数	综合指数	类别1	类别2	类别3	类别4	类别5	类别6	类别7
0.06	0.774	0.166	0.9129							
0.179	0.655	0.166	−0.343							
0.031	0.804	0.165	0.939							
0.182	0.652	0.165	−0.5543							
0.213	0.622	0.165	−0.9316							
0.065	0.77	0.165	0.9497							
0.097	0.738	0.165	0.9248							
0.069	0.766	0.165	0.9135							
0.078	0.757	0.165	0.9106							
0.09	0.745	0.165	0.9416							
0.064	0.772	0.164	0.9783							
0.141	0.695	0.164	0.4435							
0.057	0.779	0.164	0.9706							
0.076	0.76	0.163	0.9682							
0.127	0.711	0.163	0.5976							
0.139	0.698	0.163	0.8449							
0.063	0.775	0.162	0.9701							
0.12	0.718	0.162	0.838							
0.05	0.788	0.162	0.8969							
0.147	0.691	0.162	0.0773							
0.076	0.762	0.162	0.9527							
0.077	0.76	0.162	0.9164							
0.054	0.784	0.162	0.9621							
0.098	0.741	0.162	0.6808							
0.169	0.669	0.162	−0.8549							
0.229	0.609	0.162	−0.915							
0.213	0.625	0.162	−0.9117							
0.046	0.793	0.161	0.8432							

附录二　中国武侠小说海外接受数据正向评价汇总　227

续表

负向指数	中性指数	正向指数	综合指数	类别1	类别2	类别3	类别4	类别5	类别6	类别7
0.063	0.776	0.161	0.8441							
0	0.839	0.161	0.9573							
0.141	0.699	0.16	0.9515							
0.103	0.737	0.16	0.838							
0.131	0.709	0.16	0.3818							
0.044	0.796	0.16	0.952							
0.105	0.735	0.16	0.863							
0.09	0.751	0.16	0.8068							
0.086	0.755	0.159	0.8718							
0.223	0.618	0.159	−0.9732							
0.096	0.745	0.159	0.9554							
0.045	0.796	0.159	0.8555							
0.034	0.807	0.159	0.9584							
0.229	0.613	0.159	−0.9557							
0.047	0.795	0.158	0.9692							
0	0.842	0.158	0.9823							
0.165	0.677	0.158	−0.7138							
0.092	0.75	0.158	0.9728							
0.203	0.638	0.158	−0.9041							
0.057	0.785	0.158	0.6295							
0.089	0.753	0.158	0.8555							
0.126	0.716	0.158	0.7819							
0.095	0.747	0.158	0.8435							
0.19	0.654	0.157	−0.9079							
0.079	0.764	0.157	0.9179							
0.044	0.8	0.157	0.9343							
0.106	0.737	0.157	0.7793							
0.078	0.765	0.157	0.9903							

续表

负向指数	中性指数	正向指数	综合指数	类别1	类别2	类别3	类别4	类别5	类别6	类别7
0.08	0.763	0.157	0.9984							
0.118	0.726	0.156	0.7711							
0.194	0.65	0.156	−0.9884							
0.172	0.672	0.156	−0.3384							
0.12	0.724	0.156	0.7038							
0.119	0.725	0.156	−0.3269							
0.039	0.806	0.155	0.9255							
0.043	0.801	0.155	0.9533							
0.178	0.667	0.155	−0.7515							
0.042	0.803	0.155	0.9891							
0.15	0.695	0.155	−0.5578							
0.055	0.79	0.155	0.8318							
0.127	0.718	0.155	0.468							
0.081	0.765	0.154	0.914							
0.092	0.755	0.153	0.9148							
0.095	0.752	0.153	0.7216							
0.206	0.641	0.152	−0.9153							
0.129	0.72	0.152	0.8346							
0.133	0.716	0.152	0.8604							
0.094	0.754	0.152	0.7881							
0.091	0.757	0.152	0.8681							
0.014	0.834	0.152	0.9172							
0.091	0.758	0.151	0.7615							
0.085	0.764	0.151	0.9708							
0.214	0.635	0.151	−0.8043							
0.094	0.755	0.151	0.8221							
0.084	0.765	0.151	0.9225							
0.129	0.72	0.151	0.3223							

附录二　中国武侠小说海外接受数据正向评价汇总

续表

负向指数	中性指数	正向指数	综合指数	类别1	类别2	类别3	类别4	类别5	类别6	类别7
0.09	0.76	0.15	0.8163							
0.082	0.768	0.15	0.942							
0.143	0.708	0.149	0.8237							
0.07	0.781	0.149	0.9888							
0.073	0.778	0.149	0.9618							
0.072	0.78	0.149	0.9938							
0.014	0.837	0.149	0.9133							
0.168	0.683	0.149	−0.8893							
0.161	0.69	0.149	−0.9126							
0.02	0.831	0.149	0.9418							
0.051	0.801	0.149	0.986							
0.23	0.622	0.148	−0.9349							
0.025	0.828	0.147	0.9939							
0.115	0.738	0.147	0.494							
0.083	0.77	0.147	0.8319							
0.08	0.773	0.147	0.82							
0.025	0.828	0.147	0.9568							
0.021	0.832	0.147	0.9659							
0	0.853	0.147	0.9432							
0.072	0.782	0.147	0.9659							
0.033	0.821	0.146	0.9153							
0.102	0.752	0.146	0.5765							
0.028	0.826	0.146	0.8853							
0.17	0.684	0.146	−0.9094							
0.071	0.784	0.146	0.8158							
0.13	0.725	0.145	0.2283							
0.092	0.762	0.145	0.8624							
0.042	0.814	0.145	0.9161							

续表

负向指数	中性指数	正向指数	综合指数	类别1	类别2	类别3	类别4	类别5	类别6	类别7
0.153	0.702	0.145	−0.4683							
0.053	0.803	0.145	0.9725							
0.078	0.777	0.145	0.9513							
0.076	0.778	0.145	0.8571							
0.096	0.759	0.145	0.7948							
0.172	0.683	0.145	−0.913							
0.239	0.617	0.144	−0.9712							
0.08	0.776	0.144	0.7854							
0.097	0.759	0.144	0.7808							
0.068	0.788	0.144	0.9344							
0.093	0.763	0.144	0.9039							
0.036	0.821	0.143	0.8922							
0.042	0.814	0.143	0.9576							
0.084	0.773	0.143	0.9149							
0.083	0.774	0.143	0.9783							
0.069	0.788	0.143	0.8426							
0.138	0.719	0.143	−0.0213							
0.102	0.756	0.143	0.752							
0.16	0.697	0.143	−0.8913							
0.192	0.665	0.143	−0.8233							
0.113	0.745	0.143	0.5423							
0.115	0.742	0.143	0.6622							
0.143	0.715	0.142	0.1889							
0.128	0.729	0.142	−0.2382							
0.111	0.746	0.142	0.6378							
0.167	0.692	0.141	−0.8889							
0.093	0.766	0.141	0.9849							
0	0.859	0.141	0.9273							

续表

负向指数	中性指数	正向指数	综合指数	类别1	类别2	类别3	类别4	类别5	类别6	类别7
0.02	0.839	0.141	0.9404							
0.169	0.691	0.141	−0.6009							
0.046	0.813	0.14	0.947							
0.018	0.843	0.14	0.9641							
0.008	0.852	0.14	0.9756							
0.036	0.824	0.14	0.9574							
0.111	0.749	0.14	0.2828							
0.196	0.664	0.14	−0.9107							
0.101	0.759	0.14	0.83							
0	0.86	0.14	0.9423							
0.016	0.845	0.14	0.937							
0.091	0.77	0.139	0.7944							
0.201	0.66	0.139	−0.928							
0.076	0.785	0.139	0.9891							
0.22	0.641	0.139	−0.9935							
0.106	0.755	0.139	0.4927							
0.091	0.77	0.139	0.5783							
0.125	0.738	0.138	0.7353							
0.148	0.714	0.138	−0.4874							
0.039	0.823	0.138	0.9081							
0.08	0.782	0.138	0.3995							
0.09	0.773	0.137	0.9155							
0.07	0.793	0.137	0.9915							
0.056	0.807	0.137	0.9274							
0.084	0.78	0.136	0.8867							
0.078	0.787	0.136	0.8973							
0.135	0.728	0.136	0.4998							
0.042	0.822	0.136	0.9384							

续表

负向指数	中性指数	正向指数	综合指数	类别1	类别2	类别3	类别4	类别5	类别6	类别7
0.086	0.778	0.135	0.8189							
0.028	0.837	0.135	0.9022							
0.049	0.816	0.135	0.8902							
0.068	0.797	0.135	0.9407							
0.036	0.829	0.134	0.9773							
0.029	0.837	0.134	0.998							
0.082	0.784	0.134	0.9626							
0.045	0.822	0.134	0.8174							
0.161	0.705	0.134	−0.5835							
0.036	0.83	0.134	0.8453							
0.2	0.667	0.133	−0.9794							
0.228	0.639	0.133	−0.9426							
0.174	0.692	0.133	−0.6375							
0.085	0.782	0.133	0.7757							
0.048	0.819	0.133	0.9509							
0.023	0.844	0.133	0.9041							
0.095	0.773	0.132	0.2272							
0.12	0.748	0.132	−0.5607							
0.053	0.815	0.132	0.7269							
0.207	0.662	0.132	−0.9807							
0.094	0.776	0.131	0.4429							
0.1	0.769	0.131	0.989							
0.031	0.837	0.131	0.9							
0.093	0.776	0.131	0.8644							
0.055	0.814	0.131	0.8814							
0.104	0.766	0.131	0.5103							
0.148	0.721	0.131	−0.8024							
0.125	0.744	0.131	−0.0561							

续表

负向指数	中性指数	正向指数	综合指数	类别1	类别2	类别3	类别4	类别5	类别6	类别7
0.058	0.81	0.131	0.8115							
0.091	0.779	0.13	0.6897							
0.079	0.791	0.13	0.7714							
0.038	0.831	0.13	0.9659							
0.202	0.668	0.13	−0.995							
0.116	0.754	0.13	0.2306							
0.244	0.626	0.13	−0.9623							
0.177	0.694	0.129	−0.9744							
0.188	0.683	0.129	−0.9849							
0.108	0.763	0.129	0.7956							
0.137	0.734	0.129	−0.5222							
0.082	0.789	0.129	0.8492							
0.146	0.726	0.128	−0.2269							
0.101	0.771	0.128	0.7105							
0.051	0.82	0.128	0.792							
0.108	0.764	0.128	−0.17							
0.064	0.808	0.128	0.9702							
0.175	0.697	0.128	−0.818							
0.053	0.819	0.128	0.9554							
0.071	0.801	0.128	0.9469							
0.061	0.811	0.128	0.8875							
0.123	0.749	0.127	−0.3696							
0.116	0.756	0.127	0.3536							
0.081	0.793	0.127	0.9146							
0.036	0.838	0.126	0.9126							
0	0.874	0.126	0.9652							
0.163	0.712	0.126	−0.9868							
0.238	0.636	0.126	−0.9955							

续表

负向指数	中性指数	正向指数	综合指数	类别1	类别2	类别3	类别4	类别5	类别6	类别7
0.037	0.838	0.125	0.9359							
0.117	0.758	0.125	0.0441							
0.069	0.806	0.125	0.8577							
0.067	0.808	0.124	0.9635							
0.033	0.843	0.124	0.9169							
0.252	0.625	0.124	−0.9631							
0.117	0.759	0.124	0.0358							
0.012	0.864	0.124	0.8867							
0.078	0.797	0.124	0.4939							
0.12	0.756	0.124	−0.5846							
0.081	0.795	0.124	0.6443							
0.166	0.71	0.124	−0.9906							
0.048	0.828	0.124	0.8943							
0.061	0.816	0.123	0.8524							
0.059	0.818	0.123	0.856							
0.111	0.766	0.123	−0.0306							
0.056	0.821	0.123	0.9315							
0.109	0.77	0.122	0.4949							
0.067	0.812	0.121	0.8022							
0.104	0.775	0.121	0.3313							
0.023	0.856	0.121	0.9144							
0.048	0.832	0.12	0.9105							
0.102	0.779	0.119	0.2492							
0.066	0.815	0.119	0.7845							
0.06	0.82	0.119	0.7927							
0.202	0.679	0.119	−0.945							
0.135	0.746	0.119	−0.611							
0.09	0.791	0.119	0.321							

续表

负向指数	中性指数	正向指数	综合指数	类别1	类别2	类别3	类别4	类别5	类别6	类别7
0.067	0.814	0.119	0.6712							
0.099	0.782	0.118	0.0559							
0.134	0.748	0.118	−0.6906							
0.159	0.723	0.118	−0.8234							
0.181	0.701	0.118	−0.9327							
0.085	0.797	0.118	0.34							
0.059	0.824	0.118	0.9293							
0.242	0.641	0.117	−0.9638							
0.065	0.818	0.117	0.6762							
0.097	0.785	0.117	0.5345							
0.198	0.685	0.117	−0.9994							
0.096	0.787	0.117	0.9311							
0.118	0.766	0.116	−0.5071							
0.028	0.855	0.116	0.9459							
0.128	0.757	0.115	−0.4431							
0.139	0.746	0.115	−0.5462							
0.122	0.764	0.115	−0.242							
0.06	0.826	0.114	0.8203							
0.171	0.715	0.114	−0.9293							
0.124	0.762	0.114	−0.8616							
0.161	0.725	0.114	−0.9629							
0.069	0.817	0.113	0.6124							
0.064	0.823	0.113	0.5338							
0.086	0.8	0.113	0.6754							
0.131	0.756	0.113	−0.8339							
0.043	0.845	0.112	0.987							
0.203	0.685	0.112	−0.9084							
0.075	0.813	0.112	0.9412							

续表

负向指数	中性指数	正向指数	综合指数	类别1	类别2	类别3	类别4	类别5	类别6	类别7
0.212	0.676	0.112	−0.9686							
0.134	0.754	0.112	−0.4357							
0.087	0.802	0.111	0.749							
0.061	0.828	0.111	0.5852							
0.08	0.809	0.111	0.7165							
0.14	0.75	0.111	−0.5834							
0.141	0.748	0.111	−0.6408							
0.049	0.84	0.111	0.9047							
0.08	0.811	0.11	0.7687							
0.096	0.795	0.109	0.7668							
0.087	0.805	0.109	−0.0644							
0.14	0.751	0.109	−0.608							
0.052	0.839	0.109	0.7783							
0.193	0.699	0.108	−0.9497							
0.183	0.709	0.108	−0.9042							
0.119	0.772	0.108	0.1626							
0.048	0.845	0.107	0.5994							
0.121	0.773	0.107	−0.4557							
0.072	0.821	0.107	0.872							
0.109	0.786	0.106	−0.0831							
0.07	0.824	0.106	0.3111							
0	0.894	0.106	0.8925							
0.081	0.815	0.105	0.6451							
0.079	0.816	0.105	0.7894							
0.135	0.76	0.105	−0.7534							
0.044	0.852	0.104	0.7223							
0.011	0.886	0.103	0.8327							
0.117	0.78	0.103	−0.382							

续表

负向指数	中性指数	正向指数	综合指数	类别1	类别2	类别3	类别4	类别5	类别6	类别7
0.056	0.84	0.103	0.8453							
0.16	0.737	0.103	−0.9454							
0.092	0.806	0.102	0.2721							
0.093	0.805	0.102	0.2117							
0.059	0.839	0.102	0.6539							
0.148	0.751	0.101	−0.9106							
0.145	0.755	0.101	−0.827							
0.124	0.775	0.101	−0.8006							
0.179	0.721	0.101	−0.9455							
0.183	0.716	0.1	−0.9485							
0.155	0.745	0.1	−0.988							
0.122	0.778	0.1	−0.5501							
0.117	0.783	0.1	−0.339							
0.082	0.819	0.099	0.7511							
0.135	0.766	0.099	−0.5686							
0.014	0.888	0.098	0.7541							
0.133	0.768	0.098	−0.9291							
0.08	0.823	0.097	0.8645							
0.129	0.773	0.097	−0.9224							
0.105	0.798	0.097	−0.2596							
0.068	0.835	0.097	0.6564							
0.214	0.689	0.097	−0.9645							
0.107	0.796	0.097	0.1899							
0.18	0.725	0.095	−0.9394							
0.082	0.823	0.095	0.4166							
0.128	0.777	0.095	−0.8123							
0.128	0.777	0.095	−0.5387							
0.036	0.869	0.095	0.8074							

续表

负向指数	中性指数	正向指数	综合指数	类别1	类别2	类别3	类别4	类别5	类别6	类别7
0.041	0.866	0.094	0.7391							
0.27	0.636	0.094	−0.9465							
0.055	0.853	0.093	0.5994							
0.062	0.845	0.093	0.2235							
0.11	0.798	0.092	−0.0387							
0.07	0.839	0.092	−0.0831							
0.034	0.874	0.092	0.6582							
0.054	0.854	0.092	0.644							
0.105	0.803	0.092	−0.5719							
0.079	0.828	0.092	0.0392							
0.066	0.841	0.092	0.9837							
0.135	0.775	0.091	−0.796							
0.144	0.765	0.091	−0.8644							
0.154	0.755	0.091	−0.8802							
0.126	0.784	0.09	−0.7263							
0	0.91	0.09	0.9042							
0.137	0.774	0.089	−0.9226							
0.18	0.731	0.089	−0.8834							
0.131	0.78	0.089	−0.7233							
0	0.912	0.088	0.8422							
0.04	0.872	0.088	0.4791							
0.033	0.879	0.088	0.5496							
0.303	0.609	0.088	−0.9898							
0.118	0.794	0.087	−0.7175							
0.164	0.749	0.087	−0.9878							
0.085	0.829	0.086	−0.2275							
0.035	0.881	0.085	0.7807							
0.092	0.824	0.084	0.1765							

附录二　中国武侠小说海外接受数据正向评价汇总　239

续表

负向指数	中性指数	正向指数	综合指数	类别1	类别2	类别3	类别4	类别5	类别6	类别7
0.16	0.756	0.084	-0.9391							
0.061	0.855	0.084	0.3626							
0.018	0.9	0.083	0.6465							
0.211	0.706	0.083	-0.9918							
0.137	0.781	0.082	-0.8367							
0.072	0.846	0.082	0.0526							
0.107	0.811	0.082	-0.705							
0.143	0.775	0.082	-0.991							
0.111	0.808	0.081	-0.9143							
0.188	0.731	0.081	-0.9581							
0.17	0.751	0.08	-0.9834							
0.047	0.872	0.08	0.4982							
0.1	0.82	0.08	-0.7634							
0.18	0.741	0.079	-0.9186							
0.298	0.625	0.078	-0.993							
0.088	0.834	0.078	-0.1581							
0.013	0.911	0.077	0.7712							
0.149	0.773	0.077	-0.8775							
0.088	0.835	0.077	-0.3931							
0.268	0.656	0.076	-0.9943							
0.19	0.734	0.076	-0.932							
0.088	0.836	0.076	0.5872							
0.075	0.849	0.076	0.0387							
0.087	0.836	0.076	-0.404							
0.126	0.798	0.076	-0.828							
0.138	0.786	0.075	-0.7143							
0.105	0.82	0.075	-0.824							
0.134	0.792	0.074	-0.886							

续表

负向指数	中性指数	正向指数	综合指数	类别1	类别2	类别3	类别4	类别5	类别6	类别7
0.192	0.734	0.074	−0.9029							
0.227	0.7	0.073	−0.9726							
0.062	0.865	0.073	0.4835							
0.083	0.845	0.072	−0.1541							
0.14	0.788	0.071	−0.8126							
0.207	0.722	0.071	−0.9622							
0.122	0.807	0.071	−0.7643							
0.187	0.742	0.07	−0.9729							
0.027	0.903	0.069	0.5558							
0.027	0.903	0.069	0.5558							
0.144	0.788	0.069	−0.9337							
0.19	0.742	0.069	−0.9731							
0.171	0.761	0.068	−0.9903							
0.18	0.753	0.067	−0.894							
0.111	0.824	0.065	−0.8029							
0.018	0.918	0.064	0.7083							
0.117	0.82	0.063	−0.7766							
0.173	0.766	0.062	−0.9349							
0.133	0.805	0.062	−0.8658							
0.035	0.904	0.06	0.2588							
0.146	0.796	0.058	−0.9512							
0.035	0.908	0.057	0.5537							
0.113	0.831	0.056	−0.8845							
0	0.944	0.056	0.7506							
0	0.945	0.055	0.7783							
0.035	0.91	0.055	0.5423							
0.078	0.867	0.055	−0.1727							
0.076	0.872	0.051	−0.7184							

续表

负向指数	中性指数	正向指数	综合指数	类别1	类别2	类别3	类别4	类别5	类别6	类别7
0.156	0.794	0.049	−0.9477							
0.032	0.92	0.049	0.2244							
0	0.951	0.049	0.8412							
0.249	0.702	0.049	−0.9921							
0.069	0.882	0.049	−0.4379							
0.068	0.884	0.048	−0.288							
0.019	0.934	0.047	0.4497							
0.09	0.864	0.046	−0.7682							
0.098	0.857	0.044	−0.6111							
0.144	0.812	0.044	−0.901							
0	0.958	0.042	0.5106							
0	0.96	0.04	0.5859							
0	0.961	0.039	0.6209							
0.031	0.93	0.038	0.2042							
0.029	0.933	0.038	0.0129							
0	0.963	0.037	0.5994							
0.237	0.73	0.033	−0.9826							
0.293	0.678	0.029	−0.9921							
0.166	0.805	0.029	−0.961							
0.206	0.765	0.029	−0.9769							
0.028	0.944	0.029	0.0516							
0.168	0.804	0.028	−0.9581							
0.137	0.835	0.027	−0.9259							
0	0.976	0.024	0.3869							
0	0.977	0.023	0.3802							
0	0.977	0.023	0.3802							
0	0.977	0.023	0.3802							
0	0.977	0.023	0.3802							

续表

负向指数	中性指数	正向指数	综合指数	类别1	类别2	类别3	类别4	类别5	类别6	类别7
0	0.977	0.023	0.3802							
0.036	0.942	0.023	−0.1531							
0.029	0.953	0.018	−0.3182							
0	0.984	0.016	0.3182							
0.19	0.795	0.016	−0.9786							
0.081	0.908	0.01	−0.9274							
0.672	0.323	0.005	−0.9998							
0	1	0	0							
0.018	0.982	0	−0.2057							
0	1	0	0							
0.021	0.979	0	−0.296							
0.071	0.929	0	−0.7762							
0.102	0.898	0	−0.8807							
0	1	0	0							
0.071	0.929	0	−0.7783							

续表

负向指数	中性指数	正向指数	综合指数	类别1	类别2	类别3	类别4	类别5	类别6
0.193	0.699	0.108	−0.9497	情节	人物建构				
0.192	0.544	0.264	0.9657	情节					
0.192	0.624	0.184	−0.2626	情节	人物建构				
0.192	0.665	0.143	−0.8233	情节					
0.192	0.734	0.074	−0.9029	情节	人物建构				
0.191	0.594	0.215	0.3394					翻译	
0.19	0.605	0.205	0.3175	情节					
0.19	0.654	0.157	−0.9079						
0.19	0.734	0.076	−0.932	情节					
0.19	0.742	0.069	−0.9731	情节	人物建构				
0.19	0.795	0.016	−0.9786	情节	人物建构				
0.188	0.683	0.129	−0.9849	情节					
0.188	0.731	0.081	−0.9581	情节					
0.187	0.742	0.07	−0.9729	情节	人物建构				
0.186	0.579	0.235	0.7461	情节	人物建构				
0.185	0.576	0.239	0.5948					翻译	
0.183	0.709	0.108	−0.9042	情节					
0.183	0.716	0.1	−0.9485	情节					
0.182	0.652	0.165	−0.5543	情节	人物建构				
0.181	0.701	0.118	−0.9327	情节	人物建构				
0.18	0.725	0.095	−0.9394	情节					
0.18	0.731	0.089	−0.8834	情节					
0.18	0.741	0.079	−0.9186	情节	人物建构				
0.18	0.753	0.067	−0.894						
0.179	0.655	0.166	−0.343	情节	人物建构				
0.179	0.721	0.101	−0.9455					翻译	
0.178	0.667	0.155	−0.7515	情节					语言风格
0.177	0.645	0.178	−0.5763		人物建构				

续表

负向指数	中性指数	正向指数	综合指数	类别1	类别2	类别3	类别4	类别5	类别6
0.177	0.694	0.129	−0.9744	情节					
0.175	0.697	0.128	−0.818	情节					语言风格
0.174	0.692	0.133	−0.6375	情节	人物建构				
0.173	0.766	0.062	−0.9349		人物建构				
0.172	0.592	0.236	0.6849	情节	人物建构				
0.172	0.672	0.156	−0.3384	情节					
0.172	0.683	0.145	−0.913	情节					
0.171	0.629	0.2	0.848	情节					
0.171	0.715	0.114	−0.9293	情节					
0.171	0.761	0.068	−0.9903	情节		世界建构			
0.17	0.684	0.146	−0.9094	情节					
0.17	0.751	0.08	−0.9834				翻译		
0.169	0.617	0.214	0.7814		人物建构				
0.169	0.669	0.162	−0.8549						
0.169	0.691	0.141	−0.6009		人物建构				
0.168	0.651	0.181	0.0275					语言风格	
0.168	0.661	0.171	−0.3981	情节					
0.168	0.683	0.149	−0.8893	情节					
0.168	0.804	0.028	−0.9581	情节	人物建构				
0.167	0.692	0.141	−0.8889		人物建构				
0.166	0.605	0.229	0.944	情节					
0.166	0.71	0.124	−0.9906	情节					
0.166	0.805	0.029	−0.961						
0.165	0.667	0.168	−0.4711		人物建构				
0.165	0.677	0.158	−0.7138						
0.164	0.749	0.087	−0.9878						
0.163	0.632	0.205	0.6778						
0.163	0.712	0.126	−0.9868						

续表

负向指数	中性指数	正向指数	综合指数	类别1	类别2	类别3	类别4	类别5	类别6
0.161	0.598	0.24	0.9257						
0.161	0.613	0.226	0.9442						
0.161	0.624	0.214	0.747						
0.161	0.69	0.149	−0.9126						
0.161	0.705	0.134	−0.5835						
0.161	0.725	0.114	−0.9629						
0.16	0.644	0.196	0.4453						
0.16	0.697	0.143	−0.8913						
0.16	0.737	0.103	−0.9454						
0.16	0.756	0.084	−0.9391						
0.159	0.599	0.242	0.9707						
0.159	0.666	0.175	0.3624						
0.159	0.723	0.118	−0.8234						
0.156	0.794	0.049	−0.9477						
0.155	0.646	0.198	0.5566						
0.155	0.745	0.1	−0.988						
0.154	0.669	0.177	0.8548						
0.154	0.755	0.091	−0.8802						
0.153	0.702	0.145	−0.4683						
0.15	0.695	0.155	−0.5578						
0.149	0.63	0.221	0.8967						
0.149	0.648	0.203	0.9271						
0.149	0.773	0.077	−0.8775						
0.148	0.558	0.293	0.9645						
0.148	0.675	0.177	0.9198						
0.148	0.714	0.138	−0.4874						
0.148	0.721	0.131	−0.8024						
0.148	0.751	0.101	−0.9106						

续表

负向指数	中性指数	正向指数	综合指数	类别1	类别2	类别3	类别4	类别5	类别6
0.147	0.534	0.319	0.9548						
0.147	0.691	0.162	0.0773						
0.146	0.653	0.201	0.8286						
0.146	0.655	0.199	0.9594						
0.146	0.726	0.128	−0.2269						
0.146	0.796	0.058	−0.9512						
0.145	0.669	0.186	0.9627						
0.145	0.755	0.101	−0.827						
0.144	0.573	0.283	0.9693						
0.144	0.648	0.208	0.8408						
0.144	0.765	0.091	−0.8644						
0.144	0.788	0.069	−0.9337						
0.144	0.812	0.044	−0.901						
0.143	0.625	0.232	0.9118						
0.143	0.708	0.149	0.8237						
0.143	0.715	0.142	0.1889						
0.143	0.775	0.082	−0.991						
0.142	0.662	0.196	0.8217						
0.141	0.695	0.164	0.4435						
0.141	0.699	0.16	0.9515						
0.141	0.748	0.111	−0.6408						
0.14	0.661	0.199	0.8519						
0.14	0.75	0.111	−0.5834						
0.14	0.751	0.109	−0.608						
0.14	0.788	0.071	−0.8126						
0.139	0.668	0.192	0.7864						
0.139	0.698	0.163	0.8449						
0.139	0.746	0.115	−0.5462						

续表

负向指数	中性指数	正向指数	综合指数	类别1	类别2	类别3	类别4	类别5	类别6
0.138	0.64	0.223	0.9558						
0.138	0.69	0.172	0.9628						
0.138	0.719	0.143	−0.0213						
0.138	0.786	0.075	−0.7143						
0.137	0.734	0.129	−0.5222						
0.137	0.774	0.089	−0.9226						
0.137	0.781	0.082	−0.8367						
0.137	0.835	0.027	−0.9259						
0.136	0.637	0.227	0.9013						
0.136	0.688	0.175	0.8516						
0.135	0.571	0.294	0.9766						
0.135	0.69	0.175	0.3668						
0.135	0.728	0.136	0.4998						
0.135	0.746	0.119	−0.611						
0.135	0.76	0.105	−0.7534						
0.135	0.766	0.099	−0.5686						
0.135	0.775	0.091	−0.796						
0.134	0.673	0.192	0.8478						
0.134	0.748	0.118	−0.6906						
0.134	0.754	0.112	−0.4357						
0.134	0.792	0.074	−0.886						
0.133	0.62	0.248	0.9757						
0.133	0.631	0.236	0.9672						
0.133	0.642	0.225	0.9225						
0.133	0.694	0.173	0.7878						
0.133	0.716	0.152	0.8604						
0.133	0.768	0.098	−0.9291						
0.133	0.805	0.062	−0.8658						

续表

负向指数	中性指数	正向指数	综合指数	类别1	类别2	类别3	类别4	类别5	类别6
0.132	0.67	0.198	0.9989						
0.132	0.698	0.17	0.886						
0.131	0.704	0.166	0.8138						
0.131	0.709	0.16	0.3818						
0.131	0.756	0.113	−0.8339						
0.131	0.78	0.089	−0.7233						
0.13	0.643	0.227	0.9503						
0.13	0.652	0.218	−0.5106						
0.13	0.672	0.198	0.9504						
0.13	0.725	0.145	0.2283						
0.129	0.604	0.266	0.9755						
0.129	0.64	0.231	0.9485						
0.129	0.672	0.199	0.7756						
0.129	0.72	0.152	0.8346						
0.129	0.72	0.151	0.3223						
0.129	0.773	0.097	−0.9224						
0.128	0.666	0.206	0.8533						
0.128	0.729	0.142	−0.2382						
0.128	0.757	0.115	−0.4431						
0.128	0.777	0.095	−0.8123						
0.128	0.777	0.095	−0.5387						
0.127	0.671	0.202	0.8901						
0.127	0.682	0.191	0.9244						
0.127	0.684	0.189	0.9748						
0.127	0.705	0.168	0.8477						
0.127	0.711	0.163	0.5976						
0.127	0.718	0.155	0.468						
0.126	0.638	0.236	0.9221						

续表

负向指数	中性指数	正向指数	综合指数	类别1	类别2	类别3	类别4	类别5	类别6
0.126	0.692	0.182	0.8294						
0.126	0.716	0.158	0.7819						
0.126	0.784	0.09	−0.7263						
0.126	0.798	0.076	−0.828						
0.125	0.555	0.32	0.9843						
0.125	0.558	0.316	0.9885						
0.125	0.689	0.186	0.8419						
0.125	0.695	0.18	0.9251						
0.125	0.738	0.138	0.7353						
0.125	0.744	0.131	−0.0561						
0.124	0.697	0.179	0.8364						
0.124	0.762	0.114	−0.8616						
0.124	0.775	0.101	−0.8006						
0.123	0.749	0.127	−0.3696						
0.122	0.764	0.115	−0.242						
0.122	0.778	0.1	−0.5501						
0.122	0.807	0.071	−0.7643						
0.121	0.671	0.207	0.9914						
0.121	0.706	0.174	0.6987						
0.121	0.773	0.107	−0.4557						
0.12	0.699	0.182	0.9575						
0.12	0.718	0.162	0.838						
0.12	0.724	0.156	0.7038						
0.12	0.748	0.132	−0.5607						
0.12	0.756	0.124	−0.5846						
0.119	0.618	0.262	0.985						
0.119	0.702	0.179	0.893						
0.119	0.713	0.168	0.8992						

续表

负向指数	中性指数	正向指数	综合指数	类别1	类别2	类别3	类别4	类别5	类别6
0.119	0.725	0.156	−0.3269						
0.119	0.772	0.108	0.1626						
0.118	0.726	0.156	0.7711						
0.118	0.766	0.116	−0.5071						
0.118	0.794	0.087	−0.7175						
0.117	0.691	0.192	0.9876						
0.117	0.709	0.175	0.9384						
0.117	0.758	0.125	0.0441						
0.117	0.759	0.124	0.0358						
0.117	0.78	0.103	−0.382						
0.117	0.783	0.1	−0.339						
0.117	0.82	0.063	−0.7766						
0.116	0.663	0.221	0.9892						
0.116	0.699	0.185	0.9902						
0.116	0.754	0.13	0.2306						
0.116	0.756	0.127	0.3536						
0.115	0.553	0.332	0.9889						
0.115	0.671	0.214	0.9697						
0.115	0.738	0.147	0.494						
0.115	0.742	0.143	0.6622						
0.113	0.712	0.175	0.851						
0.113	0.718	0.168	0.7845						
0.113	0.745	0.143	0.5423						
0.113	0.831	0.056	−0.8845						
0.112	0.639	0.249	0.9747						
0.112	0.639	0.249	0.9747						
0.112	0.662	0.226	0.9518						
0.111	0.554	0.335	0.9899						

续表

负向指数	中性指数	正向指数	综合指数	类别1	类别2	类别3	类别4	类别5	类别6
0.111	0.676	0.213	0.9798						
0.111	0.704	0.186	0.8757						
0.111	0.718	0.172	0.9284						
0.111	0.746	0.142	0.6378						
0.111	0.749	0.14	0.2828						
0.111	0.766	0.123	−0.0306						
0.111	0.808	0.081	−0.9143						
0.111	0.824	0.065	−0.8029						
0.11	0.698	0.192	0.8612						
0.11	0.721	0.169	0.97						
0.11	0.798	0.092	−0.0387						
0.109	0.668	0.222	0.968						
0.109	0.77	0.122	0.4949						
0.109	0.786	0.106	−0.0831						
0.108	0.695	0.197	0.9585						
0.108	0.763	0.129	0.7956						
0.108	0.764	0.128	−0.17						
0.107	0.584	0.309	0.9858						
0.107	0.697	0.195	0.9405						
0.107	0.706	0.187	0.885						
0.107	0.796	0.097	0.1899						
0.107	0.811	0.082	−0.705						
0.106	0.58	0.314	0.9837						
0.106	0.673	0.22	0.9406						
0.106	0.696	0.198	0.9128						
0.106	0.71	0.184	0.9318						
0.106	0.737	0.157	0.7793						
0.106	0.755	0.139	0.4927						

续表

负向指数	中性指数	正向指数	综合指数	类别1	类别2	类别3	类别4	类别5	类别6
0.105	0.567	0.328	0.9931						
0.105	0.663	0.232	0.9864						
0.105	0.693	0.203	0.7206						
0.105	0.723	0.173	0.886						
0.105	0.735	0.16	0.863						
0.105	0.798	0.097	−0.2596						
0.105	0.803	0.092	−0.5719						
0.105	0.82	0.075	−0.824						
0.104	0.685	0.211	0.9572						
0.104	0.713	0.183	0.9962						
0.104	0.714	0.182	0.932						
0.104	0.727	0.168	0.8776						
0.104	0.766	0.131	0.5103						
0.104	0.775	0.121	0.3313						
0.103	0.706	0.191	0.9893						
0.103	0.718	0.179	0.9317						
0.103	0.724	0.173	0.9112						
0.103	0.729	0.167	0.7952						
0.103	0.737	0.16	0.838						
0.102	0.611	0.287	0.9869						
0.102	0.691	0.207	0.8687						
0.102	0.72	0.178	0.8399						
0.102	0.752	0.146	0.5765						
0.102	0.756	0.143	0.752						
0.102	0.779	0.119	0.2492						
0.102	0.898	0	−0.8807						
0.101	0.673	0.226	0.9659						
0.101	0.759	0.14	0.83						

续表

负向指数	中性指数	正向指数	综合指数	类别1	类别2	类别3	类别4	类别5	类别6
0.101	0.771	0.128	0.7105						
0.1	0.626	0.275	0.9799						
0.1	0.637	0.262	0.9921						
0.1	0.769	0.131	0.989						
0.1	0.82	0.08	−0.7634						
0.099	0.68	0.221	0.9641						
0.099	0.683	0.218	0.9453						
0.099	0.689	0.211	0.9946						
0.099	0.733	0.167	0.9622						
0.099	0.782	0.118	0.0559						
0.098	0.702	0.199	0.9241						
0.098	0.704	0.197	0.9485						
0.098	0.718	0.184	0.9814						
0.098	0.741	0.162	0.6808						
0.098	0.857	0.044	−0.6111						
0.097	0.627	0.277	0.9762						
0.097	0.688	0.215	0.9766						
0.097	0.722	0.181	0.9544						
0.097	0.738	0.165	0.9248						
0.097	0.759	0.144	0.7808						
0.097	0.785	0.117	0.5345						
0.096	0.646	0.259	0.9764						
0.096	0.675	0.229	0.9728						
0.096	0.685	0.22	0.9074						
0.096	0.705	0.199	0.993						
0.096	0.722	0.181	0.8282						
0.096	0.745	0.159	0.9554						
0.096	0.759	0.145	0.7948						

续表

负向指数	中性指数	正向指数	综合指数	类别1	类别2	类别3	类别4	类别5	类别6
0.096	0.787	0.117	0.9311						
0.096	0.795	0.109	0.7668						
0.095	0.717	0.187	0.9377						
0.095	0.747	0.158	0.8435						
0.095	0.752	0.153	0.7216						
0.095	0.773	0.132	0.2272						
0.094	0.644	0.262	0.998						
0.094	0.688	0.219	0.9633						
0.094	0.689	0.217	0.9394						
0.094	0.69	0.215	0.9558						
0.094	0.731	0.174	0.8967						
0.094	0.754	0.152	0.7881						
0.094	0.755	0.151	0.8221						
0.094	0.776	0.131	0.4429						
0.093	0.604	0.304	0.9905						
0.093	0.633	0.274	0.9747						
0.093	0.763	0.144	0.9039						
0.093	0.766	0.141	0.9849						
0.093	0.776	0.131	0.8644						
0.093	0.805	0.102	0.2117						
0.092	0.649	0.259	0.9892						
0.092	0.685	0.223	0.9696						
0.092	0.697	0.212	0.9766						
0.092	0.709	0.199	0.9176						
0.092	0.714	0.194	0.9066						
0.092	0.722	0.186	0.9456						
0.092	0.736	0.172	0.9818						
0.092	0.75	0.158	0.9728						

续表

负向指数	中性指数	正向指数	综合指数	类别1	类别2	类别3	类别4	类别5	类别6
0.092	0.755	0.153	0.9148						
0.092	0.762	0.145	0.8624						
0.092	0.806	0.102	0.2721						
0.092	0.824	0.084	0.1765						
0.091	0.707	0.202	0.9396						
0.091	0.715	0.194	0.9668						
0.091	0.718	0.191	0.9544						
0.091	0.736	0.173	0.7963						
0.091	0.737	0.172	0.9709						
0.091	0.757	0.152	0.8681						
0.091	0.758	0.151	0.7615						
0.091	0.77	0.139	0.7944						
0.091	0.77	0.139	0.5783						
0.091	0.779	0.13	0.6897						
0.09	0.684	0.226	0.9469						
0.09	0.718	0.193	0.9593						
0.09	0.728	0.181	0.8788						
0.09	0.745	0.165	0.9416						
0.09	0.751	0.16	0.8068						
0.09	0.76	0.15	0.8163						
0.09	0.773	0.137	0.9155						
0.09	0.791	0.119	0.321						
0.09	0.864	0.046	−0.7682						
0.089	0.658	0.252	0.9764						
0.089	0.721	0.19	0.9524						
0.089	0.753	0.158	0.8555						
0.088	0.613	0.299	0.9856						
0.088	0.639	0.273	0.9774						

续表

负向指数	中性指数	正向指数	综合指数	类别1	类别2	类别3	类别4	类别5	类别6
0.088	0.657	0.255	0.9721						
0.088	0.717	0.195	0.9129						
0.088	0.834	0.078	−0.1581						
0.088	0.835	0.077	−0.3931						
0.088	0.836	0.076	0.5872						
0.087	0.701	0.213	0.9855						
0.087	0.703	0.21	0.9449						
0.087	0.802	0.111	0.749						
0.087	0.805	0.109	−0.0644						
0.087	0.836	0.076	−0.404						
0.086	0.702	0.212	0.9912						
0.086	0.755	0.159	0.8718						
0.086	0.778	0.135	0.8189						
0.086	0.8	0.113	0.6754						
0.085	0.719	0.196	0.9365						
0.085	0.764	0.151	0.9708						
0.085	0.782	0.133	0.7757						
0.085	0.797	0.118	0.34						
0.085	0.829	0.086	−0.2275						
0.084	0.596	0.32	0.9874						
0.084	0.635	0.28	0.9898						
0.084	0.656	0.26	0.9758						
0.084	0.667	0.248	0.98						
0.084	0.689	0.227	0.975						
0.084	0.733	0.184	0.8777						
0.084	0.744	0.172	0.857						
0.084	0.765	0.151	0.9225						
0.084	0.773	0.143	0.9149						

续表

负向指数	中性指数	正向指数	综合指数	类别1	类别2	类别3	类别4	类别5	类别6
0.084	0.78	0.136	0.8867						
0.083	0.68	0.237	0.9862						
0.083	0.742	0.175	0.8745						
0.083	0.75	0.167	0.9263						
0.083	0.77	0.147	0.8319						
0.083	0.774	0.143	0.9783						
0.083	0.845	0.072	−0.1541						
0.082	0.636	0.282	0.9823						
0.082	0.768	0.15	0.942						
0.082	0.784	0.134	0.9626						
0.082	0.789	0.129	0.8492						
0.082	0.819	0.099	0.7511						
0.082	0.823	0.095	0.4166						
0.081	0.55	0.369	0.9932						
0.081	0.632	0.288	0.9939						
0.081	0.735	0.184	0.97						
0.081	0.749	0.17	0.9781						
0.081	0.765	0.154	0.914						
0.081	0.793	0.127	0.9146						
0.081	0.795	0.124	0.6443						
0.081	0.815	0.105	0.6451						
0.081	0.908	0.01	−0.9274						
0.08	0.763	0.157	0.9984						
0.08	0.773	0.147	0.82						
0.08	0.776	0.144	0.7854						
0.08	0.782	0.138	0.3995						
0.08	0.809	0.111	0.7165						
0.08	0.811	0.11	0.7687						

续表

负向指数	中性指数	正向指数	综合指数	类别1	类别2	类别3	类别4	类别5	类别6
0.08	0.823	0.097	0.8645						
0.079	0.614	0.308	0.987						
0.079	0.732	0.189	0.9929						
0.079	0.75	0.171	0.8826						
0.079	0.764	0.157	0.9179						
0.079	0.791	0.13	0.7714						
0.079	0.816	0.105	0.7894						
0.079	0.828	0.092	0.0392						
0.078	0.634	0.288	0.9935						
0.078	0.649	0.273	0.9853						
0.078	0.68	0.243	0.9823						
0.078	0.695	0.227	0.9809						
0.078	0.757	0.165	0.9106						
0.078	0.765	0.157	0.9903						
0.078	0.777	0.145	0.9513						
0.078	0.787	0.136	0.8973						
0.078	0.797	0.124	0.4939						
0.078	0.867	0.055	−0.1727						
0.077	0.685	0.238	0.9961						
0.077	0.712	0.211	0.9603						
0.077	0.76	0.162	0.9164						
0.076	0.687	0.237	0.987						
0.076	0.709	0.215	0.9705						
0.076	0.734	0.191	0.9467						
0.076	0.76	0.163	0.9682						
0.076	0.762	0.162	0.9527						
0.076	0.778	0.145	0.8571						
0.076	0.785	0.139	0.9891						

续表

负向指数	中性指数	正向指数	综合指数	类别1	类别2	类别3	类别4	类别5	类别6
0.076	0.872	0.051	-0.7184						
0.075	0.59	0.335	0.993						
0.075	0.651	0.274	0.9898						
0.075	0.751	0.175	0.9314						
0.075	0.757	0.168	0.8946						
0.075	0.813	0.112	0.9412						
0.075	0.849	0.076	0.0387						
0.074	0.682	0.244	0.9767						
0.074	0.706	0.221	0.9628						
0.074	0.724	0.202	0.9942						
0.074	0.731	0.195	0.939						
0.073	0.72	0.207	0.9781						
0.073	0.778	0.149	0.9618						
0.072	0.64	0.287	0.9893						
0.072	0.711	0.216	0.9727						
0.072	0.744	0.184	0.8373						
0.072	0.78	0.149	0.9938						
0.072	0.782	0.147	0.9659						
0.072	0.821	0.107	0.872						
0.072	0.846	0.082	0.0526						
0.071	0.6	0.329	0.9915						
0.071	0.784	0.146	0.8158						
0.071	0.801	0.128	0.9469						
0.071	0.929	0	-0.7762						
0.071	0.929	0	-0.7783						
0.07	0.64	0.29	0.9869						
0.07	0.67	0.26	0.9778						
0.07	0.707	0.223	0.9889						

续表

负向指数	中性指数	正向指数	综合指数	类别1	类别2	类别3	类别4	类别5	类别6
0.07	0.721	0.209	0.9855						
0.07	0.723	0.208	0.9591						
0.07	0.781	0.149	0.9888						
0.07	0.793	0.137	0.9915						
0.07	0.824	0.106	0.3111						
0.07	0.839	0.092	−0.0831						
0.069	0.596	0.335	0.9906						
0.069	0.651	0.281	0.9817						
0.069	0.699	0.232	0.9861						
0.069	0.721	0.21	0.9594						
0.069	0.736	0.195	0.9599						
0.069	0.75	0.181	0.9807						
0.069	0.758	0.174	0.8526						
0.069	0.766	0.165	0.9135						
0.069	0.788	0.143	0.8426						
0.069	0.806	0.125	0.8577						
0.069	0.817	0.113	0.6124						
0.069	0.882	0.049	−0.4379						
0.068	0.623	0.31	0.9974						
0.068	0.655	0.277	0.9838						
0.068	0.698	0.234	0.9942						
0.068	0.704	0.228	0.9713						
0.068	0.712	0.22	0.9872						
0.068	0.732	0.2	0.9739						
0.068	0.788	0.144	0.9344						
0.068	0.797	0.135	0.9407						
0.068	0.835	0.097	0.6564						
0.068	0.884	0.048	−0.288						

续表

负向指数	中性指数	正向指数	综合指数	类别1	类别2	类别3	类别4	类别5	类别6
0.067	0.691	0.241	0.9512						
0.067	0.733	0.2	0.9424						
0.067	0.808	0.124	0.9635						
0.067	0.812	0.121	0.8022						
0.067	0.814	0.119	0.6712						
0.066	0.666	0.268	0.9862						
0.066	0.683	0.251	0.9896						
0.066	0.691	0.244	0.9743						
0.066	0.725	0.209	0.9951						
0.066	0.815	0.119	0.7845						
0.066	0.841	0.092	0.9837						
0.065	0.668	0.266	0.996						
0.065	0.673	0.263	0.9651						
0.065	0.691	0.244	0.9773						
0.065	0.714	0.221	0.9825						
0.065	0.743	0.192	0.9468						
0.065	0.77	0.165	0.9497						
0.065	0.818	0.117	0.6762						
0.064	0.757	0.179	0.9298						
0.064	0.772	0.164	0.9783						
0.064	0.808	0.128	0.9702						
0.064	0.823	0.113	0.5338						
0.063	0.696	0.241	0.9736						
0.063	0.721	0.216	0.9967						
0.063	0.775	0.162	0.9701						
0.063	0.776	0.161	0.8441						
0.062	0.743	0.195	0.9757						
0.062	0.845	0.093	0.2235						

续表

负向指数	中性指数	正向指数	综合指数	类别1	类别2	类别3	类别4	类别5	类别6
0.062	0.865	0.073	0.4835						
0.061	0.633	0.306	0.9873						
0.061	0.707	0.231	0.9793						
0.061	0.724	0.216	0.9708						
0.061	0.752	0.187	0.9803						
0.061	0.755	0.184	0.9743						
0.061	0.759	0.18	0.9609						
0.061	0.811	0.128	0.8875						
0.061	0.816	0.123	0.8524						
0.061	0.828	0.111	0.5852						
0.061	0.855	0.084	0.3626						
0.06	0.759	0.181	0.9729						
0.06	0.774	0.166	0.9129						
0.06	0.82	0.119	0.7927						
0.06	0.826	0.114	0.8203						
0.059	0.699	0.242	0.976						
0.059	0.72	0.22	0.9864						
0.059	0.818	0.123	0.856						
0.059	0.824	0.118	0.9293						
0.059	0.839	0.102	0.6539						
0.058	0.674	0.269	0.9885						
0.058	0.685	0.257	0.9958						
0.058	0.73	0.211	0.9887						
0.058	0.771	0.171	0.9428						
0.058	0.81	0.131	0.8115						
0.057	0.604	0.34	0.9952						
0.057	0.653	0.289	0.9842						
0.057	0.672	0.272	0.9946						

续表

负向指数	中性指数	正向指数	综合指数	类别1	类别2	类别3	类别4	类别5	类别6
0.057	0.697	0.246	0.9771						
0.057	0.738	0.205	0.9628						
0.057	0.74	0.203	0.9709						
0.057	0.747	0.197	0.9877						
0.057	0.779	0.164	0.9706						
0.057	0.785	0.158	0.6295						
0.056	0.807	0.137	0.9274						
0.056	0.821	0.123	0.9315						
0.056	0.84	0.103	0.8453						
0.055	0.641	0.304	0.9915						
0.055	0.65	0.295	0.9993						
0.055	0.686	0.259	0.9911						
0.055	0.737	0.209	0.9486						
0.055	0.739	0.206	0.9916						
0.055	0.744	0.201	0.9266						
0.055	0.746	0.199	0.9554						
0.055	0.762	0.183	0.9739						
0.055	0.774	0.171	0.9351						
0.055	0.777	0.168	0.9535						
0.055	0.79	0.155	0.8318						
0.055	0.814	0.131	0.8814						
0.055	0.853	0.093	0.5994						
0.054	0.721	0.225	0.9674						
0.054	0.762	0.185	0.9752						
0.054	0.761	0.185	0.9555						
0.054	0.776	0.17	0.9403						
0.054	0.784	0.162	0.9621						
0.054	0.854	0.092	0.644						

续表

负向指数	中性指数	正向指数	综合指数	类别1	类别2	类别3	类别4	类别5	类别6
0.053	0.631	0.317	0.9927						
0.053	0.722	0.225	0.9906						
0.053	0.73	0.217	0.9859						
0.053	0.737	0.21	0.9763						
0.053	0.745	0.202	0.9827						
0.053	0.75	0.197	0.9906						
0.053	0.761	0.186	0.9412						
0.053	0.767	0.18	0.9495						
0.053	0.778	0.169	0.9203						
0.053	0.803	0.145	0.9725						
0.053	0.815	0.132	0.7269						
0.053	0.819	0.128	0.9554						
0.052	0.725	0.223	0.9694						
0.052	0.725	0.223	0.9725						
0.052	0.759	0.19	0.969						
0.052	0.764	0.184	0.9792						
0.052	0.766	0.182	0.9417						
0.052	0.839	0.109	0.7783						
0.051	0.653	0.296	0.9939						
0.051	0.675	0.274	0.9787						
0.051	0.801	0.149	0.986						
0.051	0.82	0.128	0.792						
0.05	0.744	0.206	0.9731						
0.05	0.747	0.203	0.9562						
0.05	0.751	0.199	0.9351						
0.05	0.768	0.182	0.9495						
0.05	0.788	0.162	0.8969						
0.049	0.555	0.396	0.9937						

附录三 中国武侠小说海外接受数据负向评价汇总 267

续表

负向指数	中性指数	正向指数	综合指数	类别1	类别2	类别3	类别4	类别5	类别6
0.049	0.759	0.192	0.9976						
0.049	0.766	0.185	0.9623						
0.049	0.816	0.135	0.8902						
0.049	0.84	0.111	0.9047						
0.048	0.689	0.263	0.9962						
0.048	0.702	0.25	0.9799						
0.048	0.704	0.247	0.9904						
0.048	0.722	0.23	0.9946						
0.048	0.746	0.205	0.9793						
0.048	0.759	0.193	0.9567						
0.048	0.781	0.171	0.9251						
0.048	0.784	0.169	0.974						
0.048	0.819	0.133	0.9509						
0.048	0.828	0.124	0.8943						
0.048	0.832	0.12	0.9105						
0.048	0.845	0.107	0.5994						
0.047	0.643	0.31	0.9912						
0.047	0.696	0.257	0.9699						
0.047	0.724	0.229	0.9689						
0.047	0.771	0.183	0.9163						
0.047	0.779	0.174	0.9809						
0.047	0.795	0.158	0.9692						
0.047	0.872	0.08	0.4982						
0.046	0.7	0.254	0.9963						
0.046	0.718	0.236	0.9736						
0.046	0.78	0.174	0.9405						
0.046	0.783	0.171	0.9229						
0.046	0.786	0.168	0.9847						

续表

负向指数	中性指数	正向指数	综合指数	类别1	类别2	类别3	类别4	类别5	类别6
0.046	0.793	0.161	0.8432						
0.046	0.813	0.14	0.947						
0.045	0.544	0.411	0.9957						
0.045	0.685	0.271	0.9807						
0.045	0.729	0.226	0.9835						
0.045	0.743	0.212	0.9866						
0.045	0.78	0.175	0.9294						
0.045	0.781	0.174	0.9777						
0.045	0.796	0.159	0.8555						
0.045	0.822	0.134	0.8174						
0.044	0.649	0.307	0.99						
0.044	0.698	0.258	0.9821						
0.044	0.709	0.247	0.9886						
0.044	0.754	0.202	0.9764						
0.044	0.761	0.195	0.9722						
0.044	0.776	0.18	0.9778						
0.044	0.796	0.16	0.952						
0.044	0.8	0.157	0.9343						
0.044	0.852	0.104	0.7223						
0.043	0.65	0.307	0.9986						
0.043	0.715	0.243	0.9958						
0.043	0.716	0.241	0.9964						
0.043	0.721	0.236	0.9916						
0.043	0.779	0.179	0.984						
0.043	0.787	0.171	0.9254						
0.043	0.801	0.155	0.9533						
0.043	0.845	0.112	0.987						
0.042	0.599	0.358	0.9937						

续表

负向指数	中性指数	正向指数	综合指数	类别1	类别2	类别3	类别4	类别5	类别6
0.042	0.697	0.262	0.998						
0.042	0.743	0.215	0.9865						
0.042	0.763	0.195	0.9593						
0.042	0.768	0.19	0.9635						
0.042	0.803	0.155	0.9891						
0.042	0.814	0.145	0.9161						
0.042	0.814	0.143	0.9576						
0.042	0.822	0.136	0.9384						
0.041	0.704	0.255	0.9795						
0.041	0.746	0.213	0.9837						
0.041	0.757	0.202	0.9674						
0.041	0.789	0.17	0.9699						
0.041	0.866	0.094	0.7391						
0.04	0.676	0.284	0.9883						
0.04	0.706	0.253	0.9857						
0.04	0.713	0.247	0.9835						
0.04	0.723	0.237	0.9802						
0.04	0.788	0.172	0.9625						
0.04	0.872	0.088	0.4791						
0.039	0.718	0.243	0.9818						
0.039	0.725	0.235	0.9789						
0.039	0.746	0.215	0.9928						
0.039	0.806	0.155	0.9255						
0.039	0.823	0.138	0.9081						
0.038	0.641	0.321	0.9868						
0.038	0.669	0.293	0.9913						
0.038	0.672	0.29	0.978						
0.038	0.698	0.264	0.982						

续表

负向指数	中性指数	正向指数	综合指数	类别1	类别2	类别3	类别4	类别5	类别6
0.038	0.745	0.217	0.9825						
0.038	0.757	0.205	0.9638						
0.038	0.772	0.19	0.9727						
0.038	0.831	0.13	0.9659						
0.037	0.589	0.373	0.9913						
0.037	0.744	0.219	0.9938						
0.037	0.757	0.205	0.9784						
0.037	0.838	0.125	0.9359						
0.036	0.645	0.319	0.9915						
0.036	0.722	0.242	0.9945						
0.036	0.821	0.143	0.8922						
0.036	0.824	0.14	0.9574						
0.036	0.829	0.134	0.9773						
0.036	0.83	0.134	0.8453						
0.036	0.838	0.126	0.9126						
0.036	0.869	0.095	0.8074						
0.036	0.942	0.023	−0.1531						
0.035	0.755	0.211	0.9751						
0.035	0.759	0.205	0.9878						
0.035	0.765	0.2	0.9633						
0.035	0.767	0.199	0.9933						
0.035	0.766	0.199	0.9733						
0.035	0.787	0.178	0.9696						
0.035	0.881	0.085	0.7807						
0.035	0.904	0.06	0.2588						
0.035	0.908	0.057	0.5537						
0.035	0.91	0.055	0.5423						
0.034	0.609	0.357	0.9972						

续表

负向指数	中性指数	正向指数	综合指数	类别1	类别2	类别3	类别4	类别5	类别6
0.034	0.666	0.3	0.9921						
0.034	0.735	0.231	0.9798						
0.034	0.737	0.229	0.9949						
0.034	0.774	0.192	0.9906						
0.034	0.807	0.159	0.9584						
0.034	0.874	0.092	0.6582						
0.033	0.639	0.328	0.9903						
0.033	0.721	0.246	0.9666						
0.033	0.737	0.23	0.9922						
0.033	0.764	0.203	0.9733						
0.033	0.775	0.192	0.9899						
0.033	0.79	0.177	0.9654						
0.033	0.797	0.169	0.933						
0.033	0.821	0.146	0.9153						
0.033	0.843	0.124	0.9169						
0.033	0.879	0.088	0.5496						
0.032	0.711	0.257	0.9797						
0.032	0.92	0.049	0.2244						
0.031	0.692	0.277	0.9869						
0.031	0.736	0.233	0.9894						
0.031	0.741	0.228	0.9878						
0.031	0.752	0.217	0.9788						
0.031	0.804	0.165	0.939						
0.031	0.837	0.131	0.9						
0.031	0.93	0.038	0.2042						
0.03	0.706	0.264	0.9931						
0.03	0.744	0.226	0.9793						
0.03	0.772	0.197	0.9553						

续表

负向指数	中性指数	正向指数	综合指数	类别1	类别2	类别3	类别4	类别5	类别6
0.03	0.777	0.194	0.98						
0.03	0.777	0.194	0.98						
0.03	0.787	0.183	0.9787						
0.029	0.685	0.287	0.9853						
0.029	0.759	0.212	0.9877						
0.029	0.763	0.208	0.9726						
0.029	0.837	0.134	0.998						
0.029	0.933	0.038	0.0129						
0.029	0.953	0.018	−0.3182						
0.028	0.713	0.26	0.9775						
0.028	0.734	0.238	0.9761						
0.028	0.751	0.221	0.9978						
0.028	0.826	0.146	0.8853						
0.028	0.837	0.135	0.9022						
0.028	0.855	0.116	0.9459						
0.028	0.944	0.029	0.0516						
0.027	0.704	0.27	0.9945						
0.027	0.903	0.069	0.5558						
0.027	0.903	0.069	0.5558						
0.026	0.667	0.307	0.9875						
0.026	0.751	0.224	0.9779						
0.026	0.764	0.21	0.9723						
0.026	0.775	0.199	0.978						
0.025	0.651	0.325	0.9962						
0.025	0.666	0.308	0.9857						
0.025	0.802	0.173	0.9555						
0.025	0.828	0.147	0.9939						
0.025	0.828	0.147	0.9568						

续表

负向指数	中性指数	正向指数	综合指数	类别1	类别2	类别3	类别4	类别5	类别6
0.024	0.679	0.297	0.9896						
0.024	0.743	0.234	0.9825						
0.024	0.793	0.183	0.9615						
0.024	0.795	0.181	0.9837						
0.023	0.624	0.353	0.9915						
0.023	0.706	0.271	0.9844						
0.023	0.773	0.204	0.9691						
0.023	0.844	0.133	0.9041						
0.023	0.856	0.121	0.9144						
0.022	0.638	0.34	0.9908						
0.022	0.67	0.308	0.9895						
0.022	0.745	0.233	0.9843						
0.022	0.767	0.211	0.984						
0.022	0.793	0.185	0.968						
0.021	0.649	0.329	0.9904						
0.021	0.739	0.24	0.9866						
0.021	0.753	0.226	0.9831						
0.021	0.77	0.209	0.9707						
0.021	0.832	0.147	0.9659						
0.021	0.979	0	−0.296						
0.02	0.658	0.323	0.9899						
0.02	0.681	0.299	0.9933						
0.02	0.831	0.149	0.9418						
0.02	0.839	0.141	0.9404						
0.019	0.638	0.344	0.9922						
0.019	0.702	0.279	0.9879						
0.019	0.72	0.261	0.9842						
0.019	0.731	0.25	0.9793						

续表

负向指数	中性指数	正向指数	综合指数	类别1	类别2	类别3	类别4	类别5	类别6
0.019	0.786	0.194	0.9787						
0.019	0.934	0.047	0.4497						
0.018	0.71	0.272	0.9841						
0.018	0.735	0.247	0.9819						
0.018	0.748	0.234	0.982						
0.018	0.79	0.192	0.9673						
0.018	0.843	0.14	0.9641						
0.018	0.9	0.083	0.6465						
0.018	0.918	0.064	0.7083						
0.018	0.982	0	−0.2057						
0.017	0.646	0.337	0.9979						
0.017	0.724	0.259	0.9911						
0.016	0.695	0.289	0.9903						
0.016	0.736	0.248	0.9925						
0.016	0.751	0.233	0.9794						
0.016	0.774	0.211	0.971						
0.016	0.845	0.14	0.937						
0.015	0.691	0.294	0.9825						
0.014	0.711	0.275	0.9785						
0.014	0.717	0.269	0.9873						
0.014	0.834	0.152	0.9172						
0.014	0.837	0.149	0.9133						
0.014	0.888	0.098	0.7541						
0.013	0.677	0.311	0.9861						
0.013	0.82	0.167	0.9464						
0.013	0.911	0.077	0.7712						
0.012	0.674	0.314	0.9935						
0.012	0.699	0.29	0.9872						

续表

负向指数	中性指数	正向指数	综合指数	类别1	类别2	类别3	类别4	类别5	类别6
0.012	0.713	0.274	0.9863						
0.012	0.734	0.254	0.984						
0.012	0.864	0.124	0.8867						
0.011	0.745	0.244	0.9879						
0.011	0.749	0.24	0.9878						
0.011	0.886	0.103	0.8327						
0.01	0.782	0.208	0.9722						
0.009	0.747	0.244	0.986						
0.008	0.852	0.14	0.9756						
0.006	0.718	0.275	0.9939						
0.006	0.749	0.245	0.9963						
0	0.314	0.686	0.9984						
0	0.316	0.684	0.9989						
0	0.357	0.643	0.9992						
0	0.445	0.555	0.9984						
0	0.589	0.411	0.9901						
0	0.607	0.393	0.9953						
0	0.609	0.391	0.9976						
0	0.657	0.343	0.9927						
0	0.672	0.328	0.9906						
0	0.679	0.321	0.9909						
0	0.684	0.316	0.9892						
0	0.69	0.31	0.9916						
0	0.694	0.306	0.9959						
0	0.698	0.302	0.9862						
0	0.7	0.3	0.9888						
0	0.705	0.295	0.9896						
0	0.706	0.294	0.9885						

续表

负向指数	中性指数	正向指数	综合指数	类别1	类别2	类别3	类别4	类别5	类别6
0	0.727	0.273	0.9883						
0	0.747	0.253	0.9826						
0	0.75	0.25	0.9843						
0	0.755	0.245	0.9788						
0	0.769	0.231	0.9828						
0	0.772	0.228	0.9801						
0	0.783	0.217	0.9699						
0	0.79	0.21	0.9805						
0	0.793	0.207	0.9678						
0	0.795	0.205	0.971						
0	0.795	0.205	0.9702						
0	0.797	0.203	0.9682						
0	0.798	0.202	0.9584						
0	0.803	0.197	0.9666						
0	0.822	0.178	0.9682						
0	0.825	0.175	0.9622						
0	0.833	0.167	0.9392						
0	0.839	0.161	0.9573						
0	0.842	0.158	0.9823						
0	0.853	0.147	0.9432						
0	0.859	0.141	0.9273						
0	0.86	0.14	0.9423						
0	0.874	0.126	0.9652						
0	0.894	0.106	0.8925						
0	0.91	0.09	0.9042						
0	0.912	0.088	0.8422						
0	0.944	0.056	0.7506						
0	0.945	0.055	0.7783						
0	0.951	0.049	0.8412						

续表

负向指数	中性指数	正向指数	综合指数	类别1	类别2	类别3	类别4	类别5	类别6
0	0.958	0.042	0.5106						
0	0.96	0.04	0.5859						
0	0.961	0.039	0.6209						
0	0.963	0.037	0.5994						
0	0.976	0.024	0.3869						
0	0.977	0.023	0.3802						
0	0.977	0.023	0.3802						
0	0.977	0.023	0.3802						
0	0.977	0.023	0.3802						
0	0.977	0.023	0.3802						
0	0.984	0.016	0.3182						
0	1	0	0						
0	1	0	0						
0	1	0	0						

后　记

　　光阴荏苒，转眼间，我已在广东金融学院外国语言与文化学院工作十年有余，自入职以来，教授多门商务英语专业课程及英语写作课程，作为一个在海外曾经求学工作过三年余的海归，我在研究和治学上曾经深感迷茫与彷徨。所幸在入职后得到了多位学界先行者的支持和帮助，从国内到国外，又回到国内，从文科到商科，又回到文科，在不断上下求索的过程中，一步一步明晰了研究方向。国学典籍多模态翻译研究这条路，是在学校和学院领导、同事和同行的指导与启发下走上的，特在此向他们致以最诚挚的谢意。

　　感谢黄中习教授在典籍翻译的治学研究上给予我的教诲与启发；感谢陈树坤副教授在系统功能语言学和多模态话语理论框架上提供的点拨和方法论指导；感谢杨贵章副教授在古汉诗词微观语词翻译和研究方法上予以的鼓励和启迪。

　　感谢曾经莅临广东金融学院外国语言与文化学院的所有教授和博士学者们，正是因为你们在研究理论和实践上的阐发让我逐渐走上了学术研究的正轨。

　　感谢在困难与彷徨时给我鼓励和精神支持的所有同事和与我一起做过研究的学生们。

　　感谢父母和夫人的无私支持，他们的鼓励成为一种无形的动力伴我前行。

　　文毕，谨作诗一首以抒怀：

　　教坛十载始得方，学散术多路漫长。

科研翘楚力相助，典籍为谱译为章。

再次对所有陪我一起走过这段岁月和帮助过我的人表示衷心的感谢！

本专著期盼为中华典籍多模态翻译研究贡献绵薄之力。最后，由于时间仓促，资历尚浅，且聚焦的理论和研究对象颇多，错漏之处在所难免，恳请同行专家批评指正。

钟泽楠

2021 年 7 月 12 日